Substantielle Vereinbarungen Europäischer Betriebsräte: Praxis und Recht

Studien zum Arbeitsrecht und zur Arbeitsrechtsvergleichung

Herausgegeben von Manfred Weiss, Bernd Waas und Spiros Simitis

Band 25

Zur Qualitätssicherung und Peer Review der vorliegenden Publikation

Die Qualität der in dieser Reihe erscheinenden Arbeiten wird vor der Publikation durch einen Herausgeber der Reihe geprüft.

Notes on the quality assurance and peer review of this publication

Prior to publication, the quality of the work published in this series is reviewed by one of the editors of the series.

Elena Heimann

Substantielle Vereinbarungen Europäischer Betriebsräte: Praxis und Recht

PL ACADEMIC RESEARCH

Bibliografische Information der Deutschen Nationalbibliothek
Die Deutsche Nationalbibliothek verzeichnet diese Publikation in der Deutschen Nationalbibliografie; detaillierte bibliografische Daten sind im Internet über http://dnb.d-nb.de abrufbar.

Zugl.: Frankfurt (Main), Univ., Diss., 2013

D 30
ISSN 1615-4606
ISBN 978-3-631-65110-0 (Print)
E-ISBN 978-3-653-04222-1 (E-Book)
DOI 10.3726/ 978-3-653-04222-1

PL Academic Research ist ein Imprint der Peter Lang GmbH.
Peter Lang – Frankfurt am Main · Bern · Bruxelles · New York · Oxford · Warszawa · Wien

www.peterlang.com

Meinen Eltern und Steffen

Vorwort

Die vorliegende Arbeit wurde im Wintersemester des Jahres 2013 von der Fakultät für Rechtswissenschaft der Johann Wolfgang Goethe-Universität in Frankfurt am Main als Dissertation angenommen.

Mein besonders herzlicher Dank gilt Prof. Dr. Dres. h. c. Manfred Weiss. Seiner engagierten Lehrtätigkeit an der Goethe-Universität Frankfurt verdanke ich mein Interesse für internationale Fragestellungen des Arbeitsrechts. Zudem hat er mich auf vielfältige Weise gefördert und die Entstehung dieser Arbeit als Promotionsbetreuer auf vorbildliche Art und Weise begleitet. Auch Prof. Dr. Bernd Waas möchte ich besonders danken. Trotz seiner zahlreichen Verpflichtungen als Lehrstuhlinhaber und Koordinator des European Labour Law Network erstellte er das Zweitgutachten so zügig, dass ich die Promotion Ende des Jahres 2013 abschließen konnte.

Hervorheben möchte ich die Hilfe von Prof. Dr. Hans-Wolfgang Platzer und Dr. Torsten Müller von der Hochschule Fulda sowie von Dr. Luitpold Rampeltshammer, Leiter der Kooperationsstelle Wissenschaft und Arbeitswelt der Universität des Saarlandes, die mich bei der Recherche auf ihrem jeweiligen Fachgebiet unterstützt haben. Georg Leutert, Sekretär des Europäischen Ford-Betriebsrats, danke ich, dass er sich ausgiebig Zeit für meine Fragen genommen hat. Herzlich bedanken möchte ich mich auch bei Marie-Noëlle Lopez von planetlabor.com.

Meiner Mentorin Ute Kathrein, Marcia Schneiderhan sowie Dr. Sabine Ladner-Merz sei herzlich gedankt. Sie sind mir Vorbild und haben mich geprägt. Ebenso danke ich allen Justems, insbesondere Dr. Thilo Mahnhold, Dr. Jens Jensen und Sebastian Schulte für viele anregende Diskussionen. Für wertvolle Hilfe danke ich Inga Schmalz und Franziska Bennedik, die mich im entscheidenden Moment unterstützt haben. Nicht zuletzt gilt mein größter Dank meinen Eltern und meinem Mann, die mich auf alle erdenkliche Weise unterstützt und gefördert haben.

Frankfurt am Main, im Januar 2014 *Elena Heimann*

Inhaltsübersicht

Inhaltsverzeichnis

Abkürzungsverzeichnis

a.A.	anderer Ansicht
a.a.O	am angegebenen Ort
AblEG	Amtsblatt der Europäischen Gemeinschaft
AblEU	Amtsblatt der Europäischen Union
Abs.	Absatz
AEUV	Vertrag über die Arbeitsweise der Europäischen Union
AG	Die Aktiengesellschaft (Zeitschrift)
AGB	Allgemeine Geschäftsbedingungen
AiB	Arbeitsrecht im Betrieb (Zeitschrift)
AktG	Aktiengesetz
Alt.	Alternative
Anm.	Anmerkung
ArbG	Arbeitsgericht
ArbGG	Arbeitsgerichtsgesetz
Art.	Artikel
Artt.	Artikel (Plural)
AuR	Arbeit und Recht (Zeitschrift)
BAG	Bundesarbeitsgericht
BB	Betriebs-Berater (Zeitschrift)
BDA	Bundesvereinigung der Deutschen Arbeitgeberverbände
BetrVG	Betriebsverfassungsgesetz

BGBl.	Bundesgesetzblatt
BR	Betriebsrat
BVerfG	Bundesverfassungsgericht
BVerfGE	Entscheidungen des Bundesverfassungsgerichts (zitiert nach Bänden)
BVG	Besonderes Verhandlungsgremium
BWI	Building and Wood Workers' International (globaler Gewerkschaftsverband)
bzw.	beziehungsweise
CEC	Confédération européenne des cadres (Europäischer Zusammenschluss von Interessenverbänden für Führungskräfte)
CFDT	Confédération Française Démocratique du Travail (Französischer Demokratischer Gewerkschaftsverband)
CFTC	Confédération Française des Travailleurs Chrétiens (Französischer Bund christlicher Arbeiter)
CGC	Confédération Française de l'encadrement (französische Angestelltengewerkschaft)
CGIL	Confederazione Generale Italiana del Lavoro (nationaler Gewerkschaftsverband, Italien)
CGT	Confédération générale du travail (nationaler Gewerkschaftsverband, Frankreich)
CISL	Confederazione italiana sindacati lavoratori (nationaler Gewerkschaftsverband, Italien)
Comp. Lab. L.& Pol'y J.	Comparative Labor Law and Policy Journal (Zeitschrift)
CSR	Corporate Social Responsibility

ders.	derselbe
d.h.	das heißt
dies.	dieselbe(n)
EBR	Europäischer Betriebsrat / Europäische Betriebsräte
EBRG	Gesetz über Europäische Betriebsräte
EFBH	Europäische Föderation der Bau- und Holzarbeiter (Gewerkschaftsverband)
EFFAT	Europäische Gewerkschaftsföderation für den Landwirtschafts-, Nahrungsmittel- und Tourismussektor
EGBGB	Einführungsgesetz zum Bürgerlichen Gesetzbuche
EG	Europäische Gemeinschaft
EGMR	Europäischer Gerichtshof für Menschenrechte
EGV	Vertrag zur Gründung der Europäischen Gemeinschaft
EGV/TBL	Europäischer Gewerkschaftsverband Textil, Bekleidung und Leder, seit Mai 2012 aufgelöst, Nachfolgeorganisation: IndustriAll – European Trade Union
Einl.	Einleitung
EIF	European Industry Federations, Europäische Industriegewerkschaftsverbände
ELLJ	European Labour Law Journal (Zeitschrift)
EMB	Europäischer Metallgewerkschaftsbund, seit Mai 2012 aufgelöst, Nachfolgeorganisation: IndustriAll – European Trade Union
EMCC	European Monitoring Centre on Change (within the European Foundation for the Improvement of Living and Working Conditions, Dublin)

EMCEF	European Mine, Chemical and Energy Workers‘ Federation, seit Mai 2012 aufgelöst, Nachfolgeorganisation: IndustriAll – European Trade Union
EMF	European Metalworkers' Federation (Europäischer Metallgewerkschaftsbund), seit Mai 2012 aufgelöst, Nachfolgeorganisation: IndustriAll – European Trade Union
EMRK	Europäische Menschenrechtskonvention
EPSU	European Federation of Public Service Unions (Europäischer Gewerkschaftsverband für den öffentlichen Dienst)
ErfKomm	Erfurter Kommentar zum Arbeitsrecht
ETF	Europäische Transportarbeiter-Föderation
ETUC	European Trade Union Confederation (Europäischer Gewerkschaftsverband)
EU	Europäische Union
EuGH	Gerichtshof der Europäischen Union
EuGRZ	Europäische Grundrechte-Zeitschrift
EuGVÜ	Brüsseler Übereinkommen über die gerichtliche Zuständigkeit und die Vollstreckung gerichtlicher Entscheidungen in Zivil- und Handelssachen
EuGVVO	Verordnung (EG) 44/2001 über die gerichtliche Zuständigkeit und die Anerkennung und Vollstreckung von Entscheidungen in Zivil- und Handelssachen
EuLF	The European Legal Forum – Forum iuris communis Europae (Zeitschrift)
EuR	Europarecht (Zeitschrift)
Eurofound	European Foundation for the Improvement of Living and Working Conditions, Dublin
EUV	Vertrag über die Europäische Union

EuZA	Europäische Zeitschrift für Arbeitsrecht
EuZW	Europäische Zeitschrift für Wirtschaftsrecht
f.	folgende
FA	Fachanwalt Arbeitsrecht (Zeitschrift)
ff.	fortfolgende
Fn.	Fußnote
FO	CGT-Force ouvrière (nationaler Gewerkschaftsverband, Frankreich)
FS	Festschrift
GBR	Gesamtbetriebsrat
ggf.	gegebenenfalls
GK	Gemeinschaftskommentar
GRCh	Charta der Grundrechte der Europäischen Union
HdWW	Handwörterbuch der Wirtschaftswissenschaft
Hk-BGB	Handkommentar zum Bürgerlichen Gesetzbuch
Hrsg.	Herausgeber
Hs.	Halbsatz
ibid.	ibidem / ebenda
ICEM	International Federation of Chemical, Energy, Mine and General Workers' Unions (internationaler Gewerkschaftsverband)
ILO	International Labour Organization, Internationale Arbeitsorganisation
IMF	International Metalworkers' Federation (Internationaler Metallgewerkschaftsbund)

IndustriALL	Europäische Industriegewerkschaft, Dachverband der europäischen Industriegewerkschaftsverbände (seit Mai 2012)
insb.	insbesondere
Int'l. L.	International Lawyer (Zeitschrift)
IPG	Internationale Politik und Gesellschaft (Zeitschrift)
IPR	Internationales Privatrecht
IPRax	Praxis des Internationalen Privat- und Verfahrensrechts (Zeitschrift)
i.S.d.	im Sinne des / der
i.S.v.	im Sinne von
i.V.m.	in Verbindung mit
IZPR	Internationales Zivilprozessrecht
jurisPK-BGB	juris Praxiskommentar BGB
jurisPR-ArbR	juris PraxisReport Arbeitsrecht
KBR	Konzernbetriebsrat
KritV	Kritische Vierteljahresschrift für Gesetzgebung und Rechtswissenschaft (Zeitschrift)
lit.	Buchstabe
MüKoBGB	Münchener Kommentar zum Bürgerlichen Gesetzbuch
MünchArbR	Münchener Handbuch zum Arbeitsrecht
m.w.N.	mit weiteren Nachweisen
NGO	non-governmental organisation (Nichtregierungsorganisation)
NJW	Neue Juristische Wochenschrift (Zeitschrift)

Nr.	Nummer
Nrn.	Nummern
NZA	Neue Zeitschrift für Arbeitsrecht
OECD	Organisation für wirtschaftliche Zusammenarbeit und Entwicklung
RdA	Recht der Arbeit (Zeitschrift)
RIW	Recht der internationalen Wirtschaft (Zeitschrift)
RL	Richtlinie
Rn.	Randnummer
S.	Seite/Satz
Slg.	Sammlung der Rechtsprechung
sog.	so genannte(n)
st. Rspr.	ständige Rechtsprechung
TCA	Transnational Company Agreement
Ts.	Teilsatz
u.a.	unter anderem, und andere
UIL	Unione Italiana del Lavoro (nationaler Gewerkschaftsverband, Italien)
UN	Vereinte Nationen
UNI	Union Network International
UNICE	Union of Industrial and Employers' Confederation of Europe (europäischer Arbeitgeberverband)
u.U.	unter Umständen
vgl.	vergleiche
VO	Verordnung

Vorb.	Vorbemerkung
WRV	Weimarer Reichsverfassung
z.B.	zum Beispiel
ZESAR	Zeitschrift für europäisches Sozial- und Arbeitsrecht
ZfB	Zeitschrift für Betriebswirtschaft
Zit.	Zitiert
ZRP	Zeitschrift für Rechtspolitik
zUL	zentrale Unternehmensleitung

Literaturverzeichnis

Albers, Willi et. al. (Hrsg.)

Handwörterbuch der Wirtschaftswissenschaft (HdWW), 1983, Gustav Fischer, Stuttgart

Zit.: Handwörterbuch der Wirtschaftswissenschaft, Stichwort, S.

Ales, Eduardo / Engblom, Samuel / Jaspers, Teun / Laulom, Sylvaine / Sciarra, Silvana / Sobczak, André / Valdés Dal-Ré, Fernando

Transnational collective bargaining: past, present and future, study undertaken on behalf of the European Commission, 2006

Zit.: Ales-Report, S.

Aufrufbar über:

http://www.observatorionegociacioncolectiva.org/comunes/temp/recursos/99998/228284.pdf

Alston, Philip

'Core Labour Standards' and the Transformation of the International Labour Rights Regime in: Virginia A. Leary / Daniel Warner (Hrsg.), Social Issues, Globalisation and International Institutions: Labour Rights and the EU, ILO, OECD and WTO, 2006, Martinus Nijhoff Publishers, Leiden

Zit.: Leary/Warner/*Alston*, S.

Arthurs, Harry

Corporate Self-Regulation: Political Economy, State Regulation and Reflexive Labour Law, 19-36 in: Brian Bercusson / Cynthia Estlund (Hrsg.), Regulating Labour in the Wake of Globalisation: New Challenges, New Institutions, 2008, Hart Publishing, Oxford and Portland, Oregon

Zit.: Bercusson/Estlund/*Arthurs*, S.

Bachner, Michael

Die Rechtsetzungsmacht der Betriebsparteien durch Konzernbetriebsvereinbarung, NZA 1995, 256-260

Die Rechtsstellung des Europäischen Betriebsrats nach französischem und deutschem Arbeitsrecht im Spannungsverhältnis zwischen europäischer Normsetzung und nationaler Arbeitsrechtstradition, Bonn, 1998

Bassenge, Peter / Brudermüller, Gerd / Diederichsen, Uwe et. al. (Bearb.)

Palandt, Bürgerliches Gesetzbuch, Kommentar, 71. Auflage, 2012, C. H. Beck, München

Zit.: Palandt/*Autor*, BGB, § Rn.

Bayreuther, Frank

Der Streik um einen Tarifsozialplan - Konsequenzen des Urteils des BAG vom 24. 4. 2007 für die Tarifrechtspraxis, NZA 2007, 1017-1021

Konsolidierungstarifvertrag und freiwilliger Tarifsozialplan als Regelungsinstrumente in der Unternehmenskrise, NZA 2010, 378-381

Bercusson, Brian (Hrsg.)

European Labour Law and the EU Charter on Fundamental Rights, 2006, Nomos, Baden-Baden

Zit.: Bercusson/*Autor*, S.

Bercusson, Brian / Estlund, Cynthia

Regulating Labour in the Wake of Globalisation: New Challenges, New Institutions, 1-18 in: Brian Bercusson / Cynthia Estlund (Hrsg.), Regulating Labour in the Wake of Globalisation: New Challenges, New Institutions, 2008, Hart Publishing, Oxford and Portland, Oregon

Zit.: Bercusson/Estlund/*Bercusson/Estlund,* S.

Bernsdorff, Norbert / Borowski, Martin

Die Charta der Grundrechte der Europäischen Union – Handreichungen und Sitzungsprotokolle, 2002, Nomos, Baden-Baden

Béthoux, Élodie

Transnational Agreements and Texts Negotiated or Adopted at Company Level: European Developments and Perspectives, background document for the facilitation of a meeting of the Restructuring Forum devoted to transnational agreements on company level, 2008

Aufrufbar über:

http://ec.europa.eu/social/BlobServlet?docId=2624&langId=en

Bispinck, Reinhard

60 Jahre Tarifvertragsgesetz – Neue Herausforderungen für die Tarifpolitik, WSI Mitteilungen 4/2009, 178

Bispinck, Reinhard / Schulten, Thorsten (Hrsg.)

Zukunft der Tarifautonomie – 60 Jahre Tarifvertragsgesetz: Bilanz und Ausblick, 2010, VSA Verlag, Hamburg

Zit.: Bispinck/Schulten/*Autor,* S.

Blanke, Thomas

Erweiterung der betrieblichen Mitwirkungsrechte der europäischen Arbeitnehmervertretung durch Beteiligungsvereinbarung?, 229-244 in: Andreas Hänlein / Alexander Roßnagel (Hrsg.), Wirtschaftsverfassung in Deutschland und Europa – Festschrift für Bernhard Nagel, Kassel University Press, 2007

Zit.: *Blanke* in: FS Nagel, S.

Die neue EBR-Richtlinie 2009/38/EG, AuR 2009, 242-250

Europäische Beteiligungsvereinbarungen und Betriebsverfassung, AG 2008, 493-499

Europäische Betriebsräte-Gesetz, Europäische Mitbestimmung – SE, Kommentar, 2. Auflage, 2006, Nomos Verlagsgesellschaft, Baden-Baden

Zit.: *Blanke*, EBRG, Teil B. § Rn.

Gestaltwandel der Tarifautonomie – Zwischen Dezentralisierung und Re-Stabilisierung, 114-123 in: Reinhard Bispinck / Thorsten Schulten (Hrsg.),

Zukunft der Tarifautonomie – 60 Jahre Tarifvertragsgesetz: Bilanz und Ausblick, 2010, VSA Verlag, Hamburg

Zit.: Bispinck/Schulten/*Blanke,* S.

Blanke, Thomas / Rose, Edgar

Die zeitliche Koordinierung der Informations- und Konsultationsansprüche Europäischer Betriebsräte und nationaler Interessenvertretungen bei grenzübergreifenden Umstrukturierungsmaßnahmen, RdA 2008, 65-81

Blanpain, Roger / Bisom-Rapp, Susan / Corbett, William R. / Josephs, Hilary K. / Zimmer, Michael J.

The Global Workplace, International and Comparative Employment Law – Cases and Materials, 2007, Cambridge University Press, Cambridge

Zit.: *Blanpain et al.,* S.

Blanpain, Roger / Schmidt, Marlene / Schweibert, Ulrike

Europäisches Arbeitsrecht, 2. Auflage, 1996, Nomos, Baden-Baden

Zit.: *Blanpain/Schmidt/Schweibert,* S.

Böhmert, Sabine

Das Recht der ILO und sein Einfluss auf das deutsche Arbeitsrecht im Zeichen der europäischen Integration, 2001, Nomos, Baden-Baden

Britz, Gabriele / Volkmann, Uwe (Hrsg.)

Tarifautonomie in Deutschland und Europa: Grundlagen, Probleme, Perspektiven, 2003, Mohr Siebeck, Tübingen

Zit.: Britz/Volkmann/*Autor, S. ...*

Brox, Hans / Rüthers, Bernd / Henssler, Martin

Arbeitsrecht, 17. Auflage, 2007, W. Kohlhammer, Stuttgart

Bücker, Andreas

Die Rosella-Entscheidung des EuGH zu gewerkschaftlichen Maßnahmen gegen Standortverlagerungen: der Vorhang zu und zu viele Fragen offen, NZA 2008, 212-216

Büggel, Anneliese

Europäische Betriebsräte – Außergerichtliche und gerichtliche Verfahren in den Mitgliedstaaten, AiB 2002, 760-763

Calliess, Christian / Ruffert, Matthias (Hrsg.)

Das Verfassungsrecht der Europäischen Union mit Europäischer Grundrechtecharta, Kommentar, 3. Auflage, 2007, C. H. Beck, München

Zit.: Calliess/Ruffert/*Autor*, EGV, Art. Rn.

Carley, Mark

Bargaining at European level? Joint texts negotiated by European Works Councils, European Foundation for the Improvement of Living and Working Conditions, 2001

Aufrufbar über:

http://www.eurofound.europa.eu/pubdocs/2001/52/en/1/ef0152en.pdf

Carley, Mark / Marginson, Paul

Verhandlungen zur Einsetzung Europäischer Betriebsräte - Eine vergleichende Untersuchung der Vereinbarungen nach Artikel 6 und Artikel 1, Europäische Kommission und Europäische Stiftung zur Verbesserung der Lebens- und Arbeitsbedingungen (Hrsg.), Luxemburg, 2000

Aufrufbar über:

http://www.eurofound.europa.eu/pubdocs/2000/20/de/1/ef0020de.pdf

Compa, Lance

Corporate social responsibility and workers' rights, Comp. Lab. L. & Pol'y J., Volume 30 (2008-2009), 1-10

Zit.: *Compa*, 30 Comp. Lab. L. & Pol'y J. (2008-2009), S.

Da Costa, Isabel / Rehfeldt, Udo

European Works Councils and transnational bargaining about restructuring in the auto industry, Transfer: European Review of Labour and Research 2007, Vol. 13 (3), 313-316

Zit.: *Da Costa/Rehfeldt,* Transfer 2007, Vol. 13, 313

Däubler, Wolfgang / Kittner, Michael / Klebe, Thomas / Wedde, Peter (Hrsg.)

Betriebsverfassungsgesetz – mit Wahlordnung und EBR-Gesetz, Kommentar, 13. Auflage, 2012, Bund Verlag, Frankfurt am Main

Zit.: DKK/*Autor*, Gesetz, § Rn.

Däubler, Wolfgang (Hrsg.)

Tarifvertragsgesetz mit Arbeitnehmer-Entsendegesetz, 3. Auflage, 2012, Nomos, Baden-Baden

Zit.: Däubler/*Autor*, TVG, Rn.

Deakin, Simon / Morris, Gillian

Labour Law, Fifth Edition, 2009, Hart Publishing, Oxford

Dehnen, Veronika

Die Einbindung von mittel- und osteuropäischen Standorten in die Arbeit von Europäischen Betriebsräten – Interessenausgleich zwischen EBR-Mitgliedern am Beispiel General Motors, Industrielle Beziehungen, Heft 17(2), 2010, 147-169

Deinert, Olaf

Der europäische Kollektivvertrag – Rechtstatsächliche und rechtsdogmatische Grundlagen einer gemeineuropäischen Kollektivvertragsautonomie, 1999, Nomos Verlagsgesellschafts, Baden-Baden

Zit.: *Deinert*, Der europäische Kollektivvertrag, S.

Internationales Arbeitsrecht – Deutsches und europäisches Arbeitskollisionsrecht, 2013, Mohr Siebeck, Tübingen

Zit.: *Deinert*, Internationales Arbeitsrecht, Kapitel, § Rn.

Neues Internationales Arbeitsvertragsrecht, RdA 2009, 144-154

Partizipation europäischer Sozialpartner an der Gemeinschaftsrechtsetzung, RdA 2004, 211-226

Streik um einen firmenbezogenen Tarifsozialplan, Anmerkung zu: BAG 1. Senat, Urteil vom 24.04.2007 - 1 AZR 252/06, jurisPR-ArbR 1/2008 Anm. 3

Dieterich, Thomas

Flexibilisiertes Tarifrecht und Grundgesetz, RdA 2002, 1-17

Zukunft der Tarifautonomie, 179-192, in: Reinhard Bispinck / Thorsten Schulten (Hrsg.), Zukunft der Tarifautonomie – 60 Jahre Tarifvertragsgesetz: Bilanz und Ausblick, 2010, VSA Verlag, Hamburg

Zit.: Bispinck/Schulten/*Dieterich*, S.

Dreier, Horst (Hrsg.)

Grundgesetz, Kommentar, Band I, 1996, Mohr Siebeck, Tübingen

Zit: Dreier/*Autor*, GG, Art. Rn.

Drouin, Renée-Claude

Promoting fundamental labor rights through international framework agreements: practical outcomes and present challenges, Comp. Lab. L. & Pol'y J., Volume 31 (2009-2010), 591-636

Zit.: 31 Comp. Lab. L. & Pol'y J. (2009-2010), S.

Düwell, Franz Josef

Neufassung der EBR-Richtlinie, FA 2009, 39-43

Edwards, Tony / Marginson, Paul / Edwards, Paul / Ferner, Anthony / Tregaskis, Olga

Corporate Social Responsibility in Multinational Companies: Management Initiatives or Negotiated Agreements?, 2007

Zit.: *Edwards/Marginson/Edwards/Ferner/Tregaskis,* S.

Aufrufbar über:

http://www2.warwick.ac.uk/fac/soc/wbs/projects/mncemployment/conference_papers/sase.pdf

Ehlers, Dirk (Hrsg.)

Europäische Grundrechte und Grundfreiheiten, 3. Auflage, 2009, De Gruyter, Berlin

Zit.: Ehlers/*Autor*, § Rn.

Eurofound (European Foundation for the Improvement of Living and Working Conditions)

Repräsentativität der europäischen sektoralen Organisationen der Sozialpartner, 2010

Zit.: *Eurofound*, Repräsentativität der europäischen sektoralen Organisationen der Sozialpartner, S.

Aufrufbar über:

http://www.eurofound.europa.eu/pubdocs/2010/72/de/1/EF1072DE.pdf

Europäische Kommission

Communication from the Commission on the Social Agenda, Brussels, 9.2.2005, COM(2005) 33 final

Zit.: Communication from the Commission on the Social Agenda, COM(2005) 33 final

Aufrufbar über:

http://www.cev.be/data/File/COM2005.33SocialAgenda.pdf

Grünbuch – Europäische Rahmenbedingungen für die soziale Verantwortung der Unternehmen, KOM (2001) 366 endgültig

Aufrufbar über:

http://eur-lex.europa.eu/LexUriServ/site/de/com/2001/com2001_0366de01.pdf

Grünbuch – Umstrukturierung und Antizipierung von Veränderungen: Lehren aus den jüngsten Erfahrungen, KOM(2012) 7 endgültig

Aufrufbar über:

http://eur-lex.europa.eu/LexUriServ/LexUriServ.do?uri=COM:2012:0007:FIN:DE:PDF

Mapping of transnational texts negotiated at corporate level, EMPL F2 EP/bp 2008 (D) 14511

Aufrufbar über:

http://ec.europa.eu/social/BlobServlet?docId=2459&langId=en

Europäische Kommission, Memorandum zu den Ansprüchen der Arbeitnehmer beim Übergang von Unternehmen, Arbeitsdokument der Kommissionsdienststellen, 2004

Aufrufbar über:

http://ec.europa.eu/social/BlobServlet?docId=2444&langId=de

Restructuring In Europe 2011, Commission Staff Working Document, Accompanying the document: Green Paper Restructuring and anticipation of change, what lessons from the economic crisis? SEC(2012) 59 final

Aufrufbar über:

http://ec.europa.eu/social/BlobServlet?docId=8908&langId=en

Second Meeting of the Expert Group on transnational company agreements of 27 November 2009, Working Document, Latest examples of transnational texts, EMPL F2 EP

Aufrufbar über:

http://ec.europa.eu/social/BlobServlet?docId=6365&langId=en

The Role of Transnational Company Agreements in the Context of Increasing International Integration, Commission Staff Working Document {SEC(2008) 2155}

Aufrufbar über:

http://ec.europa.eu/social/main.jsp?catId=707&langId=en&intPageId=214

Transnational Company Agreements, Report of the Expert Group, 31 January 2012

Aufrufbar über:

http://ec.europa.eu/social/BlobServlet?docId=7679&langId=en

Transnational company agreements: realising the potential of social dialogue, Commission Staff Working Document, SWD(2012) 264 final

Aufrufbar über:

http://ec.europa.eu/social/BlobServlet?docId=8767&langId=en

Europäischer Metallgewerkschaftsbund

EMB-interne Vorgehensweise bei Verhandlungen mit multinationalen Unternehmen, 2006

Zit.: EMB-interne Vorgehensweise bei Verhandlungen mit multinationalen Unternehmen

Aufrufbar über:

http://www.emf-fem.org/content/download/9728/138867/version/3/file/EMB-interne+Vorgehensweise+bei+Verhandlungen+mit+multinationalen+Unternehmen.pdf

Even, Jozef Harmen

Transnational Collective Bargaining in Europe – a proposal for a European Regulation on Transnational Collective Bargaining, 2008

Aufrufbar über:

http://publishing.eur.nl/ir/repub/asset/13755/Transnational%20collective%20bargaining%20in%20Europe.pdf

Ewing, Keith

International Regulation of the Global Economy – The Role of Trade Unions, 205-226 in: Brian Bercusson / Cynthia Estlund (Hrsg.), Regulating

Labour in the Wake of Globalisation: New Challenges, New Institutions, 2008, Hart Publishing, Oxford and Portland, Oregon

Zit.: Bercusson/Estlund/*Ewing*, S.

Fabisch, Dieter

Die unmittelbare Drittwirkung der Grundrechte im Arbeitsrecht – Die Auswirkungen der von Hans Carl Nipperdey begründeten Lehre auf die Rechtsprechung des Bundesarbeitsgerichts, 2010, Peter Lang, Frankfurt am Main

Fischer, Karl-Heinz

Der Verhaltenskodex für Business Ethik und Comliance der Allianz, ZfB-Special Issue 5/2005, 53-57

Fischinger, Philipp

Streik um Tarifsozialpläne?, NZA 2007, 310-313

Fitting, Karl (Begr.) / Engels, Gerd / Schmidt, Ingrid / Trebinger, Yvonne / Linsenmaier, Wolfgang

Betriebsverfassungsgesetz, Handkommentar, 25. Auflage, 2010, Franz Vahlen, München

Zit.: Fitting, § Rn.

Forst, Gerrit

Die Beteiligungsvereinbarung nach der neuen EBR-Richtlinie, ZESAR 2009, 469-476

Franzen, Martin

„Monti II“ oder: Nichts Neues zum Arbeitskampfrecht aus Brüssel, EuZA 2013, Bd. 6, 1-2

Frenz, Walter

Europäische Grundrechte und Grundfreiheiten im Arbeitsrecht, RdA 2011, 199-203

Fuchs, Maximilian / Marhold, Franz

Europäisches Arbeitsrecht, 3. Auflage, 2010, Springer Verlag, Wien

Zit: Fuchs/Marhold/*Autor*, S.

Garcimartín Alférez, Francisco J.

The Rome I Regulation: Much ado about nothing?, EuLF 2/2008, I-61 – I-79

Gaul, Björn / Ludwig, Daniel

Uneingeschränkte AGB-Kontrolle bei dynamischer Bezugnahme im Arbeitsvertrag bei arbeitgeberseitigen Regelungswerken – Richtlinien und Arbeitsordnungen des Arbeitgebers – , BB 2010, 55-59

Geimer, Reinhold / Schütze, Rolf A.

Europäisches Zivilverfahrensrecht, Kommentar zur EuGVVO, EuEheVO, EuZustellungsVO, EuInsVO, EuVTVO, zum Lugano-Übereinkommen und zum nationalen Kompetenz- und Anerkennungsrecht, 3. Auflage, 2010, C. H. Beck, München

Zit.: Geimer/Schütze/*Autor*, Abschnitt, Art. Rn.

Germelmann, Claas-Hinrich / Matthes, Hans-Christoph et.al. (Hrsg.)

Arbeitsgerichtsgesetz – Kommentar, 7. Auflage, 2009, C. H. Beck, München

Zit.: Germelmann/*Autor*, ArbGG, § Rn.

Gohde, Hellmut

Endlich in Kraft – Zur Reform der Richtlinie über Europäische Betriebsräte, Der Betriebsrat 3/2009, 22-24

Grabitz, Eberhardt (†) / Hilf, Meinhard / Nettesheim, Martin (Hrsg.)

Das Recht der Europäischen Union, 40. Auflage, 2009, C. H. Beck, München

Zit.: Grabitz/Hilf/*Autor*, Gesetz, Art. Rn.

Haipeter, Thomas

Der Europäische Betriebsrat bei General Motors – Auf dem Weg zur europäischen Mitbestimmung? WSI Mitteilungen 11/2006, 617-623

Hall, Mark / Marginson, Paul

Developments in European Works Councils, European industrial relations observatory on-line, Studie aus dem Jahr 2004

Aufrufbar über:

http://www.eurofound.europa.eu/eiro/2004/11/study/tn0411101s.htm

Hanau, Peter

Die Europäische Grundrechtecharta – Schein und Wirklichkeit im Arbeitsrecht, NZA 2010, 1-6

Nationale Regelungen für internationale (europäische) Betriebsräte, 319-334 in: Jürgen F. Baur / Rainer Jacobs / Manfred Lieb / Peter-Christian Müller-Graff (Hrsg.), Festschrift für Ralf Vieregge zum 70. Geburtstag, 1995, Walter de Gruyter, Berlin

Zit.: *Hanau* in: FS Vieregge, S.

Hauser-Ditz, Axel / Hertwig, Markus / Pries, Ludger / Rampeltshammer, Luitpold

Transnationale Mitbestimmung? – Zur Praxis Europäischer Betriebsräte in der Automobilindustrie, 2010, Campus Verlag, Frankfurt am Main

Zit: *Hauser-Ditz/Hertwig/Pries/Rampeltshammer*, S.

Hayen, Ralf-Peter

Kein Unterlassungsanspruch des Europäischen Betriebsrats bei Betriebsstilllegungen? jurisPR-ArbR 40/2012 Anm. 3

Heimann, Elena

European Works Council – Germany, in: Roger Blanpain (Hrsg.), International Encyclopaedia for Labour Law and Industrial Relations, 2012, Kluwer, Deventer

Zit.: EWC Germany/*Heimann*, in: International Encyclopaedia for Labour Law and Industrial Relations

Hendrickx, Frank

The Development of Transnational Company Agreements, KritV 4/2009, 412-426

The Future of Collective Labour Law in Europe, ELLJ, Volume 1 (2010), 59-71

Henssler, Martin

Der "Arbeitgeber in der Zange" – Rechtsfragen der Firmentarifsozialpläne, in: Georg Annuß (Hrsg.), Festschrift für Reinhard Richardi zum 70. Geburtstag, 2007, C. H. Beck, München

Zit.: *Henssler* in: FS Richardi, S.

Hepple, Bob

Labour Laws and Global Trade, 2005, Hart Publishing, Oxford and Portland, Oregon

Herberger, Maximilian / Martinek, Michael / Rüßmann, Helmut / Weth, Stephan (Hrsg.)

juris Praxiskommentar BGB, Band 2 – Schuldrecht, 2. Auflage, 2012

Zit.: jurisPK-BGB/*Autor*, § Rn.

Heselhaus, Sebastian / Nowak, Carsten (Hrsg.)

Handbuch der Europäischen Grundrechte, 2006, C. H. Beck Verlag, München

Zit.: Heselhaus/Nowak/*Autor*, § Rn.

Hess, Harald / Schlochauer, Ursula / Worzalla, Michael et. al. (Bearb.)

Betriebsverfassungsgesetz, Kommentar, 8. Auflage, 2011, Luchterhand, Köln

Zit.: HSW/*Autor*, § Rn.

Heuschmid, Johannes

Europarechtskonformität des Landesvergabegesetzes Niedersachsen („Rüffert“), Anmerkung zu: EuGH 2. Kammer, Urteil vom 03.04.2008 - C-346/06, jurisPR-ArbR 29/2008 Anm. 2

Höland, Armin

Mitbestimmung in Europa – Rechtliche und politische Regelungen, 2000, Campus Verlag, Frankfurt am Main

Horcher, Michael

Internationale betriebliche Vereinbarungen, 2004, Verlag Peter Lang, Frankfurt am Main

International Labour Organization (Hrsg.)

Restructuring enterprises through social dialogue and labour-management agreements: Social responsibility practices in times of crisis, March 2010

Zit.: ILO, Restructuring Enterprises through labour-management agreements, S.

Aufrufbar über:

http://www.ilo.org/public/libdoc/jobcrisis/download/restructuring_enterprises.pdf

Transnational company agreements on restructuring and related issues, as of March 2010

Zit.: ILO, TCAs on restructuring, S.

Aufrufbar über:

http://www.ilo.org/public/english/dialogue/ifpdial/downloads/xborder/tca-restructuring-related-issues-2010.pdf

Jagodzinski, Romuald

Involving European Works Councils in Transnational Negotiations – a Positive Functional Advance in their Operation or Trespassing? Industrielle Beziehungen 4/2007, 316-333

Jarass, Hans D.

Charta der Grundrechte der Europäischen Union unter Einbeziehung der vom EuGH entwickelten Grundrechte und der Grundrechtsregelungen der Verträge, Kommentar, 2010, Beck, München

Zit.: *Jarass*, Art. Rn.

Die Gewährleistung der unternehmerischen Freiheit in der Grundrechtecharta, EuGRZ 2011, 360-365

Jauernig, Othmar (Hrsg.)

Bürgerliches Gesetzbuch, Kommentar, 14. Auflage, 2011, C. H. Beck, München

Zit.: Jauernig/*Autor*, BGB, § Rn.

Juravle, Carmen / Weber, Tina / Servagnat, Sophie

European Monitoring Centre of Change case studies: Dexia Bank (Belgium)

Zit.: EMCC case studies: Dexia Bank, 2010

Aufrufbar über:

http://www.eurofound.europa.eu/pubdocs/2010/69/en/1/EF1069EN.pdf

Kindler, Peter

Einführung in das neue IPR des Wirtschaftsverkehrs, 2009, Verlag Recht und Wirtschaft, Frankfurt am Main

Knudsen, Herman

European Works Councils: A Difficult Question for Trade Unions, 145-166, in: Deborah Foster / Peter Scott (Hrsg.), Trade Unions in Europe – Meeting the Challenge, 2003, Peter Lang, Brüssel

Zit.: Foster/Scott/*Knudsen*, S.

Kober, Martin

Der Grundrechtsschutz in der Europäischen Union – Bestandsaufnahme, Konkretisierung und Ansätze zur Weiterentwicklung der europäischen

Grundrechtsdogmatik anhand der Charta der Grundrechte der Europäischen Union, 2009, Herbert Utz Verlag, München

Kocher, Eva

Corporate Social Responsibility: Eine gelungene Inszenierung?, Kritische Justiz 1/2010, 29-37

Europäische Tarifautonomie – Rechtsrahmen für Autonomie und Korporatismus, juridikum 4/2010, 465-483

Wer schützt die Beschäftigten im transnationalen Standortwettbewerb? in: Thomas Dieterich / Martine Le Friant / Luca Nogler / Katsutoshi Kezuka / Heide Pfarr (Hrsg.), Individuelle und kollektive Freiheit im Arbeitsrecht – Gedächtnisschrift für Ulrich Zachert, 2010, Nomos, Baden-Baden

Zit: *Kocher* in: Gedächtnisschrift für Ulrich Zachert, S.

Kowanz, Rolf

Europäische Kollektivvertragsordnung – Bestandsaufnahme und Entwicklungsperspektiven, 1999, Nomos Verlag, Baden-Baden

Krause, Rüdiger

Gewerkschaften und Betriebsräte zwischen Kooperation und Konfrontation, RdA 2009, 129-143

Lamers, Josee J. M.

EWC's role recast: A European actor? in: Filip Dorssement/Thomas Blanke, The Recast of the European Works Council Directive, 2010, Intersentia, Antwerpen

Zit.: Dorssement/Blanke/*Lamers*, S.

Laudi, Kristina

Der betriebsverfassungsrechtliche Arbeitgeber im Konzern, 2003, Shaker, Aachen

Leary, Virginia A. / Warner, Daniel (Hrsg.)

Social Issues, Globalisation and International Institutions: Labour Rights and the EU, ILO, OECD and WTO, 2006, Martinus Nijhoff Publishers, Leiden

Zit.: Leary/Warner/*Autor*, S.

Lecher, Wolfgang / Platzer, Hans-Wolfgang / Rüb, Stefan / Weiner, Klaus-Peter

Verhandelte Europäisierung, Die Einrichtung Europäischer Betriebsräte – Zwischen gesetzlichem Rahmen und sozialer Dynamik, 2001, Nomos, Baden-Baden

Zit.: *Lecher/Platzer/Rüb/Weiner,* Verhandelte Europäisierung

Leible, Stefan / Lehmann, Matthias

Die Verordnung über das auf vertragliche Schuldverhältnisse anzuwendende Recht („Rom I"), RIW 2008, 528-543

Maeßen, Charlotte

Auswirkungen der EuGH-Rechtsprechung auf das deutsche Arbeitskampfrecht unter besonderer Berücksichtigung der Entscheidungen in den Rechtssachen Viking und Laval, 2010, Peter Lang, Frankfurt

Mahnhold, Thilo

Compliance und Arbeitsrecht – Insiderrechtliche Verhaltenskonzepte im nationalen und multinationalen Unternehmen, 2004, Verlag Peter Lang, Frankfurt am Main

Mählmeyer, Valentina

Vom Informations- und Konsultationsgremium zum Verhandlungspartner? Der Europäische Ford-Betriebsrat im Verselbständigungsprozess der Visteon-Komponentensparte bei Ford of Europe, 2011, Universitätsverlag des Saarlandes, Saarbrücken

Mankowski, Peter

Gerichtsstandsvereinbarungen in Tarifverträgen und Art. 23 EuGVVO, NZA 2009, 584-589

Zur Abgrenzung des Individual- vom Kollektivarbeitsrecht im europäischen internationalen Zivilverfahrensrecht (zu OGH, 2.6.2009 – 9 ObA 144/08d), IPRax 2011, 93-96

Marassi, Stefania

A legal assessment of International Framework Agreements and European Framework Agreements, Master Thesis, Tilburg University, 2011

Aufrufbar über:

http://arno.uvt.nl/show.cgi?fid=122251

Marginson, Paul / Meardi, Guglielmo

Multinational companies and collective bargaining, European Foundation for the Improvement of Living and Working Conditions, 2009,

Aufrufbar über:

http://www.eurofound.europa.eu/docs/eiro/tn0904049s/tn0904049s.pdf

Maunz, Theodor / Dürig, Günter (Begr.)

Grundgesetz, Kommentar, Loseblattsammlung, Band II

Zit.: Maunz/Dürig/*Autor*, GG, Art. Rn.

Mayer-Maly, Theo

Römisches Recht, 2. Auflage, 1999, Springer-Verlag, Wien

Meißner, Doris / Ritschel, Andrea

Europäische Unternehmensvereinbarungen – Chancen für ein kollektives Arbeitsrecht, 53-72 in: Dörte Busch / Kerstin Feldhoff / Katja Nebe (Hrsg.), Übergänge im Arbeitsleben und (Re)Inklusion in den Arbeitsmarkt, Symposium anlässlich des 65. Geburtstags von Prof. Dr. Wolfgang Kohte, 2012, Nomos, Baden-Baden

Zit: *Meißner/Ritschel* in: FS Kohte, S.

Melot de Beauregard, Paul / Buchmann, Robert

Die neue Richtlinie über Europäische Betriebsräte, BB 2009, 1417-1422

Meyer, Jürgen (Hrsg.)

Charta der Grundrechte der Europäischen Union, 3. Auflage, 2011, Nomos, Baden-Baden

Zit.: Meyer/*Autor*, Art. Rn.

Mickel, Wolfgang / Bergmann, Jan (Hrsg.)

Handlexikon der Europäischen Union, 3. Auflage, 2005, Nomos, Baden-Baden

Zit.: Mickel/Bergmann/*Autor*, Stichwort

Muchlinski, Peter Thomas

Globalisation and Legal Research, Int'l L. Vol. 37 (2003), 221-240

Müller, Torsten / Platzer, Hans-Wolfgang / Rüb, Stefan

Transnationale Unternehmensvereinbarungen und die Europäisierung der Arbeitsbeziehungen. Auf dem Weg zu einer verhandelten Ordnung? Abschlussbericht des Projekts Transnationale Vereinbarungspolitik auf Unternehmensebene , März 2011, Hans-Böckler-Stiftung

Zit.: *Müller/Platzer/Rüb*, Transnationale Unternehmensvereinbarungen, S.

Aufrufbar über:

http://www.boeckler.de/pdf_fof/S-2008-188-2-1.pdf

Transnational company policy and coordination of collective bargaining – new challenges and roles for European industry federations, Transfer: European Review of Labour and Research 2010, Vol. 16 (4), 509-524

Zit.: *Müller/Platzer/Rüb*, Transfer 2010, Vol. 16

Müller-Glöge, Rudi / Preis, Ulrich / Schmidt, Ingrid (Hrsg.)

Erfurter Kommentar zum Arbeitsrecht, 11. Auflage, 2011, C. H. Beck, München

Zit: ErfKomm/*Autor,* Gesetz, § Rn.

Nagel, Heinrich / Gottwald, Peter

Internationales Zivilprozessrecht, 6. Auflage, 2007, Dr. Otto Schmidt, Köln

Niedobitek, Matthias

Die Grundrechtecharta der Europäischen Union – Entwicklung und allgemeine Grundsätze, § 159, 923-978 in: Detlef Merten / Hans-Jürgen Papier, Handbuch der Grundrechte in Deutschland und Europa, Band VI/1: Europäische Grundrechte I, 2010, C. F. Müller, Heidelberg

Zit.: *Niedobitek* in: Handbuch der Grundrechte, Band VI/1, § Rn.

Nipperdey, Hans Carl

Grundrechte und Privatrecht, 17-33 in: Festschrift für Erich Molitor zum 75. Geburtstag, 1962, C. H. Beck, München

Zit: *Nipperdey* in: FS Molitor, S.

Nowak, Carsten

Europarecht nach Lissabon, 2011, Nomos, Baden-Baden

Oppermann, Thomas / Classen, Dieter / Nettesheim, Martin

Europarecht – ein Studienbuch, 4. Auflage, 2009, C. H. Beck, München

Ostermann, Udo

Entwicklung und gegenwärtiger Stand der europäischen Grundrechte nach der Rechtsprechung des Europäischen Gerichtshofs sowie des Gerichts erster Instanz, 2009, Peter Lang, Frankfurt am Main

Pache, Eckhard

Die Europäische Grundrechtscharta – ein Rückschritt für den Grundrechtsschutz in Europa?, EuR 2001, 475-494

Pieper, Ralf

Arbeitsschutzgesetz – Basiskommentar mit der Arbeitsschutzverordnung zu künstlicher optischer Strahlung, 5. Auflage, 2010, Bund Verlag, Frankfurt am Main

Platzer, Hans-Wolfgang

Die Europäischen Gewerkschaftsverbände: Errungenschaften, Probleme und Perspektiven einer transnationalen Gewerkschaftspolitik in der EU, IPG 2/2011, 106-124

Pulignano, Valeria

European Integration and transnational employment regulation: the company-level experience of EFAs in the metal sector in Europe, European Labour Law Journal 2010 (Vol. 1), 81-88

Rademacher, Ulf

Der Europäische Betriebsrat – Die Richtlinie 94/45/EG des Rates vom 22.9.1994 und ihre Umsetzung in nationales Recht, 1996, Nomos, Baden-Baden

Rampeltshammer, Luitpold / Dehnen, Viktoria

Europäische Betriebsräte: Bedingungen für ihre Handlungsfähigkeit und ihre Rolle bei europäischen Streik- und Protestaktionen, 223-247 in: Gottfried Schweiger / Bernd Brandl (Hrsg.), Der Kampf um Arbeit – Dimensionen und Perspektiven, 2010, VS-Verlag für Sozialwissenschaften, Springer Fachmedien, Wiesbaden

Zit.: *Rampeltshammer/Dehnen, S.*

Rauscher, Thomas

Internationales Privatrecht – mit internationalem und europäischem Verfahrensrecht, 3. Auflage, 2009, C. F. Müller, Heidelberg

Rebhahn, Robert

Der Vorrang der günstigeren Regelung aus rechtsvergleichender Sicht, EuZA 2008, 39-67

Rehberg, Markus

Die kollisionsrechtliche Behandlung „europäischer Betriebsvereinbarungen“, NZA 2013, 73-78

Richardi, Reinhard (Hrsg.)

Betriebsverfassungsgesetz mit Wahlordnung, Kommentar, 13. Auflage, 2012, C. H. Beck, München

Zit.: Richardi/*Autor*, § Rn.

Richardi, Reinhard

Kollektives Arbeitsrecht, 2007, Franz Vahlen, München

Zit.: *Richardi*, § Rn.

Richardi, Reinhard / Wlotzke, Otfried / Wißmann, Hellmut / Oetker, Hartmut (Hrsg.)

Münchener Handbuch zum Arbeitsrecht, Band 2 – Kollektivarbeitsrecht/Sonderformen, 3. Auflage, 2009, C. H. Beck, München

Zit.: MünchArbR/*Autor*, § Rn.

Rodriguez, Ricardo (Coord.) / Ahlberg, Kerstin / Davulis, Thomas / Fulton, Lionel / Gyulavári, Tamás / Humblet, Patrick / Jaspers, Teun / Miranda, Jose María / Marhold, Franz / Valdés, Fernando / Zimmer, Reingard

Study on the characteristics and legal effects of agreements between companies and workers‘ representatives; study by Labour Asociados for the DG Employment, Social Affairs & Inclusion, 2011

Zit.: *Rodriguez et. al.,* S.

Aufrufbar über:

http://ec.europa.eu/social/BlobServlet?docId=7631&langId=en

Rolfs, Christian / Giesen, Richard / Kreikebohm, Ralf / Udsching, Peter

Beck'scher Online-Kommentar Arbeitsrecht, C. H. Beck, Stand: 01.06.2011, Edition 20

Zit.: BeckOKArbR/*Autor*, BGB, § Rn.

Röller, Jürgen (Hrsg.)

Küttner, Personalbuch 2011, 18. Auflage, C. H. Beck, München

Zit.: Küttner/*Autor*, Personalbuch 2011, Stichwort Rn.

Säcker, Franz Jürgen / Rixecker, Roland (Hrsg.)

Münchener Kommentar zum Bürgerlichen Gesetzbuch, Band 2, 6. Auflage, 2012, C. H. Beck, München

Zit.: MüKoBGB/*Autor*, § Rn.

Schiek, Dagmar

Europäische Betriebsvereinbarungen, RdA 2001, 218-236

Europäische Kollektivvereinbarungen, 268-322 in: Wolfgang Däubler (Hrsg.), Tarifvertragsgesetz mit Arbeitnehmer-Entsendegesetz, 3. Auflage, 2012, Nomos, Baden-Baden

Zit.: Däubler/*Schiek*, TVG, Rn.

Schmidt, Ingrid

Betriebliche Arbeitnehmervertretung insbesondere im Europäischen Recht, RdA 2001, Sonderbeilage zu Heft 5, 12-23

Schmidt, Marlene

Perspektiven und Sinn weiterer Regulierung durch Europarecht, EuZA 2008, 196-211

Schömann, Isabelle / Sobczak, André / Voss, Eckhard / Wilke, Peter

Codes of conduct and international framework agreements: New forms of governance at company level, European Foundation for the Improvement of Living and Working Conditions, 2009

Zit.: *Schömann/Sobczak/Voss/Wilke*, S.

Aufrufbar über:

http://www.eurofound.europa.eu/pubdocs/2007/92/en/1/ef0792en.pdf

Schömann, Isabelle / Sobczak, André

Codes of conduct and international framework agreements: New forms of governance at company level – Case study: Arcelor, European Foundation for the Improvement of Living and Working Conditions, 2009

Zit.: *Schömann/Sobczak, S.*

Aufrufbar über:

http://www.eurofound.europa.eu/pubdocs/2007/922/en/1/ef07922en.pdf

Schregle, Johannes

Überlegungen zur internationalen Vergleichung im Arbeitsrecht, 675-686, in: Franz Gamillscheg / Jean de Givry / Bob Hepple / Jean-Maurice Verdier (Hrsg.), In memoriam Sir Otto Kahn-Freund, Internationale Gedächtnisschrift, 1980, C. H. Beck, München

Zit.: *Schregle* in: In memoriam Sir Otto Kahn-Freund, 675 ff.

Schubert, Jens / Jerchel, Kerstin

Das europäische Arbeitsrecht (2009/2010), EuZW 2010, 687-694

Schulze, Reiner u.a.

Bürgerliches Gesetzbuch, Handkommentar, 6. Auflage, 2009, Nomos, Baden-Baden

Zit.: Hk-BGB/*Autor*, § Rn.

Schwab, Norbert / Weth, Stephan (Hrsg.)

Arbeitsgerichtsgesetz – Kommentar, 3. Auflage, 2011, Verlag Dr. Otto Schmidt, Köln

Zit.: Schwab/Weth/*Autor*, ArbGG, § Rn.

Schwald, Sonja

Die Legitimation der Konzernbetriebsverfassung, 2005, Peter Lang, Frankfurt am Main

Schwarze, Jürgen

Der Grundrechtsschutz für Unternehmen in der Europäischen Grundrechtecharta, EuZW 2001, 517-524

Schwarze, Jürgen (Hrsg.)

EU-Kommentar, 2. Auflage, 2009, Nomos, Baden-Baden

Zit.: Schwarze/*Autor*, EGV, Art., Rn.

Schweizer, Rainer J.

Europäische Menschenrechtskonvention, Allgemeine Grundsätze, § 138, 77-124 in: Detlef Merten / Hans-Jürgen Papier, Handbuch der Grundrechte in Deutschland und Europa, Band VI/1: Europäische Grundrechte I, 2010, C. F. Müller, Heidelberg

Zit.: *Schweizer* in: Handbuch der Grundrechte, Band VI/1, § Rn.

Schwier, Henning

Der Schutz der „unternehmerischen Freiheit" nach Artikel 16 der Charta der Grundrechte der Europäischen Union – eine Darstellung der tatsächlichen Reichweite und Intensität der grundrechtlichen Gewährleistung aus rechtsvergleichender Perspektive, 2008, Peter Lang Verlag, Frankfurt am Main

Sciarra, Silvana

Notions of Solidarity in Times of Economic Uncertainty, Industrial Law Journal 39 (2010), 223-243

Servais, Jean-Michel

International Labour Law, 2. Auflage, 2009, Kluwer Law International, Niederlanden

Syrpis, Phil

The Treaty of Lisbon: Much Ado...But About What?, Industrial Law Journal 37 (2008) 219-235

Teichmann, Christoph

Gestaltungsfreiheit in Mitbestimmungsvereinbarungen, AG 2008, 797-808

Telljohann, Volker / Da Costa, Isabel / Müller, Torsten / Rehfeldt, Udo / Zimmer, Reingard

European and International Framework Agreements: practical experiences and strategic approaches, European Foundation for the Improvement of Living and Working Conditions, 2009,

Zit.: *Telljohann et. al.*, S.

Aufrufbar über:

http://www.eurofound.europa.eu/publications/htmlfiles/ef08102.htm

Telljohann, Volker (Hrsg.)

Europäische Betriebsräte in der Praxis, Working Paper, Istituto Per il Lavoro, 2006

Zit.: Telljohann/*Autor*, S.

Aufrufbar über:

http://www.fipl.it/docs/wpapers/wp19.pdf

Tettinger, Peter J.

Die Charta der Grundrechte der Europäischen Union, NJW 2001, 1010-1015

Tettinger, Peter J. / Stern, Klaus (Hrsg.)

Kölner Gemeinschaftskommentar zur Europäischen Grundrechte-Charta, 2006, C. H. Beck, München

Zit.: Tettinger/Stern/*Autor*, Art. Rn.

Thiele, Alexander

Das Rechtsschutzsystem nach dem Vertrag von Lissabon – (K)ein Schritt nach vorn? EuR 2010, 30-51

Thüsing, Gregor

Dreigliedrige Standortvereinbarungen, NZA 2008, 201-207

Europäisches Arbeitsrecht, 2. Auflage, 2011, C. H. Beck, München

Zit.: *Thüsing*, § Rn.

International Framework Agreements: Rechtliche Grenzen und praktischer Nutzen, RdA 2010, 78-93

Thüsing, Gregor / Forst, Gerrit

Europäische Betriebsräte-Richtlinie: Neuerungen und Umsetzungserfordernisse, NZA 2009, 408-412

Treu, Tiziano

European Collective Bargaining Levels and the Competences of the Social Partners, in: Paul Davies/Antoine Lyon-Caen/Silvana Sciarra/Spiros Simitis (Hrsg.), European Community Labour Law: Principles and Perspectives – Liber Amicorum Lord Wedderburn of Charlton, 1996, Claredon Press, Oxford

Zit.: Davies/Lyon-Caen/Sciarra/Simitis/*Treu*, S.

Van Hoek, Aukje / Hendrickx, Frank

International private law aspects and dispute settlement related to transnational company agreements, study undertaken on behalf of the European Commission, final report, October 2009

Zit.: *Van Hoek/Hendrickx*, Final Report, S.

Aufrufbar über:

www.ec.europa.eu/social/BlobServlet?docId=4815&langId=en (Final Report)

http://www.ec.europa.eu/social/BlobServlet?docId=4814&langId=en (Executive Summary to of the Final Report)

Zit.: *Van Hoek/Hendrickx*, Executive Summary, S.

Von Hoffmann, Bernd / Thorn, Karsten

Internationales Privatrecht einschließlich der Grundzüge des Internationalen Zivilverfahrensrechts, 8. Auflage, 2005, C. H. Beck, München

Von Savigny, Friedrich Carl

System des heutigen römischen Rechts, Band 8, Berlin 1849

Wahl, Rainer

Die objektiv-rechtliche Dimension der Grundrechte im internationalen Vergleich, § 19, 745-781 in: Detlef Merten / Hans-Jürgen Papier, Handbuch der Grundrechte in Deutschland und Europa, Band I: Entwicklung und Grundlagen, 2004, C. F. Müller, Heidelberg

Zit.: *Wahl* in: Handbuch der Grundrechte, Band I, § Rn.

Weber, Albrecht

Die Europäische Grundrechtscharta - auf dem Weg zu einer europäischen Verfassung, NJW 2000, 537-544

Weiss, Manfred

Arbeitnehmermitwirkung in der europäischen Gemeinschaft, 657-674 in: Peter Hanau / Friedhelm Farthmann / Udo Isenhardt / Ulrich Preis (Hrsg.), Arbeitsgesetzgebung und Arbeitsrechtsprechung: Festschrift zum 70. Geburtstag von Eugen Stahlhacke, 1995, Luchterhand, Berlin

Zit.: *Weiss* in: FS Stahlhacke, 657

Arbeitnehmermitwirkung in Europa, NZA 2003, 177-184

Deutsche Aufsichtsratsmitbestimmung im Europäischen Kontext, KritV 2012, 327-341

Die Umsetzung der Richtlinie über Europäische Betriebsräte, AuR 1995, 438-444

Europäische Betriebsräte, ZRP 1992, 422-444

Herausforderungen an das Arbeitsrecht, AuR 7/8 2010, 284-289

Transnationale Kollektivvertragsstrukturen in der EG: Informalität oder Verrechtlichung? 957-975, in: Horst Konzen / Sebastian Krebber / Thomas Raab / Barbara Veit / Bernd Waas (Hrsg.), Festschrift für Rolf Birk zum siebzigsten Geburtstag, 2008, Mohr Siebeck, Tübingen

Zit.: *Weiss* in: FS Birk, 957

Weltkommission für die soziale Dimension der Globalisierung

Eine faire Globalisierung: Chancen für alle schaffen, Veröffentlichung der ILO, 2004

Zit.: Bericht der Weltkommission für die soziale Dimension der Globalisierung, S.

Aufrufbar über:

http://www.ilo.org/public/english/wcsdg/docs/reportg.pdf

Welz, Christian

The European Social Dialogue under Articles 138 and 139 of the EC Treaty – Actors, Processes Outcomes, 2008, Kluwer Law International, Alphen aan den Rijn

European Industrial Relations between Hard and Soft Law: a Sectoral and Company Perspective, ELLJ, Volume 1 (2010), 99-105

Wiese, Günter / Kreutz, Peter / Oetker, Hartmut et al. (Hrsg.)

Betriebsverfassungsgesetz, Gemeinschaftskommentar, 9. Auflage, 2010, Luchterhand, Köln

Zit.: GK/*Autor*, BetrVG, § Rn.

Wissenschaftlicher Rat der Dudenredaktion: Kunkel-Razum, Kathrin / Scholze-Stubenrecht, Werner / Wermke, Matthias (Hrsg.)

Duden, Deutsches Universalwörterbuch, 5. Auflage, 2003, Dudenverlag, Mannheim

Wunsch-Semmler, Bettina

Entwicklungslinien einer europäischen Arbeitnehmermitwirkung – Eine Untersuchung vor dem Hintergrund rechtlicher und politischer Machbarkeit und Notwendigkeit, 1995, Nomos, Baden-Baden

Zimmer, Reingard

Europäische Betriebsräte als Akteure der Anti-Diskriminierung, AiB 2007, 392-395

Rechtliche Konzeption und Wirklichkeit: Europäische Betriebsräte als Verhandlungsakteure, 114-134, in: Dorothea Alewell (Hrsg.), Rechtstatsachen und Rechtswirkungen im Arbeits- und Sozialrecht, 2013, Berlin

Zit: *Zimmer* in: Rechtstatsachen, S.

Soziale Mindeststandards und ihre Durchsetzungsmechanismen - Sicherung internationaler Mindeststandards durch Verhaltenskodizes?, 2008, Nomos, Baden-Baden

Zit.: *Zimmer*, S.

Einleitung

A. Ausgangslage der Untersuchung und praktische Relevanz

Europäische Betriebsräte sind noch immer eine vergleichsweise junge Form der Arbeitnehmervertretung in Europa. Sie entstammen der Idee, dass sich die heutige Internationalität der Unternehmen auch auf Arbeitnehmerseite widerspiegeln sollte. Denn in europaweit agierenden Unternehmen oder Unternehmensgruppen werden wichtige unternehmerische Entscheidungen oftmals nicht mehr vor Ort getroffen, sondern von der zentralen Unternehmensleitung vorgegeben. Diese ist dann jedoch in einer Vielzahl der Fälle in einem anderen Mitgliedstaat (oder außerhalb) der EU ansässig mit der Folge, dass nationale Arbeitnehmervertretungen des Landes, auf welches sich die Entscheidung auswirkt, keinen Zugriff auf die tatsächlichen Entscheider haben[1]. Auf nationaler Ebene kann es dann nur noch um Folgenbewältigung gehen.

Bei der Suche nach einem möglichen Modell der europaweiten Arbeitnehmerbeteiligung musste jedoch auch den stark divergierenden Formen der Arbeitnehmerbeteiligung im Unternehmen in den einzelnen Mitgliedstaaten der EU[2] Rechnung getragen werden. Schnell wurde klar, dass sich echte Mitbestimmungsrechte, wie sie etwa der deutsche Betriebsrat besitzt, nicht etablieren lassen. Daher setzte man auf ein europäisches Gremium zur Information und Konsultation der Arbeitnehmer auf Ebene der zentralen Unternehmensleitung[3]. Doch auch dagegen regte sich Widerstand, sowohl seitens der Arbeitgeber als auch beispielsweise von der britischen Arbeitnehmerseite[4].

1 DKK/*Däubler,* Vorbem. EBRG Rn. 1.

2 *Weiss*, NZA 2003, 177; DKK/*Däubler,* Einl. Rn. 200: „Die Vielfalt dominiert, nicht die Einheit.“; *Thüsing*, § 10 Rn. 93 ff.

3 Vgl. unten Teil 2 A. III.; zur historischen Entwicklung hin zur RL 94/45/EG: *Weiss* in: FS Stahlhacke, 657, 665 ff.; *Weiss*, NZA 2003, 177, 179 f.

4 *Weiss* in: FS Stahlhacke, 657, 667 f.

Den Durchbruch erzielte man, in dem man bei der Einführung des Europäischen Betriebsrats weitgehend darauf verzichtete, zwingend zu befolgende juristische Vorgaben zu machen, und stattdessen auf eine Verhandlungslösung setzte[5]. Der Schlüssel zum Erfolg lag in einer verhandelten Europäisierung[6]. Bei der Gründung eines Europäischen Betriebsrats in einem Unternehmen oder einer Unternehmensgruppe wird daher zunächst ein sogenanntes „besonderes Verhandlungsgremium" gebildet, welches mit der zentralen Unternehmensleitung über die konkrete Ausgestaltung einer Vereinbarung zur Gründung eines Europäischen Betriebsrats verhandelt. Dabei geben die EBR-Richtlinien[7] sowie die nationalen Umsetzungsgesetze[8] zunächst als Rahmen im Wesentlichen nur die Themen vor, über welche verhandelt werden soll. Im Übrigen genießen die Parteien eine weitreichende Vereinbarungsfreiheit bei der Ausgestaltung der individuellen EBR-Vereinbarung. Gleichzeitig gibt die EBR-Richtlinie jedoch vor, welche konkreten Regelungen Anwendung finden, falls sich die Parteien nicht einigen können. In diesem Fall wird ein „Europäischer Betriebsrat kraft Gesetzes" gebildet. Auf diese Weise werden zum einen Regelungen vorgegeben, an welchen sich viele EBR-Vereinbarungen orientieren. Zum zweiten wird dadurch indirekt Druck auf die Parteien ausgeübt, zu einer individuellen Lösung zu gelangen, um nicht das starre Korsett des EBR kraft Gesetzes oktroyiert zu bekommen.

In der Praxis ist dieses Verhandlungsmoment bei der Etablierung der EBR prägend. Das heißt, die konkrete Ausgestaltung und damit auch die Stärke des

---

5 Vgl. zu dem Gedanken, dass Harmonisierung auf EU-Ebene nie komplette Vereinheitlichung bedeuten kann und zu pragmatischen Alternativen: *Weiss* in: FS Stahlhacke, 657 ff.

6 *Blanke*, EBRG, Vorwort, 5; *Lecher/Platzer/Rüb/Weiner*, Verhandelte Europäisierung, 21.

7 Richtlinie 94/45/EG über die Einsetzung eines Europäischen Betriebsrats oder die Schaffung eines Verfahrens zur Unterrichtung und Anhörung der Arbeitnehmer in gemeinschaftsweit operierenden Unternehmen und Unternehmensgruppen, AblEG Nr. L 254 S. 64. Abgelöst durch: Richtlinie 2009/38/EG vom 6. Mai 2009 über die Einsetzung eines Europäischen Betriebsrats oder die Schaffung eines Verfahrens zur Unterrichtung und Anhörung der Arbeitnehmer in gemeinschaftsweit operierenden Unternehmen und Unternehmensgruppen, AblEU Nr. L 122 S. 28. Die Richtlinie wird im Folgenden der Einfachheit halber als „EBR-Richtlinie" bzw. in Abgrenzung zur ursprünglichen Fassung als „Richtlinie 2009" bezeichnet.

8 In Deutschland: Europäische Betriebsräte-Gesetz in der Fassung der Bekanntmachung vom 7. Dezember 2011 (BGBl. I S. 2650) (EBRG).

Gremiums, hängen von dem individuellen Verhandlungsergebnis zwischen besonderem Verhandlungsgremium und der zentralen Unternehmensleitung ab. Aus diesem Grund gibt es in der Praxis eine große Varianz europäischer Betriebsräte: Die Bandbreite reicht vom symbolischen „zahnlosen Tiger“[9] bis hin zu starken Arbeitnehmervertretungen mit gewichtigem Verhandlungspotential[10].

Besonders interessant ist die Tatsache, dass es einigen Europäischen Betriebsräten gelungen ist, dieses Verhandlungsmoment in ihre tägliche Arbeit zu übertragen. Sie haben es geschafft, sich als Verhandlungs- und Vereinbarungspartner der zentralen Unternehmensleitung in europaweit tätigen Unternehmen oder Unternehmensgruppen zu etablieren. Dies gilt nicht nur für die Erneuerung der Gründungsvereinbarungen oder deren Anpassung an eine veränderte Unternehmensstruktur. Vielmehr existiert eine wachsende Zahl[11] Europäischer Betriebsräte, welche Vereinbarungen zu inhaltlichen Themen unterzeichnen, die weit über die Regelung der eigenen Angelegenheiten hinausgehen. Auch hier gibt es in der Praxis wieder eine enorme Bandbreite: Diese reicht von Vereinbarungen mit rein symbolischem Charakter – wie etwa der Deklaration eigentlich bereits durch Gesetzesrecht fest vorgeschriebener Arbeitnehmerrechte – bis hin zu detaillierten Vereinbarungen zu konkreten Restrukturierungsmaßnahmen. So gab es etwa bei *Ford of Europe* ab dem Jahr 2000 fünf transnationale EBR-Vereinbarungen, welche sich jeweils mit konkreten Restrukturierungsmaßnahmen befassten und detaillierte Vereinbarungen dazu beinhalteten, welche Rechte die Arbeitnehmer infolge der Restrukturierung erhalten sollten. Beispielsweise wurde im Rahmen der Verselbstständigung der *Visteon*-Komponentensparte Anfang 2000 in einer EBR-Vereinbarung festgelegt, dass *Ford*-Mitarbeiter, welche in der ausgelagerten Sparte tätig waren, das Recht erhielten, innerhalb von fünf Jahren zu *Ford* zurück zu wechseln. Diese und vergleichbare Vereinbarungen waren nur der Auftakt zu einer ganzen Reihe substantieller EBR-Vereinbarungen zu konkreten Themen wie Restrukturierung, Arbeitnehmerda-

---

9 *Gohde*, Der Betriebsrat 3/2009, 22, 24; *Hall/Marginson*, nach table 3 („largely symbolic“).

10 Vgl. ausführlich zu den Typen und Akteursqualitäten Europäischer Betriebsräte: *Lecher/Platzer/Rüb/Weiner*, Verhandelte Europäisierung, 200 ff.

11 Dazu ausführlich unten in Teil 1 C.

tenschutz oder Gewinnbeteiligung der Arbeitnehmer im Unternehmen. Aus diesem Grund wird davon gesprochen, dass sich auf der Folie der EBR-Richtlinie die wohl massivste europaweit ausgreifende Verhandlungsstruktur entwickelt hat[12].

Diese substantiellen EBR-Vereinbarungen sind dabei nicht nur ein Instrument „jenseits des Nationalstaates“[13], sondern auch jenseits jeglicher konkreter Regulierung. Denn die EBR-Richtlinie und deren Umsetzungsgesetze sehen nur Informations- und Konsultationsrechte für die Europäischen Betriebsräte vor. Historisch betrachtet ist diese tatsächliche Entwicklung der industriellen Beziehungen jenseits des rechtlich vorgegebenen Rahmens jedoch keine Besonderheit. Denn gerade im kollektiven Arbeitsrecht hat sich das Recht der Kollektivvereinbarungen in allen Mitgliedstaaten aus autonomen Vereinbarungen entwickelt, „deren rechtliche Verbindlichkeit zuerst in der sozialen Praxis und dann durch die Gerichte anerkannt wurde“[14].

Den ersten Arbeiten zum grenzüberschreitenden bzw. supranationalen *Tarifvertrag* in der deutschsprachigen, arbeitsrechtlichen Literatur der 1960er Jahre wurde noch relative praktische Irrelevanz vorgehalten[15]. Dies kann dem vorliegenden Thema nicht mehr entgegen gehalten werden. Denn während im Bereich der europäischen Tarifverträge gesagt wird, dass dort das Recht der Praxis voraus sei[16], ist dies im Bereich der substantiellen EBR-Vereinbarungen genau umgekehrt: Hier ist die Praxis dem Recht voraus. Heute gibt es etwa 1.000 Europäische Betriebsräte[17]. Von diesen waren Ende 2012 bereits mehr als zehn Prozent am Abschluss von sogenannten Transnational Company Agreements

---

12 *Weiss* in: FS Birk, 957, 968 ff., 970.

13 *Müller/Platzer/Rüb*, Transnationale Unternehmensvereinbarungen, 6.

14 Däubler/*Schiek*, TVG, Rn. 808.

15 Vgl. zum Einzelnachweis der damaligen Arbeiten sowie zum Vorwurf der relativen praktischen Irrelevanz: Däubler/*Schiek*, TVG, Rn. 707; *Weiss* in: FS Birk, 957.

16 *Deinert*, Internationales Arbeitsrecht, 5. Kapitel, § 15 Rn. 79.

17 ETUI geht von 1029 aktiven Gremien in 955 multinationalen Unternehmen aus (Stand: Mai 2013): http://www.ewcdb.eu/statistics_graphs.php; DKK/*Däubler*, Vorbem. EBRG Rn. 25 geht von 978 europäischen Betriebsräten im April 2011 aus.

beteiligt[18]. Gleichermaßen stetig wächst die Zahl substantieller EBR-Vereinbarungen (wenn auch auf niedrigem Niveau)[19]. Auch die europäische Kommission hat dem Thema praktische Relevanz zugesprochen[20] und daher eine Expertengruppe zu transnationalen Vereinbarungen eingesetzt[21].

Im Vergleich dazu hinkt das Recht der Praxis jedoch hinterher. Substantielle Vereinbarungen durch Europäische Betriebsräte sind in den gesetzlichen Grundlagen nicht (explizit) geregelt. Auch gibt es bisher vergleichsweise wenig (insbesondere juristische) Literatur. Dabei werfen die substantiellen Vereinbarungen zwischen EBR und der zentralen Unternehmensleitung eine ganze Reihe tatsächlicher wie rechtlicher Fragen auf:

(1) Wie ordnen sich substantielle EBR-Vereinbarungen in den Kontext der gesamten Entwicklung im Bereich des internationalen Arbeitsrechts ein?
(2) Zu welchen Themen werden Vereinbarungen geschlossen oder könnten künftig Vereinbarungen geschlossen werden?
(3) Welche Legitimität besitzt der EBR als Akteur jenseits von Information und Konsultation? Und damit zusammenhängend: Auf welcher Rechtsgrundlage basieren solche Vereinbarungen?
(4) Welche rechtlichen Grenzen sind den Akteuren gesetzt?
(5) Wie verhält es sich mit der Rechts- und Durchsetzungsqualität der Vereinbarungen?
(6) Wie ist das Verhältnis des EBR zu den Gewerkschaften und internationalen Gewerkschaftsverbänden zu charakterisieren?

---

18 Transnational Company Agreements: realising the potential of social dialogue, Commission Staff Working Document SWD(2012) 264 final, 5.

19 Für eine aktuelle Übersicht vgl. die Datenbanken der Europäischen Kommission (http://ec.europa.eu/social/main.jsp?catId=978&langId=en) sowie des europäischen Gewerkschaftsinstituts (www.ewcdb.eu).

20 Vgl. The Role of Transnational Company Agreements in the Context of Increasing International Integration, Commission Staff Working Document {SEC(2008) 2155}.

21 Die Ergebnisse der einzelnen Sitzungen sind online aufrufbar: http://ec.europa.eu/social/main.jsp?catId=707&langId=en&intPageId=214. Abschlussbericht der Kommission: Transnational Company Agreements: realising the potential of social dialogue SWD(2012) 264 final.

Mit diesen Fragen setzt sich die vorliegende Arbeit auseinander.

B. Methode

Der Lösungsansatz, mit welchem sich dieser Problemstellung genähert wird, basiert auf Prof. Hendrickx' Grundannahme, dass ein ausgereiftes System der Kollektivverhandlungen drei wichtige Voraussetzungen erfüllen müsse: Erstens einen rechtlichen Rahmen, zweitens einen institutionellen Rahmen und drittens eine gelebte Praxis industrieller Beziehungen[22]. Dabei wird hier – angesichts der Neuheit der Materie – jedoch davon ausgegangen, dass die Reihenfolge anders zu wählen ist: Bei der Etablierung neuer Strukturen der industriellen Beziehungen muss sich zuerst eine gelebte Praxis etablieren, welche es dann im zweiten Schritt rechtlich einzuordnen gilt, bevor als drittes über eine Institutionalisierung nachgedacht werden kann[23]. Aus diesem Grund soll zunächst die soziologische und tatsächliche Perspektive berücksichtigt werden. Dementsprechend muss diese tatsächliche Entwicklung, im vorliegenden Fall also die Praxis substantieller EBR-Vereinbarungen, zunächst detailliert aufgezeigt und erörtert werden. Darauf aufbauend können die Vereinbarungen dann rechtlich eingeordnet werden[24].

Die vorliegende Arbeit wird zur juristischen Einordnung der aufgeworfenen Fragen die europäische und deutsche Ebene untersuchen. Ein Rechtsvergleich mit anderen Mitgliedstaaten der europäischen Union wird nicht angestrebt. Dem liegt die Annahme zugrunde, dass einer rechtsvergleichenden Analyse eine funktionelle Betrachtungsweise zugrunde liegen müsste[25]. Dazu ist es notwendig, „alle auf Arbeitnehmerseite verfügbaren Instrumente einzubeziehen, deren Zusammenspiel zu analysieren und die Gesamtheit der daraus resultierenden

---

22 *Hendrickx*, ELLJ, Volume 1 (2010), 59, 76.

23 *Weiss* in: FS Birk, 957, 974; ferner Däubler/*Schiek*, TVG, Rn. 808.

24 Ähnlich auch die Herangehensweise bei Däubler/*Schiek*, TVG, Rn. 683 ff.

25 *Schregle* in: In memoriam Sir Otto Kahn-Freund, 675 ff., 679; *Weiss*, KritV 2012, 327, 333; zur funktionellen Betrachtungsweise im gewerkschaftlichen Bereich vgl. Däubler/*Schiek*, TVG, Rn. 684; ferner zum funktionalen Rechtsvergleich im Arbeitskollisionsrecht: *Deinert*, Internationales Arbeitsrecht, 1. Kapitel, § 1 Rn. 31.

Effekte auf Unternehmensentscheidungen zu gewichten“[26]. Ein rein institutionenbezogener Vergleich, welcher mit relativ geringem Aufwand eventuell noch darstellbar wäre, verbietet sich ebenso wie eine reine Aufzählung der unterschiedlichen nationalen Systeme der Arbeitnehmerbeteiligung im Unternehmen. Mithin wird auf einen Rechtsvergleich ganz verzichtet, da dieser mit den gegebenen Mitteln und der gegebenen Zeit nicht adäquat darstellbar ist. Im Übrigen wird auf die bereits existierenden Arbeiten mit rechtsvergleichendem Schwerpunkt[27] bzw. mit einem Schwerpunkt auf gewerkschaftlichen Vereinbarungen[28] verwiesen.

Zudem soll der Arbeit keine historische Betrachtung voran gestellt werden, da es zur historischen Entwicklung hin zur Einführung des EBR und zur Erneuerung der EBR-Richtlinie ausreichend Literatur gibt[29].

C. Gang der Untersuchung

Die Untersuchung ist in drei Teile gegliedert. Im ersten Teil erfolgt eine Einführung in das Thema. Diese beginnt mit einer Begriffsbestimmung (A.), welche notwendig ist, da die Materie relativ neu ist und sich noch keine einheitliche Terminologie durchgesetzt hat. Anschließend wird mit der Bedeutungszunahme privater Verhaltenskodizes zunächst der tatsächliche Gesamtrahmen dargestellt (B.), in welchem sich die transnationalen EBR-Vereinbarungen entwickelt haben. Denn diese Vereinbarungen sind letztlich nur ein Teil einer größeren internationalen Entwicklung hin zu Kollektivvereinbarungen im internationalen Arbeitsrecht. Angesichts der Komplexität der Materie und der Vielzahl der existierenden Vereinbarungen und Akteure (inklusive der Gewerkschaften), war es je-

26 *Weiss*, KritV 2012, 327, 334.

27 Vgl. etwa *Bachner*, Die Rechtsstellung des Europäischen Betriebsrats nach französischem und deutschem Arbeitsrecht im Spannungsverhältnis zwischen europäischer Normsetzung und nationaler Arbeitsrechtstradition, 100 ff.; *Horcher*, Internationale betriebliche Vereinbarungen, 25 ff.

28 *Deinert*, Der europäische Kollektivvertrag – Rechtstatsächliche und rechtsdogmatische Grundlagen gemeineuropäischer Kollektivvertragsautonomie, 1999.

29 *Weiss*, ZRP 1992, 422, 423 ff.; *Weiss*, AuR 1995, 438 ff.; *Weiss*, NZA 2003, 177, 178 f.; *Bachner*, 35 ff.; *Blanke*, AuR 2009, 242 ff.; Fuchs/Marhold/*Fuchs*, 301 ff.

doch notwendig, das Thema auf Vereinbarungen der EBR zu begrenzen. Dennoch ist es für die Einordnung der transnationalen EBR-Vereinbarungen wichtig, deren Entwicklung in einen größeren Gesamtkontext zu setzen. Anschließend wird die Praxis der transnationalen EBR-Vereinbarungen ausführlich beleuchtet (C.). Es wird eine Liste substantieller EBR-Vereinbarungen eingeführt, deren Inhalt einsehbar ist und von denen (mehr oder weniger) gesichert feststeht, dass diese tatsächlich von dem EBR unterzeichnet wurden (C.I.). Sodann wird auf einzelne Themen eingegangen, welche schwerpunktmäßig in EBR-Vereinbarungen geregelt werden (C.II.). Darauf folgt eine Analyse der Verhandlungspraxis der EBR (C.III.) sowie der Interessen und Motive der Arbeitgeberseite (C.IV.). Dieser soziologische Blick auf das Recht ist ein entscheidender Aspekt dieser Arbeit. Angesichts der Tatsache, dass es sich bei dem vorliegenden Thema um eine tatsächliche Entwicklung handelt, welche es rechtlich einzuordnen gilt, ist es zwingend erforderlich, sich zunächst in der gebotenen Ausführlichkeit mit der Praxis der substantiellen EBR-Vereinbarungen auseinander zu setzen. Erst dann können diese im Anschluss rechtlich untersucht werden.

Im zweiten und wichtigsten Teil dieser Arbeit erfolgt eine rechtliche Einordnung transnationaler Unternehmensvereinbarungen der EBR de lege lata. Dabei wird zunächst aus rechtlicher Sicht die Herausbildung transnationaler Vereinbarungen auf europäischer Ebene nachvollzogen (A.). In diesem Teil geht es darum, welche rechtlichen Instrumente die Entwicklung transnationaler Vereinbarungen gefördert oder geprägt haben. Dabei wird auf die Charta der Grundrechte der EU (A.I.), die sogenannten gegenstandsbezogenen Richtlinien (A.II.), die EBR-Richtlinien (A.III.) sowie die Diskussion um einen optionalen Rahmen für transnationale Vereinbarungen (A.IV.) eingegangen.
Anschließend werden die aus dem europäischen Arbeitskollisionsrecht und Arbeitsverfahrensrecht relevanten Normen angesprochen (B.), auch wenn dies keinen Schwerpunkt der vorliegenden Arbeit darstellt[30]. Ausführlich wird dann auf

30 Einen kollisionsrechtlichen Schwerpunkt setzte bereits *Horcher*, Internationale betriebliche Vereinbarungen, 2004; vgl. auch *Van Hoek/Hendrickx,* International private law aspects and dispute settlement related to transnational company agreements, 2009; ferner *Deinert*, Internationales Arbeitsrecht, 5. Kapitel, § 17 Rn. 30, welcher der kollisionsrechtlichen Einordnung transnationaler EBR-Vereinbarungen jedoch nur eine Randnotiz widmet.

die möglichen Rechtsgrundlagen für die Vereinbarungen eingegangen (C.). Dabei kommt zunächst die EBR-Richtlinie in Betracht (C.I.). Darauf aufbauend wird erörtert, ob sich der EBR auf die Vereinbarungsfreiheit berufen kann und woher sich diese herleiten lässt (C.II.). Auch wird diskutiert, ob sich die Beteiligungsbefugnisse des EBR durch die EBR-Gründungsvereinbarung erweitern lassen (C.III.). Schließlich wird beleuchtet, ob Art. 155 AEUV[31] zum sozialen Dialog als Rechtsgrundlage herangezogen werden könnte (C.IV.).
Im Anschluss werden die Grenzen der Vereinbarungsfreiheit der Akteure aufgezeigt (D.). Dabei sind zunächst wiederum die Vorgaben der EBR-Richtlinie zu beachten (D.I.). Weitere Grenzen der Vereinbarungsfreiheit der Akteure ergeben sich aus der Zuständigkeit der nationalen Arbeitnehmervertretungen (D.II.) sowie der Tarifautonomie der Gewerkschaften (D.III.). Auch auf das Rechtskonstrukt des Vertrags zulasten Dritter wird eingegangen (D.IV).
Schließlich wird der Frage nach der Rechtsqualität der Vereinbarungen (E.) und nach dem Klagerecht der Parteien (F.) Beachtung geschenkt.

Im dritten Teil der Arbeit werden ausgewählte Zukunftsfragen erörtert, welche bei der weiteren Entwicklung transnationaler Unternehmensvereinbarungen der EBR künftig eine Rolle spielen könnten und welche nicht bereits im Rahmen einzelner Rechtsprobleme inhaltlich aufgegriffen wurden. Dabei wird zunächst die mögliche Einbettung der transnationalen Vereinbarungen in ein System des kollektiven, europäischen Arbeitsrechts de lege ferenda erörtert. Ausgangspunkt ist dabei eine Untersuchung zu diesem Thema, welche 2006 von einer Expertengruppe rund um Professor Eduardo Ales veröffentlicht wurde. Anschließend wird untersucht, wie die vorliegende Entwicklung das Verhältnis der EBR zu den nationalen Akteuren (B.) sowie den Gewerkschaften und den internationalen Gewerkschaftsverbänden beeinflusst (C.). Schließlich wird darauf eingegangen, welche Auswirkungen sich für den mittelständischen Bereich ergeben könnten (D.).

Abschließend erfolgt eine Zusammenfassung der wichtigsten Ergebnisse und eine Schlussbetrachtung.

31 Bis 30.11.2009: Art. 139 EGV.

Teil 1: Einführung

A. Begriffsbestimmung

Internationale Vereinbarungen im Bereich der industriellen Beziehungen sind bisher kaum geregelt. Die daraus resultierende weitgehende Freiheit der Akteure hat unter anderem dazu geführt, dass es eine Vielzahl von Vereinbarungen gibt, die sich nicht nur hinsichtlich ihrer Akteure und Inhalte, sondern auch bezüglich ihrer Bezeichnung unterscheiden. Aus diesem Grund ist es unerlässlich, zu bestimmen, welche Vereinbarungen Gegenstand dieser Arbeit sind und in welchem Verhältnis sie zu anderen internationalen Vereinbarungen in diesem Bereich stehen.

I. Umfang

Die vorliegende Arbeit beschäftigt sich mit Vereinbarungen, die zwischen dem Europäischen Betriebsrat und der zentralen Unternehmensleitung eines Unternehmens oder einer Unternehmensgruppe getroffen werden und die über die Verfahrensregelungen „in eigener Sache" hinausgehen. Zentraler Gegenstand sind Vereinbarungen, welche sich inhaltlich mit Themen beschäftigen, die (potentiell) alle Arbeitnehmer des Unternehmens betreffen. EBR-Gründungsvereinbarungen sowie Vereinbarungen, die lediglich die Arbeitsweise des EBR oder das Verfahren zur Information und Konsultation regeln, sind hingegen nicht Gegenstand dieser Arbeit.

II. „Europäische Betriebsvereinbarungen"

Für Vereinbarungen zwischen EBR und zentraler Unternehmensleitung, welche über Regelungen „in eigener Sache" hinaus gehen, wird im deutschsprachigen Bereich zum Teil der Begriff „europäische Betriebsvereinbarungen" verwendet[32]. Dieser Begriff ist jedoch nicht unproblematisch, denn er weckt rechtliche

32 *Schiek*, RdA 2001, 218 ff.; *Mahnhold*, 342; *Blanke*, EBRG, Teil B. Einl. Rn. 50; *ders*. in: FS Nagel, 229 ff.; EMB-interne Vorgehensweise bei Verhandlungen mit multinationalen Unternehmen,

Assoziationen mit der Betriebsvereinbarung im Sinne des Betriebsverfassungsgesetzes. Diese Assoziationen sind jedoch unglücklich. Erstens sind die Akteure auf Arbeitnehmerseite sehr unterschiedlich ausgestaltet: Der Betriebsrat besitzt gerichtlich einklagbare Mitwirkungsrechte, der EBR hingegen ist gesetzlich lediglich mit Informations- und Anhörungsrechten ausgestattet. Zweitens sind die Vereinbarungen in Bezug auf Rechtsqualität, Struktur, Inhalt usw. deutlich zu unterscheiden. Die Bezeichnung „europäische Betriebsvereinbarung“ ist daher irreführend und sollte künftig generell vermieden werden.

III. „Transnationale Unternehmensvereinbarungen“

Stattdessen wird hier die Bezeichnung **„transnationale Unternehmensvereinbarung“** verwendet. Dieser Begriff erweckt keine Assoziationen mit nationalstaatlich geprägten Rechtsinstrumenten und ermöglicht es daher, die Vereinbarungen rechtlich zu betrachten, ohne sich von einem nationalen Vereinbarungstypus leiten zu lassen, welchen es so auf europäischer Ebene nicht gibt und nicht geben kann. Darüber hinaus greift er bereits zwei wesentliche Merkmale dieser Vereinbarungen auf: Zum einen wohnt den hier zu untersuchenden Vereinbarungen immer ein transnationales Element inne, da sonst der EBR gar nicht zuständig wäre[33]. Zum anderen werden sie auf der Ebene des Unternehmens bzw. der Unternehmensgruppe geschlossen. Mithin sind für die Zwecke dieser Arbeit unter „transnationalen Unternehmensvereinbarungen“ solche Vereinbarungen zu verstehen, die der Europäische Betriebsrat mit der zentralen Leitung eines Unternehmens oder einer Unternehmensgruppe schließt und welche über die Verfahrensregelung „in eigener Sache“ hinausgehen.

2006, 1; *Rehberg*, NZA 2013, 73; *Deinert*, Internationales Arbeitsrecht, 5. Kapitel, § 17 Rn. 30; Anders hingegen *Hanau* in: FS Vieregge, 319, 333 f., der die sog. Artikel 6-Vereinbarungen als Europäische Betriebsvereinbarungen bezeichnet.

33 Vgl. Art. 1 Abs. 3 und 4 der RL 2009/38/EG.

Alternativ wird auch von **„substantiellen Vereinbarungen“** gesprochen[34]. Dieser Begriff dient der Abgrenzung zu den klassischen EBR-Vereinbarungen, welche die Gründung und Arbeitsweise des EBR zum Gegenstand haben. Im Unterschied dazu beschäftigen sich die „substantiellen“ Vereinbarungen inhaltlich mit Themen, die potentiell alle Arbeitnehmer des Unternehmens betreffen.

Sinnvoll erscheint auch der Terminus **„transnationale Vereinbarungen zweiter Ordnung“**[35] in Abgrenzung zu EBR-Vereinbarungen erster Ordnung, nämlich EBR-Gründungsvereinbarungen und solchen Vereinbarungen, die lediglich die Gründungsvereinbarungen weiterentwickeln.

Die Termini „substantielle EBR-Vereinbarungen“ und „Vereinbarungen zweiter Ordnung“ und „transnationale Unternehmensvereinbarungen des EBR“ sind damit inhaltlich deckungsgleich.

IV. „Transnational Company Agreements“

In der englischsprachigen Literatur auf europäischer Ebene, wie sie etwa von der Kommission in Auftrag gegeben wurde, findet sich häufig der Begriff der „Transnational Company Agreements“ (TCAs)[36]. Dieser Begriff ist jedoch nicht deckungsgleich mit dem der hier zu untersuchenden Vereinbarungen, sondern er umfasst mehr: Als „Transnational Company Agreements“ bezeichnet man alle Vereinbarungen mit wechselseitigen Verpflichtungen, deren Anwendungsbereich sich auf mehrere Staaten erstreckt und welche einerseits von (einem oder mehreren) Unternehmen und andererseits von Arbeitnehmerorganisationen (Betriebsräten oder Gewerkschaften) unterzeichnet werden und welche die Arbeits-

---

34 Vgl. die Datenbank des Europäischen Gewerkschaftsinstituts, in welcher die Vereinbarungen als „agreements on substantive matters“ bezeichnet werden: http://www.ewcdb.eu/list_substantive_agreements.php.

35 So die Terminologie bei *Müller/Platzer/Rüb*, Transnationale Unternehmensvereinbarungen, 7.

36 So etwa Transnational Company Agreements: realising the potential of social dialogue, Commission Staff Working Document, SWD(2012) 264 final, The Role of Transnational Company Agreements in the Context of Increasing International Integration, Commission Staff Working Document, {SEC(2008) 2155}; *Hendrickx*, KritV 4/2009, 412 ff.

beziehungen oder die Beziehungen zwischen Arbeitgeber und Arbeitnehmern und deren Vertretern regeln[37].
In diesem Zusammenhang können drei unterschiedliche Modelle der TCAs identifiziert werden: Erstens solche, die durch den EBR unterzeichnet werden, zweitens solche, die durch einen europäischen oder internationalen Gewerkschaftsverband unterzeichnet werden und drittens solche, die durch einen internationalen Gewerkschaftsverband gemeinsam mit einer oder mehreren nationalen Gewerkschaft(en) unterzeichnet werden.

Transnationale Unternehmensvereinbarungen zwischen dem EBR und der zentralen Unternehmensleitung stellen somit eine Form der TCAs dar. Der EBR ist hierbei einer der Hauptakteure auf Arbeitnehmerseite, insbesondere bezüglich solcher TCAs, die einen europäischen oder gemischt europäisch-internationalen Anwendungsbereich haben. So zeigt eine Studie der Europäischen Kommission aus dem Jahr 2008, dass 71 der 88 identifizierten Vereinbarungen mit einem europäischen oder gemischten Anwendungsbereich von dem jeweiligen EBR unterzeichnet wurden[38]. Zudem war an 7 der verbleibenden 17 Vereinbarungen ein EBR als Verhandlungspartner aktiv, auch wenn er die Vereinbarung letztlich nicht unterzeichnet hat. Man kann daher feststellen, dass Vereinbarungen zwischen EBR und der zentralen Leitung eines Unternehmens oder einer Unternehmensgruppe eine wichtige Form der TCAs mit europäischer Dimension sind. Die Tatsache, dass die Vereinbarungen oftmals von verschiedenen Akteuren unterzeichnet werden, ist vermutlich auf den niedrigen Regulierungsgrad zurück zu führen. Je mehr Parteien einer solchen Vereinbarung beitreten, desto eher lässt sich deren Einhaltung überwachen und durch (öffentlichen, politischen oder rechtlichen) Druck einfordern.

---

37 The Role of Transnational Company Agreements in the Context of Increasing International Integration, Commission Staff Working Document, {SEC(2008) 2155}, S. 3: "'transnational company agreement' means an agreement comprising reciprocal commitments the scope of which extends to the territory of several States and which has been concluded by one or more representatives of a company or a group of companies on the one hand, and one or more workers' organizations on the other hand, and which covers working and employment conditions and/or relations between employers and workers or their representatives." Die gleiche Definition verwenden auch *Van Hoek/Hendrickx*, Final Report, 2.

38 *Europäische Kommission*, Mapping of transnational texts negotiated at corporate level, 8 ff.

V. „International Framework Agreements“ und „European Framework Agreements“

Darüber hinaus müssen die hier zu untersuchenden Vereinbarungen in den Kontext der „International and European Framework Agreements“ gesetzt werden. Unter den Begriff der „International Framework Agreements“ fallen Rahmenvereinbarungen zwischen globalen Gewerkschaftsverbänden und Arbeitgebern mit einem weltweiten Anwendungsbereich. Inhaltlich beschäftigen sie sich oftmals mit sozialen Grundrechten und zentralen Arbeitsgrundsätzen, wie sie in der ILO Deklaration über grundlegende Rechte bei der Arbeit[39] enthalten sind.

Die „European Framework Agreements“ haben – wie der Name schon sagt – einen europaweiten Anwendungsbereich. Sie sind heterogener als IFAs und beinhalten eine größere Vielzahl an Themen[40]. Im Unterschied zu IFAs spielen hier transnationale Arbeitnehmervertretungen im Unternehmen eine deutlich größere Rolle. Dies gilt insbesondere für Europäische Betriebsräte, welche solche Vereinbarungen oftmals (mit-) initiieren, verhandeln und unterschreiben[41].

„International Framework Agreements“ und „Transnational Company Agreements“ weisen einen großen Überschneidungsbereich auf. Viele TCAs lassen sich auch als IFA qualifizieren[42]. Im europäischen Kontext sind EBR in beiden Fällen eine treibende Kraft. Die Rolle des EBR muss jedoch grundsätzlich differenziert betrachtet werden: Es kommt darauf an, ob der EBR *neben* den europäischen und nationalen Gewerkschaften tätig wurde oder *für sie* verhandelt hat und ob der EBR im Einzelfall (mit-) unterzeichnet hat[43].

---

39 ILO Declaration on Fundamental Principles and Rights at Work, 1998, http://www.ilo.org/declaration/thedeclaration/lang--en/index.htm.

40 *Telljohann et.al.*, 1.

41 *Telljohann et al.*, 56; *Welz*, ELLJ, Volume 1 (2010), 99, 102; *Marassi*, 26 f. und 44 f.

42 *Hendrickx*, KritV 4/2009, 412, 414; *Van Hoek/Hendrickx*, 7; Bercusson/Estlund/*Ewing*, 205, 216 f.

43 *Béthoux*, 12.

Mithin setzt sich diese Arbeit mit TCAs und IFAs bzw. EFAs insoweit auseinander, als sie durch den EBR als Akteur unterzeichnet sind. Gerade im Bereich der EFAs ist der Einfluss der EBR nicht zu unterschätzen[44]: Von 73 Vereinbarungen wurden 42 alleine durch den EBR und zehn weitere gemeinsam mit einem der Europäischen Industriegewerkschaftsverbände (European Industry Federations, EIFs) unterschrieben[45]. Alle Fälle, in denen ausschließlich Gewerkschaften die Unterzeichner sind, bleiben jedoch außen vor[46].

VI. „Codes of Conduct"

Unter Codes of Conduct versteht man grundsätzlich einseitige Bestimmungen der Entscheidungsträger eines Unternehmens, in welchen Verhaltensregeln für Manager und Arbeitnehmer (teilweise auch für Subunternehmen und Zulieferer) festgelegt werden[47]. Es geht hierbei um eine freiwillige Selbstverpflichtung im Rahmen der Corporate Governance. Inhaltlich beschäftigen sie sich nicht nur mit der Regulierung der Arbeitswelt, sondern auch mit anderen Themen wie Umwelt- und Verbraucherschutz oder dem Umgang mit Regierungsvertretern[48]. Inzwischen gibt es auch neue Formen dieser Verhaltenskodizes, die mehrseitig vereinbart werden, sogenannte multi-stakeholder Codes of Conduct[49]. Zu den Akteuren zählen hier neben den Unternehmen auch Gewerkschaften, Menschenrechtsvereinigungen und Nichtregierungsorganisationen (NGOs).

Inhaltlich unterscheiden sich IFAs und Codes of Conduct teilweise darin, dass Codes of Conduct sich auf die Regelung der Rechte und Pflichten der einzelnen

---

44 Zur Rolle der EBR bei TCAs vgl. oben unter Teil 1 A. IV.

45 *Welz*, ELLJ, Volume 1 (2010), 99, 103; Eine Liste der EIFs ist unter http://www.etuc.org/a/17 aufrufbar.

46 Hinsichtlich der weiteren Perspektive unter Einbeziehung der gewerkschaftlichen Seite vgl. die Arbeiten von *Telljohann et. al.*, European and International Framework Agreements: Practical Experiences and Strategic Approaches, 2009, und *Marassi*, A legal assessment of International Framework Agreements and European Framework Agreements, 2011.

47 So *etwa Schömann/Sobczak/Voss/Wilke*, 1.

48 Bercusson/Estlund/*Arthurs*, 19, 21.

49 *Compa*, 30 Comp. Lab. L. & Pol'y J. (2008-2009) 1, 5; Bercusson/Estlund/*Arthurs*, 19, 23.

Arbeitnehmer beschränken, während IFAs stets die Vereinigungsfreiheit und besondere Rechte der Gewerkschaften regeln[50]. Eine trennscharfe Abgrenzung zu IFAs ist jedoch nicht mehr möglich, sondern es kommt zu Mischformen und Überschneidungen. Der dialogische Prozess ihrer Entstehung ist bei IFAs jedoch stärker ausgeprägt, weshalb sie auch als konsequente Weiterentwicklung der Codes of Conduct verstanden werden[51].

Vereinbarungen zwischen der zentralen Unternehmensleitung und dem EBR verfolgen einen anderen Regelungsansatz als Codes of Conduct. Es geht um die Verpflichtung des Unternehmens gegenüber einem Arbeitnehmergremium, bestimmte Grundwerte und Regeln einzuhalten. Hier wird in der Praxis das Moment der Vereinbarung betont und nicht das der Selbstverpflichtung. Der EBR ist bisher nicht als Akteur im Rahmen von Codes of Conduct in Erscheinung getreten. Daher kann dieser Regelungstypus für diese Arbeit vernachlässigt werden.

VII. Europäische Kollektivvereinbarungen

Ebenfalls der Klärung bedarf der Begriff „Europäische Kollektivvereinbarung". Ausgangspunkt ist dabei die Bezeichnung „Europäischer Kollektivvertrag", welcher teilweise als Synonym zum „Europäischen Tarifvertrag" verwendet wird und somit auf Vereinbarungen zwischen europäischen Gewerkschaften und Arbeitgebern bzw. deren jeweiligen Verbänden abzielt[52]. Dabei ist schon der Begriff „Kollektivvertrag" definitionswürdig. Während dieser in Deutschland den Oberbegriff für Tarifvertrag und Betriebsvereinbarung darstellt, ist dies in Österreich die gängige Bezeichnung für den Tarifvertrag. Die Bezeichnung als Vertrag ist zudem problematisch, da sie bereits eine mit dem zivilrechtlichen Vertrag vergleichbare Wirkung der Vereinbarungen nahelegt[53]. Diese kennt et-

50 *Thüsing*, RdA 2010, 78, 79; *Zimmer*, 159; Bercusson/Estlund/*Ewing*, 205, 214 f.

51 *Thüsing*, ibid.; *Sciarra*, Industrial Law Journal 39 (2010) 223, 231; Bercusson/Estlund/*Ewing*, 205, 211.

52 *Kowanz*, 50; *Deinert*, Der europäische Kollektivvertrag, 27 ff.

53 Däubler/*Schiek*, TVG, Rn. 684.

wa das britische Recht bei collective agreements gerade nicht[54]. Aus diesem Grund wird die Bezeichnung „Europäische Kollektivvereinbarung“ vorgeschlagen[55], wobei dann wiederum zu definieren ist, ob diese als Oberbegriff aller transnationalen Vereinbarungen sowohl der Gewerkschaften als auch der Europäischen Betriebsräte verwendet wird oder nur für gewerkschaftliche Vereinbarungen gelten soll.

Verwendet man die Bezeichnung „Europäische Kollektivvereinbarung“ allein für Vereinbarungen der Gewerkschaften, so stellt sich die Frage, welcher Oberbegriff für Vereinbarungen sowohl der Gewerkschaften als auch der Europäischen Betriebsräte mit Arbeitgebern oder deren Verbänden gefunden werden kann. Ein stärker verallgemeinernder Begriff ist nicht ersichtlich.

Deshalb gelten für die Zwecke dieser Arbeit folgende Begrifflichkeiten: Unter „Europäischer Kollektivvereinbarung“ sind alle transnationalen Vereinbarungen zu verstehen, die zwischen Arbeitgebern oder deren Verbänden einerseits und Gewerkschaften, deren Verbänden oder Europäischen Betriebsräten andererseits geschlossen werden[56]. Auch ein Vergleich mit der englischsprachigen Terminologie fordert kein anderes Ergebnis. So wird der Terminus „transnational collective agreements“ auf europäischer Ebene nicht nur für Verhandlungsaktivitäten der Gewerkschaften, sondern auch für transnationale Verhandlungen des EBR gebraucht[57].

---

54 *Deakin/Morris*, Chapter 9.26, 784 ff.

55 Vgl. Däubler/*Schiek*, TVG, Rn. 681 ff. und 831: „keine Europäischen Kollektivvereinbarungen im engeren, gemeineuropäischen Sinne“.

56 So auch *Weiss* in: FS Birk, 957, 968.

57 *Jagodzinski*, Industrielle Beziehungen 4/2007, 316, 325; ferner *Da Costa/Rehfeldt*, Transfer 2007, Vol. 13, 313, 315 f.: „collective bargaining“.

B. Bedeutungszunahme privater Verhaltenskodizes im internationalen Arbeitsrecht

I. Globalisierung und Transnationalisierung der Unternehmen

Ausgangspunkt für die Entwicklung eines internationalen Arbeitsrechts ist die Globalisierung. Dieser Begriff kann durch fünf Dimensionen gekennzeichnet werden[58]: Zunächst einmal hat der Begriff eine geographische Dimension. Durch schnelle Kommunikation und vereinfachte Reisemöglichkeiten wurde eine Grundlage für eine neue weltweite Vernetzung und Entwicklung gelegt. Voraussetzung dafür war ein revolutionärer technischer Fortschritt im Bereich der Informations- und Kommunikationstechnologie[59]. Darüber hinaus kann der Begriff ökonomisch definiert werden. Hierbei liegt der Schwerpunkt auf einer Analyse des internationalen Handels, internationaler Direktinvestitionen und länderübergreifender Finanzströme. Drittens kann ein unternehmenswirtschaftlicher Ansatz gewählt werden, welcher sich auf die Entstehung und Verbreitung transnationaler Unternehmen konzentriert. Diese werden hierbei als Motor für eine weltweite Vernetzung von Handel und Produktion gesehen. Viertens kann aus einer soziologischen Perspektive nach den kulturellen Auswirkungen der Globalisierung auf Konsum, Nationalismus und Multikulturalismus gesucht werden. Schließlich gibt es eine politische Dimension, welche sich auf die Verdrängung des klassischen Nationalstaats durch supranationale Strukturen fokussiert.

Die verschiedenen Dimensionen der Globalisierung sind stark miteinander verbunden und geben nur in der Zusammenschau ein umfassendes Bild der Globalisierung. Für die vorliegende Arbeit ist jedoch die Betrachtung der Globalisierung der Unternehmen zentral. Heutzutage erwirtschaften transnationale Unternehmen zwei Drittel des Welthandels[60]. Sie sind dadurch gekennzeichnet, dass

58 *Muchlinski*, Int'l L. Vol. 37 (2003), 221, 222 ff.; *Blanpain et al.,* 3 ff.

59 *Hepple*, 5.

60 *Blanpain et al.*, 4; *Hepple*, 6 geht von drei Vierteln aus.

sie es vermögen, die Produktion ihrer Güter weltweit zu verlagern und dadurch nationale Regelungen zu umgehen[61]. Das Ergebnis aller oben genannten Faktoren ist ein enormer internationaler Wettbewerb sowie ein stetiger Machtverlust der Nationalstaaten bezüglich der Durchsetzung ihrer Arbeitsstandards[62]. Das internationale Arbeitsrecht versucht, dieser Situation etwa durch die Entwicklung internationaler Mindeststandards zu begegnen.

II. Die Rolle der Internationalen Arbeitsorganisation - ILO

Bei der Entwicklung internationaler Mindeststandards kommt der Internationalen Arbeitsorganisation (ILO) eine zentrale Bedeutung zu[63]. Seit 1999 konzentriert sich die ILO in ihrer Arbeit darauf, die politischen Herausforderungen durch die Globalisierung zu adressieren[64]. Zudem engagiert sie sich weiterhin für die Beachtung der Erklärung über die grundlegenden Prinzipien und Rechte bei der Arbeit[65]. Diese erklärt vier Kernarbeitsnormen[66] zu unverhandelbaren Grundwerten der Organisation. Diese Erklärung markiert jedoch gleichzeitig einen wichtigen Wendepunkt in der juristischen Arbeit der ILO, da sie als ein Instrument des „soft law“ angesehen wird[67], wenngleich sie sich durch gewisse Mechanismen zur späteren Nachverfolgung der Umsetzung der Erklärung (sogenannten „follow-up-Mechanismen“) von anderen „soft law“-Instrumenten unterscheidet[68].

Diese Veränderung in der Normsetzung der ILO ist Teil eines größeren internationalen Trends, nämlich der Dezentralisierung der Entwicklung von Arbeits-

61 Hepple, 8; Blanpain et al., 8.

62 Bercusson/Estlund/*Bercusson/Estlund*, 1, 3.

63 Vgl. dazu ausführlich: *Böhmert*, 99 ff.

64 *Blanpain et al.*, 57.

65 Http://www.ilo.org/public/german/region/eurpro/bonn/download/ilo-erklaerung.pdf.; Zur politischen Rahmensituation bei der Verabschiedung der Erklärung siehe *Servais*, 97.

66 Verbot der Zwangs- oder Pflichtarbeit; Vereinigungsfreiheit und Recht auf Kollektivverhandlungen; Abschaffung der Kinderarbeit; Chancengleichheit und Verbot der Diskriminierung bei der Arbeit; vgl. dazu ausführlich: *Zimmer*, 46 ff.

67 Leary/Warner/*Alston*, 1; *Zimmer*, 71.

68 *Servais*, 98 f.; *Böhmert*, 63 f.

grundsätzen, welche mit einer Reduktion staatlicher Verantwortung einher geht. Stattdessen werden eine Vielzahl von Akteuren – von transnationalen Unternehmen, über Arbeitnehmervertretungen bis hin zu Konsumenten – bei der Entwicklung, Förderung und Durchsetzung sozialer Grundprinzipien eingebunden[69]. Diese Entwicklung setzt sich in der Einbindung des EBR in diese transnationalen Verhandlungsstrukturen auf europäischer Ebene fort. Die Rolle der ILO wird hierbei auch dadurch deutlich, dass sich sowohl die OECD-Leitsätze für multinationale Unternehmen als auch der UN Global Compact – auf welche im Folgenden genauer eingegangen wird – inhaltlich auf die Erklärung über die grundlegenden Prinzipien und Rechte bei der Arbeit beziehen[70].

III. OECD-Leitsätze für multinationale Unternehmen und UN Global Compact

Neben der ILO gibt es noch weitere internationale Organisationen, welche Mindeststandards verabschiedet haben, um dadurch eine verantwortungsvolle Unternehmensführung zu fördern. Hierzu zählen zunächst die Leitsätze für multinationale Unternehmen der Organisation für wirtschaftliche Zusammenarbeit und Entwicklung (OECD) [71]. Diese stellen gemeinsame, unverbindliche Empfehlungen der Regierungen der OECD-Mitgliedstaaten an multinationale Unternehmen dar und setzen Leitlinien für unternehmerisches Verhalten fest. Damit verfolgen sie das Ziel, zu gleichen Wettbewerbsbedingungen in einem internationalen Markt beizutragen. Inhaltlich beschäftigen sich die OECD-Leitsätze mit einer Vielzahl von Themen: von sozialen Rechten, über Umweltschutz und nachhaltiger Entwicklung bis hin zu Technologietransfer in Gastländer[72].

Darüber hinaus ist zudem der UN Global Compact zu erwähnen. Dieser geht zurück auf eine Initiative des damaligen Generalsekretärs der Vereinten Natio-

---

69 Leary/Warner/*Alston*, 4.

70 *Servais*, 101 und 104.

71 In der überarbeiteten Fassung von Juni 2000: http://www.oecd.org/dataoecd/37/38/42021472.pdf.

72 Vgl. *Zimmer*, 85 ff.

nen, Kofi Annan[73]. Dieser schlug einen weltumspannenden Pakt zwischen den Vereinten Nationen (UN) und Wirtschaftsunternehmen vor. Letztere sollen sich zehn Prinzipien zu Menschen- und Arbeitsrechten sowie Korruptionsbekämpfung unterwerfen[74]. Am UN Global Compact beteiligen sich derzeit 5300 Unternehmen aus 130 Ländern[75].

IV. Sicherung der Mindeststandards durch Verankerung in Verhaltenskodizes

Trotz der Verabschiedung von Mindeststandards auch auf völkerrechtlicher Ebene, wurden diese bei der Güterproduktion für den globalen Markt nicht eingehalten. Seit den 1990er Jahren wurden daher private Verhaltenskodizes als zusätzliches Instrument zur Sicherung der Mindeststandards eingeführt[76]. Es gab eine Verschiebung von öffentlicher hin zu privater Regulierung[77]. Zu den hier erwähnten privaten Verhaltenskodizes zählen sowohl die Codes of Conduct als auch die Internationalen Rahmenabkommen der Gewerkschaften. Diese Instrumente haben eine zentrale Bedeutung für die Entwicklung des EBR als Akteur bei transnationalen Unternehmensvereinbarungen. Sie stellen den Beginn der Entwicklung internationaler Verhandlungsstrukturen dar. Wo diese Entwicklung – besonders im europäischen Kontext – enden wird, ist noch unklar. Entscheidend ist jedoch, dass insbesondere die Internationalen Rahmenabkommen die Verhandlungskultur zwischen EBR oder gar Weltbetriebsräten und der zentralen Unternehmensleitung fördern[78]. Sie schaffen eine neue Form des sozialen Dialogs auf internationaler Ebene[79] und geben Themen für mögliche weitere Vereinbarungen vor. Man muss diese Zusammenhänge erkennen, um zu verstehen,

73 *Zimmer*, 108.

74 Http://www.unglobalcompact.org/AboutTheGC/TheTenPrinciples/index.html.

75 Http://www.unglobalcompact.org/ParticipantsAndStakeholders/index.html.

76 *Zimmer*, 139.

77 *Hepple*, 70.

78 So auch *Zimmer*, 192.

79 Vgl. Bericht der Weltkommission für die soziale Dimension der Globalisierung (von der ILO eingesetzte, unabhängige Kommission), 2004, 137.

wie es dazu kommt, dass der EBR den rechtlich vorgegebenen Rahmen verlässt und Vereinbarungen schließt. Diese Entwicklung kommt nicht von ungefähr. Sie ist Teil einer größeren internationalen Entwicklung zur Verankerung von arbeitsrechtlichen Standards in Vereinbarungen.

Gleichzeitig ist diese Entwicklung auch die Ursache dafür, dass es bei transnationalen Vereinbarungen in Europa auf Arbeitnehmerseite zwei Akteure gibt, deren Verhältnis zueinander noch offen und deren Rollenverständnis noch nicht klar abgegrenzt ist: Europäische Betriebsräte und Gewerkschaften. Diese europäische Gemengelage wird auch an einem aktuellen Beispiel deutlich: Im Juli 2010 unterzeichneten die Leitungen der französischen Metallkonzerne *Alstom* und *Schneider Electric* eine transnationale Kollektivvereinbarung[80]. Vertragspartner war dabei der Europäische Metallgewerkschaftsbund (EMB). Die Einhaltung der Vereinbarung soll jedoch einmal jährlich durch die Europäischen Betriebsräte evaluiert werden. Inhaltlich wurden erstmals in der EU die sozialen Folgen einer konkreten Akquisition in einer transnationalen Kollektivvereinbarung geregelt[81]. Es ging um die sozialen Folgen für Arbeitnehmer des französischen Nuklearkonzerns *Areva*, welche von der Übertragung der Sparten Energieübertragung und Energieverteilung auf die beiden Metallkonzerne betroffen waren.

Die Betrachtung anderer internationaler Kollektivvereinbarungen ist auch deswegen gewinnbringend, da sich überall ähnliche Probleme bezüglich der Überwachung, der Rechtsqualität und der rechtlichen wie politischen Durchsetzungsmechanismen stellen.

---

80 Der Vertrag im Wortlaut: http://www.emf-fem.org/Press/Press-releases/An-innovative-social-agreement/Agreement-DE.

81 Http://www.ebr-news.de/022010.htm#9.

C. Transnationale Unternehmensvereinbarungen des EBR in der Praxis

Wie bereits oben erörtert, stellen Vereinbarungen, welche auf Seite der Arbeitnehmervertretung durch einen Europäischen Betriebsrat unterzeichnet (oder zumindest mitunterzeichnet) werden, nur eine Form der sogenannten „Transnational Company Agreements“ dar[82]. Die sonstigen transnationalen Vereinbarungen, welche etwa von internationalen oder europäischen Gewerkschaftsverbänden oder von letzteren gemeinsam mit nationalen Gewerkschaften unterzeichnet werden, werden hier nicht berücksichtigt. Von einem funktionellen Standpunkt aus, mag diese Abtrennung der substantiellen EBR-Vereinbarungen von anderen transnationalen Unternehmensvereinbarungen oder Rahmenabkommen künstlich erscheinen. Aus der rechtlichen Perspektive ist die Frage nach dem unterzeichnenden Akteur jedoch zentral. Schließlich ist die Frage, wer Vertragspartei geworden ist, ein *essentialium negotii* eines jeden (arbeitsrechtlichen) Vertrages[83]. Denn insbesondere im kollektiven Arbeitsrecht hängt davon die Beantwortung der Frage ab, welche Rechtswirkung eine solche Vereinbarung haben könnte. Da sich die vorliegende Arbeit jedoch nicht mit der Rechtwirkung von Vereinbarungen der Gewerkschaften oder Gewerkschaftsverbände befasst, müssen diese auch bei der Untersuchung der tatsächlich vorkommenden Vereinbarungen außen vor gelassen werden.

I. Liste substantieller EBR-Vereinbarungen[84]

Bisher scheinen keine konkreten Zahlen vorzuliegen, wie viele substantielle EBR-Vereinbarungen es in der Praxis gibt. Es wird derzeit davon ausgegangen, dass es ungefähr 90 IFAs gibt, deren Anwendungsbereich auf Europa begrenzt

---

82 Vgl. oben unter Teil 1 A. IV.

83 Vgl. für den Individualarbeitsvertrag: BeckOKArbR/*Joussen*, BGB § 611 Rn. 33 ff.

84 Eigene Bearbeitung; Quellen: ETUI Database; *Rodriguez et. al.*, Annex 2; Europäische Kommission, Datenbank zu TCAs: http://ec.europa.eu/social/main.jsp?catId=978; Europäische Kommission, Second Meeting of the Expert Group on TCAs of 27.11.2009; ILO, TCAs on restructuring, 2010; weitere Internetquellen wie einzeln angegeben.

ist[85]. Allerdings wurden viele davon durch einen Zusammenschluss nationaler Gewerkschaften oder Gewerkschaftsverbände unterzeichnet. Dies spricht dafür, dass die Zahl substantieller EBR-Vereinbarungen deutlich unter 90 liegt. Andererseits wird davon ausgegangen, dass es in der Praxis deutlich mehr transnationale EBR-Vereinbarungen gibt, als die Kommission auf ihrer Internetseite[86] aufzählt[87]. Die genaue Anzahl kann auch nicht ermittelt werden, da die Vereinbarungen nicht veröffentlich werden müssen.

Die nachfolgende Tabelle erhebt daher keinen Anspruch auf Vollständigkeit und reiht sich auch nicht in die vorhandene empirische EBR-Forschung ein, die dieser Übersicht teilweise zugrunde liegt. Vielmehr geht es darum, die bestehenden Vereinbarungen aus juristischer Sicht zu analysieren. Es wurde danach gefragt, ob die Vereinbarung eingesehen werden kann und ob sich bestätigen lässt, dass diese tatsächlich auch vom EBR unterzeichnet wurde. Auch der Inhalt der Vereinbarung wurde aus juristischer Sicht ermittelt. So gibt es etwa Vereinbarungen, von denen gesagt wurde, dass sie sich mit einer „Restrukturierung“ beschäftigten. Bei genauerer Betrachtung ist jedoch besser davon zu sprechen, dass das „Verfahren zur Information und Konsultation im Falle einer Restrukturierung“ geregelt wird (so etwa der Fall *Dexia;* vgl. Tabelle inkl. Fußnoten). Aus juristischer Sicht besteht dazwischen ein großer Unterschied. Daher konnte auf eine eigene Analyse der bestehenden Vereinbarungen nicht ganz verzichtet werden. Darüber hinaus wird auf diese Weise offen gelegt, auf die Einsicht welcher Vereinbarungen sich die nachfolgende inhaltliche Auswertung stützt.

Die Europäische Kommission hat eine Datenbank zu Transnational Company Agreements online gestellt[88]. Diese beinhaltet Vereinbarungen zwischen Unternehmen oder Unternehmensgruppen und internationalen Gewerkschaftsverbän-

85 *Zimmer* in: Rechtstatsachen, 114, 123.

86 EU Kommission, Database on Transnational Company Agreements: http://ec.europa.eu/social/main.jsp?catId=978&langId=en&company=&hdCountryId=0&sectorId=0&textType=55&topicId=0&keyword=&mode=searchSubmit.

87 So die Einschätzung von *Meißner/Ritschel* in: FS Kohte, 53, 55.

88 Aufrufbar über: http://ec.europa.eu/social/main.jsp?catId=978.

den, internationalen Gewerkschaften und/oder Europäischen Betriebsräten. Die Kommission hat damit einen wesentlichen Beitrag zur Transparenz hinsichtlich der Praxis der TCAs geleistet. Über eine spezielle Suchfunktion kann nun auch gezielt nach transnationalen EBR-Vereinbarungen gesucht werden. Bezüglich einer aktuellen Übersicht bestehender Vereinbarungen wird daher auf die Datenbank verwiesen.

Unternehmen	**Sitz**	**Thema**	**Jahr**	**Kommentar**
ABB (Asea Brown Boveri Ltd. Zurich)	CH[89]	European appendix to the group's social policy: Changes to employment, Training, working time, conciliation work-family, social protection, conflict resolution	2009	
AirFrance KLM	F	CSR[90]: Fundamental rights, Ethics, ILO and Human Rights EU and international norms, Health & Safety, non-discrimination, Forward looking management of employment, social dialogue	2008	EBR und ETUC repräsentiert durch ETF
AXA Group	F	CSR: fundamental rights, ILO norms, social dialogue, trade union rights, avoiding redundancies, training[91]	2009	
BMW Group	D	Gemeinsame Erklärung über Menschenrechte und Arbeitsbedingungen[92]	2005	EBR, IMF
Bosch	D	Social Responsibility[93]	2004	EBR, IMF
BP[94]	GB	Restructuring[95]: consultation process to avoid redundancies by using alternative measures	2008	

89 Dt. EBRG findet Anwendung; vgl. Ziffer 9 des ABB Agreements vom 05.07.2004: http://www.ewcdb.eu/show_pdf.php?document=1156.pdf.

90 http://corporate.airfrance.com/fileadmin/dd_dossiers/pdf/charte_sociale_af_klm_gb.pdf.

91 Annex 1 der EBR-Vereinbarung vom 29.06.2009, ETUI Database: http://www.ewcdb.eu/show_pdf.php?document=1495ori_DE.pdf.

92 ETUI Database: http://www.ewcdb.eu/show_pdf.php?document=9888ori_DE_S.pdf.

93 Http://ec.europa.eu/employment_social/empl_portal/transnational_agreements/Bosch_IFA_EN.pdf.

94 Das Unternehmen wurde 2010 in eine SE umgewandelt.

95 ETUI Database: http://www.ewcdb.eu/show_pdf.php?document=9198ori_EN_S.pdf.

British Airways	GB[96]	Restructuring[97]; process of dialogue, cost-cutting policy	2009	
Daimler (-Chrysler)	US, D	Restructuring: continuation of contracts after separation of Chrysler, exclusion of layoffs, qualifications, welcome bonus, employee representation and social dialogue	2002	EBR, EMB
		Mindeststandards der Unterrichtung und Anhörung im Unternehmen[98]	2006	EBR, EMB
		Rahmenregelung mit dem EBR zur Neugestaltung der Vertriebsorganisation in der EU[99]	2007	EBR, EMB
DBApparel	SE	Anticipation task force[100]	2010	unterzeichnet: EBR-Sekretär und EGV/TBL
[Dexia[101]]	BE	Principles of Social Management	2003	
		Annex to the Principles of Social Management: Information process in case of selling an entity: guarantees regarding	2007	

96 EBR unterlag belgischem Recht; Ziffer 13.3 der EBR-Vereinbarung vom 16.06.2005, ETUI Database: http://www.ewcdb.eu/show_pdf.php?document=1278.pdf.

97 Commission Staff Working Paper - Industrial Relations in Europe 2010, 08.03.2011, SEC(2011) 292 final, 143, http://register.consilium.europa.eu/pdf/en/11/st07/st07430.en11.pdf.

98 Dies ist keine substantielle EBR-Vereinbarung i.S. dieser Arbeit, sondern bezieht sich nur auf Information und Anhörung: http://ec.europa.eu/employment_social/empl_portal/transnational_agreements/DaimlerChrysler_informationandconsultation_DE.pdf.

99 Http://ec.europa.eu/employment_social/empl_portal/transnational_agreements/ DaimlerChrysler_FrameworkSalesOrganization_DE.pdf.

100 Http://ec.europa.eu/social/main.jsp?catId=978&langId=en&agreementId=46.

101 Die Dexia Vereinbarungen werden zwar immer wieder als TCAs aufgeführt, genau genommen handelt es sich jedoch nicht um substantielle EBR-Vereinbarungen i.e.S., da sie lediglich die Verfahren zur Information und Konsultation in bestimmten Situationen regeln. Der EBR wird weiterhin nur als Informations- und Konsultationspartner und nicht etwa als Verhandlungsakteur wahrgenommen. Dies zeigt sich auch daran, dass die Gewerkschaften während der Krise Verhandlungspartner für Restrukturierungsmaßnahmen waren. vgl. EMCC case studies: Dexia Bank, 2010, 5 ff., 10.

		jobs and social status of employees as a selling criterion[102]		
EADS	NL	Implementierung eines Plans für die leistungsabhängige Vergütung innerhalb der EADS-N.V.-Gruppe[103]	2004	
		CSR, fundamental rights[104]	2005	
		Specifications on the information and consultation procedure: link between different levels of dialogue[105]	2007	
		Agreement for the implementation of a success-sharing plan within the EADS NV Group[106]	2011	EBR, nat. Gewerkschaften der betreffenden Länder
Econocom	BE	European framework agreement on Restructuring and alternative measures to layoffs[107]	2009[108]	
ETEX Group S.A.	BE	Sozialcharta[109]	2002	
		Arbeitsschutz[110]	2010	
Europcar	F	CSR: fundamental rights, equal opportunities, Health & Safety[111]	2008	

102 PowerPoint Präsentation des Dexia EBR zu TCAs: http://www.ewcdb.eu/show_document.php?agreement_ID=9375.

103 Quelle: http://2005.reports.eads.net/2005/ar_2005/de/book3/3/6/3/5.html.

104 ETUI Database: http://www.ewcdb.eu/show_pdf.php?document=9927.pdf.

105 Keine substantielle EBR-Vereinbarung, sondern Abstimmung des Verfahrens: http://www.ewcdb.eu/show_pdf.php?document=10024ori_EN_S.pdf.

106 Http://www.ewcdb.eu/show_pdf.php?document=9500ori_EN_S.pdf.

107 Nur auf Französisch veröffentlicht: http://ec.europa.eu/social/main.jsp?catId=978&langId=en&agreementId=55.

108 Feste Laufzeit bis 31.10.2010.

109 Http://ec.europa.eu/employment_social/empl_portal/transnational_agreements/Etex_Socialcharter_EN.pdf.

110 Health, Safety and Environment on the workplace Charter, 15.06.2010 http://ec.europa.eu/employment_social/empl_portal/transnational_agreements/ETEX_SafetyCharter_EN.pdf ; http://www.ewcdb.eu/show_pdf.php?document=9374ori_EN_S.pdf.

111 Http://www.ewcdb.eu/show_pdf.php?document=9290ori_EN_S.pdf.

Ford Europe[112]	US, D	Vereinbarung zur Regelung der Verselbstständigung der Ford Visteon Organisation[113]	2000	nationale Verhandlungsgremien haben ihr Verhandlungsmandat auf den EBR übertragen[114]
		Vereinbarung zur Verlagerung des Schaltgetriebegeschäfts in ein Joint Venture mit Getrag (GFT)[115]	2000	
		Vereinbarung zu sozialen Rechten und sozialer Verantwortung[116]	2003	
		Vereinbarung anlässlich des Aufbaus einer gemeinsamen Entwicklungssparte (IOS Projekt)[117]	2004	Die Vereinbarungen ab 2004 betreffen denselben Themenkomplex.
		Vereinbarung über die Neuordnung der Aufgabenverteilung zw. zwei Forschungszentren in Deutschland und England[118]	2005	

112 Vgl. ILO, Restructuring Enterprises through labour-management agreements, 25 f., http://www.ilo.org/public/libdoc/jobcrisis/download/restructuring_enterprises.pdf.

113 Vereinbarung vom 25.02.2000, http://www.ewcdb.eu/show_pdf.php?document=9868ori_DE_S.pdf; http://ec.europa.eu/employment_social/empl_portal/transnational_agreements/Ford_Separation_Ford_Visteon_EN.pdf. Am 28.04.2003 wurde eine Zusatzvereinbarung geschlossen. Die deutsche GBR-Umsetzungsvereinbarung ist öffentlich zugänglich: http://www.labournet.de/branchen/auto/ford/visteon-bv.html.

114 Steve Evison (HR Director, Ford of Europe), Presentation to the 1st meeting on TCAs, 14.05.2009, http://www.ec.europa.eu/social/BlobServlet?docId=4976&langId=en. Entscheidend ist jedoch, dass die Letztentscheidungskompetenz stets bei den nationalen Arbeitnehmervertretungen verblieb: Interview mit Georg Leutert, Sekretär des Europäischen Ford-Betriebsrats am 25.10.2011; Geschäftsordnung für den Europäischen Ford-Betriebsrat (EFB) vom 15.10.1998, zuletzt geändert am 06.06.2002, unveröffentlicht.

115 Vereinbarung über den Übergang der Ford Schaltgetriebestandorte in ein Joint Venture vom 09.10.2000. Zusatzvereinbarung vom 07.06.2002.

116 Http://www.ewcdb.eu/show_pdf.php?document=9869ori_DE.pdf.

117 Rahmenvereinbarung zwischen dem Management von Ford of Europe und dem Europäischen Ford-Betriebsrat betreffend die Einführung und Umsetzung des Projekts "International Operations Synergies" vom 09.11.2004.

118 Rahmenvereinbarung zwischen der Geschäftsleitung von Ford of Europe und dem Europäischen Ford-Betriebsrat über die Neuordnung der Aufgabenteilung Dunton-Merkenich vom 11.04.2005; vgl. Bericht von Georg Leutert, Sekretär des Europäischen Ford-Betriebsrats: http://www.anticipationofchange.eu/fileadmin/anticipation/Logos/Documents/new_set_5509/pres/Restructuring_Forum_report_-_final.doc.

		Vereinbarung über die Verteilung der Entwicklungszuständigkeit zw. den USA und Europa[119]	2008	
GDF Suez	F	Group agreement Employment and Expertise Plan (GPEC)[120]	2007	
		Group agreement on Employees Ownership Scheme[121]	2007	
		Verpflichtung zur Förderung der Gleichstellung und Vielfalt im Unternehmen	2007	EBR, EGB, CEC European Managers
		European Agreement on Professional Equality between Women And Men[122]	2012[123]	Verhandlungspartner auf Arbeitnehmerseite: IndustriALL, CEC European Managers, Special Negotiating Body
GEA AG	D	Grundsätze sozialer Verantwortung[124]	2003	EBR, IMF, EMB
General Electric Plastics Europe	NL	Vereinbarung zur Nutzung der Telekommunikationssysteme[125]	2002	

119 Rahmenvereinbarung zwischen der Unternehmensleitung von Ford of Europe und dem Europäischen Ford-Betriebsrat betreffend die Einführung und Umsetzung des Global PD Strategy (GPD Strategy) Projekts vom 23.04.2008.

120 Laut Angabe der Europäischen Kommission nicht mehr in Kraft: http://ec.europa.eu/social/main.jsp?catId=978&langId=en&company=&hdCountryId=0&sectorId=0&sdcc=0&textType=0&esp=62&geoScope=0&funScope=0&mainTopic=&otherTopic=&keyword=&mode=advancedSearchSubmit.

121 Laut Angabe der Europäischen Kommission nicht mehr in Kraft: http://ec.europa.eu/social/main.jsp?catId=978&langId=en&company=&hdCountryId=0&sectorId=0&sdcc=0&textType=0&esp=62&geoScope=0&funScope=0&mainTopic=&otherTopic=&keyword=&mode=advancedSearchSubmit.

122 Http://www.epsu.org/IMG/pdf/Accord_EgaliteHF_Europe_clean-AN.pdf.

123 Feste Laufzeit bis 30.06.2016.

124 Http://ec.europa.eu/employment_social/empl_portal/transnational_agreements/GEA_IFA_DE.pdf.

B.V.		Etablierung einer Vereinbarungskompetenz des EBR hinsichtlich europäischer Rahmenvereinbarungen[126]	2004	
		Agreement on pre-employment screenings[127]	2004	
Generali	I	European Social Charter[128]	2006	
General Motors Europe	US, D	3 Vereinbarungen zu konkreten Restrukturierungen: Ausgliederung eines Bereichs in ein Joint Venture mit Fiat, sog. Olympia-Projekt, Sicherung des Standorts Luton[129]	2001/ 2002	
		Grundsätze sozialer Verantwortung[130]	2002	EBR zusammen mit EMF
		Restructuring Framework[131]	2004	
		Restrukturierung: Schließung des Werks Azanbuja[132]	2006	
		Framework agreement concerning the production of the next generation Astra and Zafira; guarantees for production in 5 sites	2008	EBR zusammen mit EMF
		Outsourcing; management of outsourcing	2008	EBR zusammen mit

125 Http://ec.europa.eu/employment_social/empl_portal/transnational_agreements/Gepe_Electronic Communication_EN.pdf.

126 Http://ec.europa.eu/employment_social/empl_portal/transnational_agreements/Gepe_EWC negotiation_DE.pdf.

127 ETUI Database: http://www.ewcdb.eu/show_pdf.php?document=9871.pdf.

128 Http://ec.europa.eu/employment_social/empl_portal/transnational_agreements/Generali-social%20charta_EN.pdf.

129 *Müller/Platzer/Rüb*, Transnationale Unternehmensvereinbarungen, 14; http://ec.europa.eu/social/main.jsp?catId=978&langId=en&agreementId=90; http://ec.europa.eu/employment_social/empl_portal/transnational_agreements/GM_Framework_Olympia_EN.pdf; http://ec.europa.eu/employment_social/empl_portal/transnational_agreements/GM_Framework_GM_FIAT_EN.pdf.

130 Http://www.ewcdb.eu/show_pdf.php?document=9875ori_DE.pdf.

131 Http://www.ewcdb.eu/show_pdf.php?document=9876.pdf.

132 *Müller/Platzer/Rüb*, Transnationale Unternehmensvereinbarungen, 14.

				EMF
		Restructuring: compensation for short time work or reduction of working time, no plant closures, no redundancies	2009	EBR zusammen mit EMF (terminated by management 2009)
		Restrukturierung: konkrete Modalitäten[133]	2010	
		Gewinnbeteiligung[134]	2010	
[Hartmann] [135]	D	Restrukturierung	1999	
[Italcementi][136]	I	CSR: fundamental rights, ILO norms, Health & Safety committees	2008	BWI, CGIL, CISL, UIL
Kraft Foods	US	Europäische Rahmenvereinbarung zu Project One Europe (Reorganisation)[137]	2007	EBR, EFFAT
Lafarge Group	F	Sicherheit und Gesundheitsschutz am Arbeitsplatz[138]	2011	EBR, EFBH
Leoni	D	Erklärung zu sozialen Rechten und industriellen Beziehungen[139]	2002	EBR, IMF
[Marazzi][140]	I	Declaration of intent - Joint Initiatives on	2001	

133 *Müller/Platzer/Rüb*, Transnationale Unternehmensvereinbarungen, 14.

134 *Müller/Platzer/Rüb*, Transnationale Unternehmensvereinbarungen, 14.

135 Diese Vereinbarung ist keine substantielle EBR-Vereinbarung i.S. dieser Arbeit, da die gesetzlichen Rechte des EBR auf Information und Konsultation durch die Vereinbarung nicht ausgeweitet werden. http://ec.europa.eu/employment_social/empl_portal/transnational_agreements/Hartmann_Charter_EN.pdf.

136 Bzgl. dieser Vereinbarung wird angeführt, dass sie auch durch den EBR unterzeichnet sei. Dies hat sich bei der Recherche nicht bestätigt: http://www.ewcdb.eu/show_pdf.php?document=10013ori_EN.pdf.

137 Http://ec.europa.eu/employment_social/empl_portal/transnational_agreements/KraftFoods_Frameworkagreement_DE.pdf.

138 Http://www.ewcdb.eu/show_pdf.php?document=9491ori_FR_S.pdf.

139 Http://ec.europa.eu/employment_social/empl_portal/transnational_agreements/Leoni_Declaration%20on%20SocialRights_DE.pdf.

		Health and Safety[141]		
[Metro Group][142]	D	METRO Group Leitlinien zur Sozial-partnerschaft	2003	
Pfleiderer AG	D	Sozialcharta zu Mindeststandards[143]	2010	EBR, IG Metall, BWI
Pinault Printemps Redoute - PPR	F	Equal opportunities for disabled people	2008	
		Equal opportunities for seniors	2008	
		Quality of Life at Work & Prevention of Work-Related Stress[144]	2010	
Porr AG	AUT	Datenschutz im Konzern[145]	2006	
Prym	D	Erklärung zu sozialen Rechten und industriellen Beziehungen[146]	2003	EBR, IMF
PSA Peugot	F	Weltweite Rahmenvereinbarung zu sozialer Verantwortung[147]	2006, 2010	EBR, IMF, EMB, nat. Gewerkschaften
Recticel N.V.	BE	Code of Conduct Temporary Workers[148]	2010	

140 Diese Absichtserklärung ist keine substantielle EBR-Vereinbarung i.S. dieser Arbeit, sondern legt fest, in welcher Form Information und Konsultation zum Thema Arbeits- und Gesundheitsschutz ablaufen sollen.

141 Http://ec.europa.eu/employment_social/empl_portal/transnational_agreements/Marazzi_Agreement_EN.pdf.

142 Diese Vereinbarung ist keine substantielle EBR-Vereinbarung i.S. dieser Arbeit, sondern lediglich eine Wiederholung von Gesetzesrecht in Form eines Protokolls einer EBR-Sitzung. Auch werden die Rechte des EBR durch diese Vereinbarung nicht erweitert: http://ec.europa.eu/employment_social/empl_portal/transnational_agreements/Metro_IFA_DE.pdf.

143 Http://pasoc.innopas.eu/fileadmin/docs/press/sozialcharta/Vereinbarung_mit_Unterschriften.pdf.

144 Http://www.ewcdb.eu/show_pdf.php?document=9376ori_EN.pdf.

145 ETUI Database: http://www.ewcdb.eu/show_pdf.php?document=9121ori_DE.pdf.

146 Http://ec.europa.eu/employment_social/empl_portal/transnational_agreements/Prym_Declaration_DE.pdf

147 Http://ec.europa.eu/employment_social/empl_portal/transnational_agreements/PSA_IFA_DE.pdf.

Rheinmetall AG	D	Grundsätze sozialer Verantwortung[149]	2003	EBR, IMF, EMB
Röchling KG	D	Grundsätze sozialer Verantwortung[150]	2004	EBR, IMF, EMB
RWE Energy	D	Restrukturierung[151]	2007	
RWE AG		Social Charter[152]	2010	
		Vereinbarung über die Geltung von Mindeststandards bei Umstrukturierungen im REW-Konzern[153]	2010	
Santander	ESP	CSR[154]	2008	
SCA	SE	Social Responsibility[155]	2004	EBR, ICEM, nat. schwedische Gewerkschaft
Siemens	D	Compliance[156]	2007	
		CSR: fundamental rights	2008	
Solvay	BE	European Charter – Health and Safety[157]	2002	

148 Http://ec.europa.eu/social/main.jsp?catId=978&langId=en&agreementId=138.

149 Http://ec.europa.eu/employment_social/empl_portal/transnational_agreements/Rheinmetall_IFA_DE.pdf

150 Http://ec.europa.eu/employment_social/empl_portal/transnational_agreements/Roechling_IFA_DE.pdf

151 Http://www.ewcdb.eu/show_pdf.php?document=9120ori_DE_S.pdf.

152 Http://www.rwe.com/web/cms/mediablob/en/638206/data/600090/2/cr-areas-for-action/demographic-change/attractive-employer/social-charter/Social-Charter-for-the-RWE-Group.pdf.

153 Http://ec.europa.eu/employment_social/empl_portal/transnational_agreements/RWE_Agreement_DE.pdf.

154 Firmenbericht über die Vereinbarung: www.santandershareholder.co.uk/index.php/download_file/-/view/262/.

155 Http://ec.europa.eu/employment_social/empl_portal/transnational_agreements/SCA_Agreement_EN.pdf.

156 Http://www.ewcdb.eu/show_pdf.php?document=9243ori_EN_S.pdf.

157 Http://ec.europa.eu/employment_social/empl_portal/transnational_agreements/Solvay_HSCharter_EN.pdf.

		CSR and sustainable development[158]	2008	
Starwood	BE	transnational mobility and transnational transfer of Starwood Employees[159]	2007	
Suez	F	Charta zum Arbeits- und Gesundheitsschutz[160]	2002	
		Beteiligung der Arbeitnehmer am Konzernergebnis[161]	2007	EBR und Gewerkschaften
		Restructuring: accompanying measures to merger, no redundancies, anticipation, commitments and social conditions for future selling, social clauses on working conditions, continuity in collective agreements[162]	2008	ETUC represented by EPSU, CEC, EWC, CFDT, CGC, CFTC, CGT, FO
ThyssenKrupp	D	Grundsätze sozialer Verantwortung[163]	2007[164]	EBR, KBR
Triumph International	CH[165]	Fundamental Labour Rights[166]	2001	EBR, EGV/TBL, IG Metall

158 Http://www.ewcdb.eu/show_pdf.php?document=9307ori_EN.pdf.

159 ETUI Database: http://www.ewcdb.eu/show_pdf.php?document=9251ori_EN_S.pdf.

160 Laut Angabe der Europäischen Kommission nicht mehr in Kraft: http://ec.europa.eu/social/main.jsp?catId=978&langId=en&agreementId=164.

161 Http://www.ewcdb.eu/show_pdf.php?document=9972ori_DE.pdf.

162 Http://www.ewcdb.eu/show_pdf.php?document=9239ori_EN.pdf.

163 Http://ec.europa.eu/employment_social/empl_portal/transnational_agreements/ThyssenKrupp_Principles_DE.pdf.

164 Feste Laufzeit bis 31.12.2010.

165 EBR unterliegt deutschem Recht.

166 Agreement: http://www.ewcdb.eu/show_pdf.php?document=9878.pdf; Bericht: *Telljohann et. al.*, 61

Unicredit	I	Establishment of Joint Commissions on vocational training and equal opportunities[167]	2008	
		Equal opportunities: non-discrimination[168]	2009	
[Unilever]	UK	Responsible Restructuring[169]	2001	
		Agreed joint statement UEWC and Unilever on protection of personal data[170]	2004	
Vallourec & Mannesmann Tubes	F	CSR[171]	2008	IMF, EBR
Vivendi	F	Charter on Fundamental Social Rights[172]	1996	
		Arbeitsschutz[173]	1999	
Volkswagen	D	Arbeitsbeziehungen, betriebliche Beteiligungsrechte[174]	2009	IMF, EBR

167 Http://www.ewcdb.eu/show_pdf.php?document=9236ori_EN_S.pdf. Laut Angabe der Europäischen Kommission nicht mehr in Kraft: http://ec.europa.eu/social/main.jsp?catId=978&langId=en&agreementId=181.

168 Http://www.ewcdb.eu/show_pdf.php?document=9304ori_EN.pdf.

169 Bei dem Dokument handelt es sich nicht um eine transnationale EBR-Vereinbarung i.S. dieser Arbeit, sondern um einen Vergleich mustergültiger Vorgehensweisen in Europa. http://ec.europa.eu/employment_social/empl_portal/transnational_agreements/Unilever_Restructuring_EN.pdf.

170 Bei dem Dokument handelt es sich nicht um eine transnationale EBR-Vereinbarung i.S. dieser Arbeit, sondern um das Ergebnis einer internen Arbeitsgruppe, welche die Datenschutzpolicy des Konzerns auf ihre Vereinbarkeit mit europäischen und nationalen Vorgaben überprüft hat.http://ec.europa.eu/employment_social/empl_portal/transnational_agreements/Unilever_Dataprotection_EN.pdf.

171 Http://www.ewcdb.eu/show_pdf.php?document=9226ori_DE.pdf.

172 Http://ec.europa.eu/employment_social/empl_portal/transnational_agreements/Vivendi_Socialrights_EN.pdf.

173 Http://ec.europa.eu/employment_social/empl_portal/transnational_agreements/Vivendi_H&S Charter_EN.pdf.

174 Http://www.ewcdb.eu/show_pdf.php?document=9360ori_DE.pdf.

II. Die Themen der Vereinbarungen

Die Themen der substantiellen EBR-Vereinbarungen lassen sich in drei Kategorien einordnen[175]. Erstens gibt es das Feld der Vereinbarungen, die sich mit Corporate Social Responsibility (CSR) und der Verankerung der ILO Kernarbeitsnormen und anderer Mindeststandards beschäftigen. Dabei geht es auch um die Verankerung von allgemeinen Prinzipien der Beschäftigungs- und Sozialpolitik. Zweitens gibt es eine Gruppe von Vereinbarungen, die sich mit Unternehmensumstrukturierungen und deren Auswirkungen sowie mit der Antizipation von Veränderungen für die Arbeitnehmer[176] beschäftigen. Drittens gibt es eine neue Gruppe von Vereinbarungen, welche sich mit speziellen Themen auseinandersetzen wie etwa Nichtdiskriminierung, Arbeits- und Gesundheitsschutz, Aus- und Weiterbildung, Gewinnbeteiligung der Arbeitnehmer etc.

1. CSR und die Rolle des EBR

a) Definition der Corporate Social Responsibility

Die soziale Verantwortung von Unternehmen ist ein Konzept, „das den Unternehmen als Grundlage dient, auf freiwilliger Basis soziale Belange und Umweltbelange in ihre Unternehmenstätigkeit und in die Wechselbeziehungen mit den Stakeholdern zu integrieren[177]". CSR erschöpft sich einerseits nicht in Gesetzeskonformität, sondern es wird als erwünscht und sinnvoll angesehen, sich etwa in Bezug auf Ausbildung, Arbeitsbedingungen und Umweltschutz über das gesetzlich geforderte Maß hinaus zu engagieren. Gleichzeitig stellt CSR jedoch keinen Ersatz für Rechtsvorschriften dar[178]. Inhaltlich beschäftigen sich Verhal-

---

175 Ähnlich *Müller/Platzer/Rüb*, Transnationale Unternehmensvereinbarungen, 7.

176 Stichwort „anticipation of change".

177 Europäische Kommission, Grünbuch – Europäische Rahmenbedingungen für die soziale Verantwortung der Unternehmen, Rn. 20.

178 Europäische Kommission, ibid., Rn. 21 ff.; vgl. zum CSR-Konzept und seinen Schwächen: Zimmer, 142 ff.; *Compa*, 30 Comp. Lab. L. & Pol'y J. (2008-2009), 1, 6: „*A platform stands on three legs. On one leg or two, it topples. CSR can only create a stable foundation for worker's rights with two other legs: 1) strong laws strongly enforced by government authorities, and 2) strong, democratic trade unions where workers can improve conditions through self-organization and collective bargaining*".

tenskodizes, welche der Umsetzung eines CSR-Konzeptes dienen, mit einer Vielzahl von Themen, angefangen von der Umsetzung der ILO Kernarbeitsnormen, Arbeitsbeziehungen (Anerkennung der Gewerkschaften), Arbeits- und Gesundheitsschutz, Umwelt- und Verbraucherschutz etc.

b) Mehrwert von CSR-Vereinbarungen des EBR

Werden CSR-Inhalte über eine substantielle EBR-Vereinbarung umgesetzt, so hat diese aus legitimatorischen Gründen nur einen europaweiten Anwendungsbereich. Selbst innerhalb der EU stellt sich die Frage der Legitimation des EBR zur Vertretung der Arbeitnehmer (dazu später mehr), bei Vereinbarungen mit globalem Anwendungsbereich ist die Frage nach der Repräsentativität und Legitimation des EBR noch dringlicher[179]. Doch welchen Mehrwert kann eine CSR-Vereinbarung liefern, welche sich im Anwendungsbereich auf eine Region mit (vergleichsweise) hohen Sozialstandards und hohem Regulierungsniveau beschränkt?[180] Es verwundert daher nicht, dass gerade bei CSR-Themen der EBR oft nur ein weiterer Akteur neben internationalen Gewerkschaftsverbänden und nationalen Gewerkschaften ist.

Was den Mehrwert solcher Vereinbarungen betrifft, so ist zum einen hervorzuheben, dass europaweite Vereinbarungen zu Arbeitnehmerrechten ein Vorreiter auf dem Weg zu globalen Vereinbarungen in Konzernen darstellen können[181]. Darüber hinaus liegt der Mehrwert in Bezug auf Europa oftmals weniger in der Aufstellung von Normen (Themen wie Kinderarbeit sind in allen europäischen Ländern bereits (grund-)gesetzlich verboten bzw. geregelt und im Bereich des Umweltschutzes gibt es strikte Vorgaben), als vielmehr in der Bereitstellung von Kontroll- und Implementationssystemen[182]. Die Frage der Qualität einer solchen Vereinbarung hängt damit wesentlich davon ab, ob es Regelungen dazu gibt,

---

179 *Drouin*, 31 Comp. Lab. L. & Pol'y J. (2009-2010), 591, 602.

180 Für eine positive Einschätzung von CSR aus einer weltweiten Perspektive: *Compa*, 30 Comp. Lab. L. & Pol'y J. (2008-2009), 1 ff.

181 Bei Ford wurde beispielsweise 2003 eine europaweite Vereinbarung zu sozialen Rechten und sozialer Verantwortung geschlossen. Eine weltweite Vereinbarung mit ähnlichem Inhalt wird derzeit verhandelt.

182 *Kocher*, Kritische Justiz 1/2010, 29, 31 und 36 f.

wie die Vereinbarung im Unternehmen angewendet und durchgesetzt wird. Zu diesem Zweck sind in der Praxis verschiedene Instrumente entwickelt worden von der Schulung von Arbeitern und Zulieferern über Stichprobenkontrollen bis hin zu einer unternehmensexternen Überwachung durch Zertifizierungsagenturen[183].

c) Der EBR und Kontroll- und Implementationsprozesse

Der EBR kann gerade bei den Kontroll- und Implementationsprozessen eine wichtige Rolle spielen[184]. Der EBR (oder Weltbetriebsrat) spielt zum Teil selbst dann eine Rolle bei der Implementation und Überwachung, wenn die Vereinbarung nur von einem internationalen Gewerkschaftsverband unterzeichnet wurde[185]. Als unternehmensinterner Akteur kann er zunächst einmal für eine Information der Arbeitnehmer über die Existenz der Regeln sorgen und zudem die Einhaltung im Unternehmen überwachen. Dies wäre etwa über Fragebögen möglich oder andere Systeme der Rückmeldung aus den unterschiedlichen Ländern an den EBR. Darin könnte ein Grund liegen, warum der EBR neben den internationalen oder nationalen Gewerkschaftsverbänden bei CSR-Vereinbarungen mit ins Boot geholt wird.

Andererseits wird die Einbindung der EBR in den Implementationsprozess teilweise auch kritisch betrachtet. Es wird befürchtet, dass dort „nationale Egoismen" vorherrschen trotz der transnationalen Wichtigkeit einzelner Themen, dass die Arbeitnehmervertreter des Herkunftslands eines Konzerns den EBR dominieren oder dass dieser gar „arbeitgeberfreundlich" ist[186]. Zudem gibt es Bedenken dahingehend, dass dem Umsetzungsprozess auf diese Weise ein „europäischer Stempel"[187] aufgedrückt wird.

---

183 *Kocher*, ibid.; zu den verschiedenen Akteuren des externen Monitorings vgl. *Compa*, 30 Comp. Lab. L. & Pol'y J. (2008-2009), 1, 5.

184 So in Bezug auf IFAs: *Drouin*, 31 Comp. Lab. L. & Pol'y J. (2009-2010), 591, 601.

185 *Edwards/Marginson/Edwards/Ferner/Tregaskis,* 7.

186 *Drouin*, 31 Comp. Lab. L. & Pol'y J. (2009-2010), 591, 602 f.

187 *Drouin*, ibid., 603.

Diese Argumente scheinen zunächst jedenfalls übertrieben. Das Problem der nationalen Egoismen stellt sich hauptsächlich in einem anderen Kontext: Bei Umstrukturierungen – etwa durch Standortverlagerungen – kann es sein, dass die Arbeitnehmervertreter eines Landes (zumindest kurzfristig) davon profitieren würden, diejenigen eines anderen Landes auszubooten. Gleiches gilt jedoch nicht bei der Überwachung der Umsetzung von Mindeststandards, da hier keine vergleichbare direkte Konkurrenzsituation gegeben ist.
Die Dominanz der Arbeitnehmervertreter des Herkunftslandes kann ein Problem sein, das heute jedoch durch kulturelle Schulungen angegangen wird. Zudem kann daraus auch ein Vorteil erwachsen, nämlich wenn die EBR-Vertreter des Herkunftslandes ihre starke Position nutzen, um die weltweite Einhaltung der Mindeststandards einzufordern.
Auch die Existenz von „arbeitgeberfreundlichen" EBR scheint in der Praxis gering zu sein: Spricht man von symbolischen EBR, so meint man damit solche, die noch keinen effektiven Informations- und Konsultationsprozess etabliert haben. Dies macht sie jedoch noch nicht zu einem „arbeitgeberfreundlichen" Gremium in diesem Sinne. Betrachtet man zudem die Verfahren zur Bestellung der inländischen Arbeitnehmervertreter zum EBR[188], so scheint die Gefahr gering, dass der Arbeitgeber in großem Stil Einfluss auf die Besetzung des EBR nehmen kann.

Ernst nehmen muss man jedoch die Gefahr, dass die Überwachung der Umsetzung durch den EBR bei einer globalen Vereinbarung zu „Europa-lastig" sein könnte, auch weil er die Situation in anderen Ländern nicht richtig einschätzen kann oder keine Informationen von dort erhält. Dies spricht jedoch nicht gegen eine Einbindung des EBR in den Implementationsprozess, sondern bei globalen Vereinbarungen lediglich dagegen, dass Monitoring alleine dem EBR zu überantworten. Greifen beim Monitoring mehrere Akteure ineinander, so können deren Stärken gebündelt werden: Der EBR ist innerhalb des Unternehmens in Europa gut vernetzt und hat direkten Zugriff auf die zentrale Unternehmensleitung (zUL), was ein wichtiger Aspekt ist. Globale Gewerkschaftsverbände ver-

188 Vgl. die Ausführungen zum dt. Verfahren sowie die rechtsvergleichende Übersicht bei *Blanke*, EBRG, Teil B. § 11 Rn. 2 u. 19.

fügen über ein besseres internationales Netzwerk und externe Zertifizierungsagenturen bringen einen Blick von außen.

2. Restrukturierungen

Im Rahmen der Wirtschaftskrise ist das Thema Restrukturierungen in den Fokus der Europäischen Kommission gerückt. So wurde unter anderem ein Grünbuch zu diesem Thema herausgegeben[189]. Die Vorarbeiten der Europäischen Kommission zu diesem Thema gehen dabei auch auf die Rolle Europäischer Betriebsräte in diesem Bereich ein[190]. Denn in der Praxis beschäftigen sich einige substantielle EBR-Vereinbarungen mit Restrukturierungen.

a) Definition

In der Literatur wird oftmals leichtfertig behauptet, dass sich eine EBR-Vereinbarung mit dem Thema Restrukturierung befasst[191]. Teilweise handelt es sich jedoch lediglich um Vereinbarungen, die das Informations- und Konsultationsverfahren des EBR im Falle einer Restrukturierung genauer festlegen (vgl. oben der Fall *Dexia* in der Liste aktueller Vereinbarungen[192]). Hier muss jedoch deutlich unterschieden werden. Wird lediglich das Informations- und Konsultationsverfahren des EBR konkret ausgestaltet, so verlässt der EBR seine ihm gesetzlich zugewiesene Rolle der Unterrichtung und Anhörung nicht. Bei solchen Vereinbarungen handelt es sich mithin nicht um substantielle Vereinbarungen im Sinne dieser Arbeit. Vielmehr wird das genauer definiert, was bereits in der Gründungsvereinbarung angelegt ist. Auch wenn sie auf den ersten Blick anders erscheinen, sind diese Vereinbarungen zu den Vereinbarungen erster Ordnung zu zählen.

---

189 Grünbuch – Umstrukturierung und Antizipierung von Veränderungen: Lehren aus den jüngsten Erfahrungen, KOM(2012) 7 endgültig.

190 Restructuring In Europe 2011, Commission Staff Working Document accompanying the document: Green Paper Restructuring and anticipation of change, what lessons from the economic crisis? SEC(2012) 59 final, 184 ff.

191 Vgl. oben unter Teil 1 C. I. Einleitungstext sowie Stichwort „*Dexia*“ in der Tabelle mit Fußnoten.

192 Oben unter Teil 1 C. I.

Als substantielle EBR-Vereinbarungen zum Thema Restrukturierung kommen hingegen solche in Betracht, welche sich entweder allgemein mit Restrukturierung und der Antizipation von Veränderungen im Unternehmen beschäftigen und dabei für den EBR eine klare Verhandlungs- und Vereinbarungsrolle vorsehen bzw. den Arbeitnehmern besondere Rechte zuweisen oder welche sich mit einer konkret bevorstehenden Restrukturierung beschäftigen und Regelungen mit dem Ziel treffen, dass diese in klar umrissene Handlungen umgesetzt werden.

b) Umstrukturierungen als EBR-Handlungsfeld

Wird im Falle von Umstrukturierungen das Informations- und Konsultationsverfahren des EBR effektiv durchgeführt, so kann sich daraus die Gelegenheit ergeben, auf transnationaler Ebene Verhandlungen zu führen und Vereinbarungen jenseits des Rahmens der EBR-Richtlinie zu treffen[193].

Umstrukturierungen als Handlungsfeld des EBR sind einerseits attraktiv, da dieses Thema für Arbeitnehmer wegen eines möglichen Arbeitsplatzverlustes oder Arbeitgeberwechsels (durch welchen finanzielle Nachteile befürchtet werden) zentral ist. Andererseits sind damit auch gewisse Probleme verbunden, da es bei europaweiten Umstrukturierungen oder Standortverlagerungen keine Selbstverständlichkeit ist, dass alle Arbeitnehmer ein gleichgelagertes Interesse haben, sodass der EBR „mit einer Stimme“ sprechen kann. Vielmehr ist es so, dass etwa bei einem anstehenden Verkauf eines unprofitablen Unternehmensteils für die Arbeitnehmer des restlichen Unternehmens besser sein kann, wenn der marode Teil verkauft wird und das Restunternehmen dann wieder wettbewerbsfähig ist. Arbeitnehmer des sanierungsbedürftigen Unternehmensteils hingegen fürchten oftmals den Arbeitgeberwechsel.

Bei drohenden Standortverlagerungen ist die Situation ebenso zugespitzt. Während am neuen Standort neue Arbeitsplätze entstehen oder bei einer Produktionsverlagerung etwa die zukünftige Auslastung eines Werks gesichert wird, drohen am alten Standort Werksschließungen und Arbeitsplatzabbau. In dieser

193 *Sciarra*, Industrial Law Journal 39 (2010) 223, 229.

Situation erscheint es zunächst schwer, innerhalb des EBR, in welchem Vertreter aus beiden betreffenden Ländern sitzen, zu einer gemeinsamen Position zu gelangen.

c) Möglichkeiten zur Gleichschaltung der Arbeitnehmerinteressen

In der Praxis wird jedoch nach neuen Wegen zur Gleichschaltung der Arbeitnehmerinteressen gesucht, welche auf der Erkenntnis beruht, dass ein Standortwettbewerb etwa zwischen verschiedenen Werken in unterschiedlichen europäischen Ländern letztlich allen Arbeitnehmern schadet. Erst wenn der Wettbewerb etwa um Produktionsverteilung als gemeinsames Problem verstanden wird, kann eine gemeinsame Strategie daraus erwachsen[194]. Bei GM einigte man sich beispielsweise auf die Strategie des „sharing the pain“[195] mit dem gemeinsamen Ziel, alle Standorte zu erhalten, keine Abwärtsspirale in Gang zu setzen und zu verhindern, dass die jeweils bestehenden nationalen Tarifregelungen unterlaufen werden[196]. Neuen Gerüchten um bevorstehende Schließungen der Werke in Bochum und Ellesmere Port (Vereinigtes Königreich) im März 2012[197] begegnete der Europäische Betriebsrat mit einer gemeinsamen Erklärung aller europäischen Arbeitnehmervertreter, dass die Arbeitnehmerseite nicht bereit sei, Verhandlungen auf lokaler Ebene zu führen[198]. Ziel ist es, anstehende Verhandlungen auf europäischer Ebene zu bündeln und gegebenenfalls gemeinsam zu verhandeln.

d) Praxisbeispiel: Restrukturierungsvereinbarungen bei Ford of Europe

Der Europäische Ford-Betriebsrat ist einer der Vorreiter auf dem Gebiet der transnationalen Unternehmensvereinbarungen der Europäischen Betriebsräte. So verhandelte dieser im Januar 2000 die erste substantielle EBR-Vereinbarung in

---

194 Vgl. zum Entwicklungsprozess hin zu gemeinsamen Standards zur Verhandlung mit dem Management beim EBR von GM: *Dehnen*, Industrielle Beziehungen, Heft 17 (2), 2010, 147, 163.

195 Vgl. Interview im Deutschlandfunk am 19.02.2009 mit IG-Metall Vorstand *Berthold Huber*: http://www.dradio.de/dlf/sendungen/interview_dlf/922155/.

196 *Dehnen*, Industrielle Beziehungen, Heft 17 (2), 2010, 147, 164.

197 Süddeutsche Zeitung Online, Bericht vom 24.03.2012 – www.sueddeutsche.de; Financial Times Deutschland Online, Bericht vom 28.03.2012 – www.ftd.de.

198 Planet Labor, 27.03.2012, Mitteilung Nr. 120198 – www.planetlabor.com.

der Automobilindustrie im Rahmen der Ausgliederung der Unternehmenssparte Visteon in ein Joint Venture. Insgesamt wurden bis heute sechs transnationale Unternehmensvereinbarungen geschlossen, von denen sich fünf mit konkreten Restrukturierungsprojekten befassten. Die Auswertung dieser fünf Vereinbarungen kann dazu beitragen, die Chancen und Grenzen transnationaler Vereinbarungen auf diesem Themenfeld zu ermitteln.

aa) Grundsätzliches zum EBR bei Ford

Der Europäische Ford-Betriebsrat wurde bereits 1996 auf Grundlage einer sogenannten „Artikel 13-Vereinbarung" gegründet[199]. Heute setzt sich der Europäische Ford-Betriebsrat wie folgt zusammen: Jeweils fünf Arbeitnehmervertreter stammen aus Deutschland und dem Vereinigten Königreich, drei aus Belgien, jeweils zwei aus Spanien und Rumänien und einer aus Frankreich[200]. Hinsichtlich der Akteurskonstellationen, den Eigenschaften und des Verlaufs der Verhandlungen sei auf die einschlägige Literatur verwiesen, die sich in empirischen Unternehmensfallstudien ausführlich mit dem Europäischen Ford-Betriebsrat beschäftigt hat[201]. Im Folgenden soll aus juristischer Sicht auf das Verhandlungsmandat des EBR sowie den Inhalt der Vereinbarungen eingegangen werden.

bb) Das Verhandlungsmandat des EBR

Der Europäische Ford-Betriebsrat war der erste EBR, dem von Seiten des Managements eine transnationale Verhandlungsrolle zugebilligt wurde. Dafür werden zwei Gründe aufgeführt[202]: Zum einen gelang es dem EBR durch die Einbindung der amerikanischen Gewerkschaft United AutomobileWorkers (UAW), einen gewissen Handlungsdruck auf das US-amerikanische Management auszuüben, europäischen Verhandlungen zuzustimmen. Zum zweiten zeichnet sich das europäische Konzernmanagement durch einen „pragmatisch-

199 Vereinbarung zur Unterrichtung und Anhörung der Mitarbeiter der Ford Motor Company in Europa vom 16.09.1996, http://www.ewcdb.eu/show_pdf.php?document=70ori_DE_S.pdf.

200 Agreement on the Ford European Works Council and on the Provision of Information and Consultation within the European Operations of Ford Motor Company, 01.12.2008, unveröffentlicht.

201 *Müller/Platzer/Rüb*, Transnationale Unternehmensvereinbarungen, 88 ff.; *Hauser-Ditz/Hertwig/Pries/Rampeltshammer*, 301 ff.; *Mählmeyer*, 95 ff.

202 *Müller/Platzer/Rüb*, Transnationale Unternehmensvereinbarungen, 92.

effizienzorientierten Managementstil“[203] aus. Dies bedeutet, dass auch das europäische Personalmanagement in einer transnationalen Vereinbarung gewisse Vorteile gesehen hat, da bei parallelen nationalen Verhandlungen - insbesondere in einzelnen Ländern - langwierige Konflikte erwartet wurden.

Nach dem erfolgreichen Abschluss mehrerer Vereinbarungen, hielt man das Verhandlungsmandat des EBR in einem gemeinsamen „Verständnispapier“[204] fest. Dort wurde das Einvernehmen zwischen der zentralen Unternehmensleitung und dem Europäischen Ford-Betriebsrat dokumentiert, dass die Parteien künftig in ähnlich gelagerten Fällen zu den bisherigen, nämlich wenn eine unternehmerische Entscheidung gravierende Auswirkungen auf erhebliche Teile der Belegschaft in zwei oder mehreren Mitgliedstaaten der EU hat, versuchen werden, gemeinsam einvernehmliche und länderübergreifende Lösungen zu finden. Als Voraussetzung dafür wurde festgehalten, dass der Europäische Ford-Betriebsrat durch die zuständigen nationalen bzw. lokalen Arbeitnehmervertretungen ermächtigt und beauftragt sei, Verhandlungen auf transnationaler Ebene zu führen.
Das Ergebnis dieses Verständnispapiers floss im Jahr 2008 in die neue EBR-Vereinbarung[205] mit ein, auch wenn sich das Verhandlungsmandat des EBR dort nur sehr verklausuliert in dem Kapitel über Information und Konsultation findet.

Die nähere Ausgestaltung der Pflichten des EBR bei länderübergreifenden Verhandlungen findet sich in der Geschäftsordnung des Europäischen Ford-Betriebsrats[206]. Dort ist geregelt, dass es die Aufgabe der EBR-Mitglieder ist, die nationalen bzw. lokalen Arbeitnehmervertretungsgremien über die Beratungen bzw. Absichten hinsichtlich von Verhandlungen auf transnationaler Ebene zu informieren und deren Votum einzuholen. Zudem ist dort festgehalten, dass

---

203 *Müller/Platzer/Rüb*, ibid.

204 Memorandum of Understanding / Verständnispapier vom 09.10.2000, unveröffentlicht.

205 Agreement on the Ford European Works Council and on the Provision of Information and Consultation within the European Operations of Ford Motor Company, 01.12.2008, unveröffentlicht.

206 Geschäftsordnung für den Europäischen Ford-Betriebsrat (EFB) vom 15.10.1998, zuletzt geändert am 06.06.2002, unveröffentlicht.

dem Vorsitzenden des Europäischen Ford-Betriebsrats schriftliche Ermächtigungen bzw. Beauftragungen der nationalen bzw. lokalen Arbeitnehmervertretungsgremien vorgelegt werden sollen. Auf diese Weise kann in der Praxis sichergestellt werden, dass die transnationale Ebene der Arbeitnehmervertretung nicht abgekoppelt von der nationalen Ebene agiert. Darüber hinaus wird durch die dadurch signalisierte Zustimmung der nationalen Vertretungsgremien zu den transnationalen Verhandlungen das Verhandlungsmandat des EBR faktisch gestärkt. In der Geschäftsordnung des Europäischen Ford-Betriebsrats ist zudem festgesetzt, dass nach dem Abschluss der transnationalen Verhandlungen das Votum der nationalen Arbeitnehmervertretungsgremien einzuholen ist. Dadurch wird dokumentiert, dass die Letztentscheidungsbefugnis über die Annahme des Verhandlungsergebnisses auf nationaler Ebene verbleibt.

Darüber hinaus ist hervorzuheben, dass sich weder die EBR-Vereinbarung noch die Geschäftsordnung mit dem Verhältnis des Europäischen Ford-Betriebsrats zu den europäischen Gewerkschaftsverbänden bzw. den nationalen Gewerkschaften beschäftigt. So wird etwa die Annahme eines transnationalen Verhandlungsergebnisses bei Ford nicht von der Zustimmung der Gewerkschaften abhängig gemacht. Auch findet das EMB-Verhandlungsverfahren[207] keine Anwendung. Allerdings ist der Europäische Ford-Betriebsrat auf andere Art und Weise praktisch mit den Gewerkschaften verzahnt[208]: Erstens sind alle EBR-Mitglieder gewerkschaftlich organisiert. Der EBR-Vorsitzende ist ehrenamtliches Mitglied des IG Metall-Vorstands. Darüber hinaus können hauptamtliche Gewerkschaftsvertreter als Experten in beratender Funktion an den EBR-Sitzungen teilnehmen. Auch existiert ein von der IG Metall gestellter EMB-Koordinator. Dadurch ist zumindest der Informationsfluss zur IG Metall und zum EMB sichergestellt. Nichtsdestotrotz besteht hier das Risiko, dass andere nationale Gewerkschaften nicht, nicht rechtzeitig oder in ungenügender Art und Weise über die transnationalen Verhandlungen informiert werden. Dadurch wird

---

207 http://www.emf-fem.org/content/download/9728/138867/version/3/file/EMB-interne+Vorgehensweise+bei+Verhandlungen+mit+multinationalen+Unternehmen.pdf. Die englische Bezeichnung für das Verfahren lautet: EMF Procedure for Negotiations at Multinational Company Level.

208 *Müller/Platzer/Rüb*, Transnationale Unternehmensvereinbarungen, 95 ff.

deutlich, dass sich der Europäische Ford-Betriebsrat – anders als etwa der Europäische Betriebsrat bei *John Deere*[209] – nicht an die Zustimmung der nationalen Gewerkschaften zu seinem Verhandlungsergebnis gebunden fühlt[210].

cc) Die Visteon-Vereinbarung

1999 wurde der Europäische Ford-Betriebsrat zum ersten Mal mit einer transnationalen Restrukturierung konfrontiert, nämlich mit der Verselbstständigung der *Ford* Komponentensparte namens *Visteon*[211]. Die Vereinbarung zur Verselbständigung der *Ford-Visteon* Organisation[212] wurde am 25.02.2000 von der europäischen Unternehmensleitung und dem Europäischen Ford-Betriebsrat unterzeichnet. Die Vereinbarung ist nicht nur deswegen bemerkenswert, weil sie die erste substantielle EBR-Vereinbarung in der Automobilbranche darstellt, sondern weil sie zugleich zu diesem frühen Zeitpunkt in der Entwicklung transnationaler Verhandlungen einen bemerkenswerten Grad an Konkretisierung erreicht hat. So wurden auf transnationaler Ebene nicht nur gewisse Rahmenrichtlinien festgesetzt. Stattdessen wurde detailliert festgehalten, welche Produkte *Ford* für wie viele Jahre auch künftig von *Visteon* abnehmen muss. So wurden auch die sog. „Sourcing Commitments" (Abnahmeverpflichtungen) für die einzelnen Standorte detailliert geregelt.

Der hohe Konkretisierungsgrad erwies sich jedoch teilweise als nicht praktikabel. Daher wurde eine am 28.04.2003 unterzeichnete Zusatzvereinbarung notwendig, welche die Bedingungen der ursprünglichen Vereinbarung an die geänderten Bedürfnisse anpassen sollte. So erfolgte eine Anpassung der Abnahmeverpflichtungen an neue Technologien und in der Zwischenzeit ausgelagerte Produktionssparten sollten durch die Abnahme anderen Zubehörs ersetzt werden. Auch dies führte letztlich jedoch nicht zum Erfolg: Die ausgehandelten Be-

---

209 *Müller/Platzer/Rüb*, Transnationale Unternehmensvereinbarungen, 113 ff.

210 Ähnlich *Müller/Platzer/Rüb*, Transnationale Unternehmensvereinbarungen, 98.

211 *Mählmeyer*, 103.

212 Vereinbarung vom 25.02.2000, http://www.ewcdb.eu/show_pdf.php?document=9868ori_DE_S.pdf. Am 28.04.2003 wurde eine Zusatzvereinbarung geschlossen. Die deutsche GBR-Umsetzungsvereinbarung ist öffentlich zugänglich: http://www.labournet.de/branchen/auto/ford/visteon-bv.html.

dingungen waren im harten Zuliefergeschäft nicht haltbar. Die Verhandlungen wurden dann erneut von der Praxis überholt, da *Visteon* Insolvenz anmelden musste. In dieser Situation ist auch die transnationale Zusammenarbeit an den wirtschaftlichen Problemen von Visteon gescheitert: In der Folge wurden unterschiedliche nationale Lösungen angestrebt und getroffen[213].

Schließlich ist aus juristischer Sicht eine zweite Klausel aus der Vereinbarung beachtenswert. In einer sog. „return clause" wurde vereinbart, dass *Visteon*-Mitarbeiter, welche in sogenannten „Flow-Back-Listen" namentlich benannt wurden, das Recht erhalten, innerhalb von fünf Jahren zu *Ford* zurück zu wechseln. Werden Klauseln wie diese nicht (wie bei *Ford* in Deutschland über eine Gesamtbetriebsvereinbarung geschehen[214]) in nationales Recht umgesetzt, so werfen sie Fragen nach der normativen Wirkung der EBR-Vereinbarungen auf: Könnten die Arbeitnehmer in einem solchen Fall eigene subjektive Rechte aus einer substantiellen EBR-Vereinbarung ableiten? Dass es sich dabei nicht um theoretische Gedankenspiele handelt, zeigt etwa die Tatsache, dass spätere substantielle Vereinbarungen bei Ford nicht mehr konsequent in allen Ländern in nationale Vereinbarungen überführt wurden[215].

dd) Die Getrag-Vereinbarung

Bereits kurze Zeit nach Abschluss der *Visteon*-Vereinbarung stand eine neue Restrukturierung an. Diesmal ging es um die Verlagerung des Schaltgetriebegeschäftes in ein Joint Venture mit *Getrag*. Ziel des Europäischen Ford-Betriebsrats war eine Sicherung der bestehenden Standorte für manuelle Getriebefertigung in Bordeaux, Halewood und Köln sowie ein Bestandsschutz für die gegenwärtigen Mitarbeiter in diesem Bereich[216]. Auch hier gelang es, eine detaillierte transnationale Vereinbarung zwischen dem europäischen Management und dem Europäischen Ford-Betriebsrat zu schließen[217]. Die Regelung beinhal-

213 Interview mit Georg Leutert, Sekretär des Europäischen Ford-Betriebsrats, am 25.10.2011.

214 Http://www.labournet.de/branchen/auto/ford/visteon-bv.html.

215 Interview mit Georg Leutert, Sekretär des Europäischen Ford-Betriebsrats, am 25.10.2011.

216 Interview mit Georg Leutert, Sekretär des Europäischen Ford-Betriebsrats, am 25.10.2011.

217 Vereinbarung über den Übergang der Ford Schaltgetriebestandorte in ein Joint Venture vom 09.10.2000. Zusatzvereinbarung vom 07.06.2002.

tet eine detaillierte Lieferungsvereinbarung von Schaltgetrieben aus den drei in das Joint Venture eingetretenen Werken an *Ford*. Auch wurden ein Fertigungsplan sowie ein Zeitrahmen für Auftragszusagen und das geplante Volumen festgelegt.

Im Kontext dieser Arbeit ist an dieser Vereinbarung insbesondere bemerkenswert, dass sie einen Weg aufzeigt, wie arbeitsvertragliche Regelungen auf transnationaler Ebene auch vor dem Hintergrund unterschiedlicher nationaler Systeme der industriellen Beziehungen und unterschiedlicher arbeitsrechtlicher Vorgaben vereinbart werden können. Im Fall *Getrag* konnte hinsichtlich der Themen „arbeitsvertragliche Regelungen" und „Arbeitnehmervertretungen" keine einheitliche Regelung erzielt werden, welche auf alle Standorte gemünzt war. Dennoch konnte hierfür eine Lösung gefunden werden, indem man Regelungen betreffend der einzelnen Standorte in die transnationale Vereinbarung integriert hat. Zu diesem Zweck wurde ein Grundtext abgestimmt, auf welchem alle einzelnen Regelungen basieren. Dieser konnte dann in einem zweiten Schritt – etwa in Bezug auf die Modalitäten zur Umsetzung einer Maßnahme – an nationale Strukturen der Arbeitnehmervertretung angepasst werden.

Auch hinsichtlich der *Getrag*-Vereinbarung gab es ca. zwei Jahre nach deren Abschluss die Notwendigkeit, die Verteilung des Geschäfts auf die einzelnen Standorte angesichts veränderter Rahmenbedingungen neu zu verteilen. Eine Zusatzvereinbarung legte daher Veränderungen hinsichtlich der Investitionen und Produkte fest. Darüber hinaus haben die Vereinbarungen jedoch bis heute ihre Gültigkeit.

ee) Die drei Vereinbarungen zum Themenfeld „Neuorganisation der Forschungseinrichtungen"

Im Zeitraum von 2004 bis 2008 wurden drei weitere substantielle EBR-Vereinbarungen getroffen, welche sich mit demselben Themenkomplex beschäftigen, nämlich der Verteilung der Produktentwicklung zwischen verschiedenen (europäischen und US-amerikanischen) Standorten. Die erste Vereinbarung aus

2004[218] wurde ausgehandelt, nachdem Ford neue Marken erworben hatte, sodass eine gemeinsame Produktentwicklung aufgebaut werden musste. Entscheidender Punkt aus der Sicht des Europäischen Ford-Betriebsrats war es, dass Einsparungen reinvestiert werden sollten[219]. Kurze Zeit später folgte eine Vereinbarung zur Neuordnung der Aufgabenverteilung zwischen zwei Forschungszentren in England und Deutschland[220]. Dabei ging es im Wesentlichen darum, Überschneidungen bei der Forschungszuständigkeit der beiden Standorte abzubauen. Zu diesem Zweck musste der Aufgabenbereich von ca. 20 % der Arbeitnehmer am jeweiligen Standort verändert werden. Zur sozialverträglichen Ausgestaltung der Umorganisation sah die Vereinbarung Umschulungen der betroffenen Arbeitnehmer sowie nationale Aktionspläne zur Umsetzung der transnationalen Vereinbarung vor. Bei der dritten Vereinbarung in diesem Themenkomplex, welche 2008 geschlossen wurde, ging es um die Verteilung der Entwicklungszuständigkeit zwischen den Standorten in den USA und Europa[221]. Gleichzeitig wurden auch Regelungen zum Verhältnis von Ford Stammkräften zu Leiharbeitnehmern in den europäischen Entwicklungszentren getroffen.

Insgesamt unterscheiden sich die letzten drei transnationalen Vereinbarungen des Europäischen Ford-Betriebsrats unverkennbar von den ersten beiden. Zum einen sind sie wesentlich kürzer gefasst: Der Haupttext umfasst nicht mehr als ein bis zwei Seiten. Damit geht auch eine niedrigere Regelungsdichte einher. Dies kann auch von Vorteil sein: Angesichts unterschiedlicher nationaler Gegebenheiten kann es sinnvoll sein, auf transnationaler Ebene die wesentlichen Leitprinzipien vorzugeben und die Ausdifferenzierung den nationalen Arbeit-

---

218 Rahmenvereinbarung zwischen dem Management von Ford of Europe und dem Europäischen Ford-Betriebsrat betreffend die Einführung und Umsetzung des Projekts "International Operations Synergies" vom 09.11.2004.

219 Interview mit Georg Leutert, Sekretär des Europäischen Ford-Betriebsrats, am 25.10.2011.

220 Rahmenvereinbarung zwischen der Geschäftsleitung von Ford of Europe und dem Europäischen Ford-Betriebsrat über die Neuordnung der Aufgabenteilung Dunton-Merkenich vom 11.04.2005; vgl. Bericht von Georg Leutert, Sekretär des Europäischen Ford-Betriebsrats: http://www.anticipationofchange.eu/fileadmin/anticipation/Logos/Documents/new_set_5509/pres/Restructuring_Forum_report_-_final.doc.

221 Rahmenvereinbarung zwischen der Unternehmensleitung von Ford of Europe und dem Europäischen Ford-Betriebsrat betreffend die Einführung und Umsetzung des Global PD Strategy (GPD Strategy) Projekts vom 23.04.2008.

nehmervertretungen zu überlassen. Allerdings sind auch die Leitprinzipien oder Zielvorgaben der letzten Vereinbarungen deutlich weniger präzise im Vergleich zu den ersten beiden transnationalen Vereinbarungen. So wurde beispielsweise bei der dritten Rahmenvereinbarung darauf verzichtet, das Verhältnis zwischen Stammkräften und Leiharbeitnehmern, das erzielt werden soll, zahlenmäßig zu benennen. Dadurch verbleibt die Regelung im Vagen.

ff) Zwischenergebnis

Die transnationalen Vereinbarungen des Europäischen Ford-Betriebsrats verdeutlichen, dass es sich bei den aufgeworfenen Rechtsfragen, mit denen sich diese Arbeit beschäftigt, nicht um akademische Gedankenspiele handelt, sondern dass die Auseinandersetzung mit diesen auch für die Praxis relevant ist. Wie gezeigt, gilt dies etwa für die Frage nach der normativen Wirkung transnationaler Vereinbarungen sowie für das (Rechts-)Verhältnis des Europäischen Betriebsrats zu nationalen Arbeitnehmervertretungen. Gleichzeitig wurde auch deutlich, dass es sich bei dem Themenfeld der Restrukturierungen um eines der Hauptfelder für die Tätigkeit der Europäischen Betriebsräte handeln kann.

3. Vereinbarungen zu spezifischen Einzelaspekten

In den letzten Jahren lässt sich erkennen, dass die Zahl der substantiellen EBR-Vereinbarungen wächst (wenn auch auf niedrigem Niveau), welche sich mit einzelnen spezifischen Aspekten der Unternehmenspolitik beschäftigen[222].
Die Entwicklung der substantiellen EBR-Vereinbarungen hin zu konkreten Themen ist zu begrüßen. Zum einen lassen spezifischere Themen darauf hoffen, dass die Vereinbarungen dadurch konkreter werden, das heißt dass sie sich nicht nur darin erschöpfen, ganz allgemeine, völlig weiche Formulierungen zu verwenden. Zweitens ist es bei der Verhandlung vieler spezifischer Themen wie Arbeitnehmerdatenschutz (vgl. *Porr AG*, 2006), Gewinnbeteiligung der Arbeitnehmer im Konzern (wie bei *EADS*, 2011) und Maßnahmen gegen Diskriminie-

---

222 Für den Metallsektor identifizieren *Müller/Platzer/Rüb* zwei Entwicklungsphasen, wobei die zweite von 2006 bis 2010 durch eine Ausweitung der Unternehmen mit europäischen Unternehmensvereinbarungen sowie durch eine Ausdifferenzierung der Themen gekennzeichnet ist: *Müller/Platzer/Rüb*, Transnationale Unternehmensvereinbarungen, 13.

rung im Unternehmen leichter, eine gemeinsame Position aller EBR-Vertreter aufzubauen, da hier die Interessen der Arbeitnehmer in verschiedenen Ländern weitgehend gleichgerichtet sind.

a) Arbeitnehmerdatenschutz / der Fall Porr

Eine EBR-Vereinbarung zum Thema Arbeitnehmerdatenschutz im Konzern wurde 2006 bei der *Allgemeinen Baugesellschaft A. Porr AG* erzielt. Ziel war es, die Verwendung personenbezogener Arbeitnehmerdaten im Konzern zu regeln, um damit etwa die Erstellung von Statistiken, die Personaldisposition sowie die zentral gesteuerte Personalarbeit zu erleichtern[223].

Fragen des Konzerndatenschutzes sind nach wie vor in ganz Europa ein zentrales Thema, da die europäische Datenschutzrichtlinie[224] kein Konzernprivileg kennt. Dies bereitet in der Praxis insbesondere dort Probleme, wo – wie bei der *Porr AG* – die Personalarbeit bei der Muttergesellschaft eines Konzerns zentral angesiedelt ist. Eine substantielle EBR-Vereinbarung kann hier zwar keine Abweichung von den zwingenden gesetzlichen Datenschutzvorschriften liefern. Es kann jedoch Klarheit über Praxis und Zweck der Weitergabe von personenbezogenen Daten hergestellt werden, sodass der oftmals gegebenen Rechtsunsicherheit durch das Aufstellen gemeinsamer konzerninterner Richtlinien betreffend der Transparenz des Datenverarbeitungsverfahrens und seiner Kontrolle begegnet werden kann.

Was die EBR-Vereinbarung bei *Porr* betrifft, so ist hier deutlich erkennbar, dass ein Schritt hin zu einer „Verrechtlichung“ der EBR-Vereinbarungen stattgefunden hat. Es finden sich nicht nur vage Absichtserklärungen, sondern konkrete Rechte und Pflichten in der Vereinbarung. Auch bleibt es nicht bei einer bloßen Wiederholung des Gesetzesrechts bzw. bei einer Verweisung auf dieses. Stattdessen erhält etwa der EBR-Vorsitzende jährlich eine Liste derjenigen Personen,

223 Vgl. § 3 der Vereinbarung.

224 Richtlinie 95/46/EG des Europäischen Parlaments und des Rates vom 24. Oktober 1995 zum Schutz natürlicher Personen bei der Verarbeitung personenbezogener Daten und zum freien Datenverkehr.

welche Zugriff auf personenbezogene Arbeitnehmerdaten haben[225]. Diese kann er gemeinsam mit dem EBR auswerten[226]. Zudem erhält der EBR Zugriff auf die Daten aller Arbeitnehmer in seinem Zuständigkeitsbereich. Dies soll einen Zugriff auf arbeitnehmerbezogene Abrechnungsdaten ermöglichen[227]. Dadurch wird einerseits das Recht des EBR auf Information im Bereich des Datenschutzes konkret ausgestaltet und zum zweiten wird dem EBR eine Rolle bei der Überwachung der Einhaltung der Datenschutzbestimmungen zugewiesen.

An dieser Vereinbarung lässt sich mithin verdeutlichen, wie die künftige Rolle der EBR-Vereinbarungen im System der europäischen industriellen Beziehungen aussehen könnte. Es kommt hier weniger auf die Normsetzung an (zwingende datenschutzrechtliche Bestimmungen existieren in allen Ländern der EU, schon allein aufgrund der Umsetzung der Datenschutzrichtlinie), sodass auch die Frage nach der Rechtsqualität der Vereinbarung in den Hintergrund tritt. Wichtiger ist hier die Tatsache, dass die Frage geregelt wird, wie Einhaltung und Kontrolle der Datenschutzbestimmungen im Konzern angesichts des zentralen Personalbereichs organisiert werden sollen. Dies liefert auf der faktischen Seite bei der Frage der Normeinhaltung in der Praxis einen großen Mehrwert. Durch die Transparenz der Abläufe wird zudem Vertrauen in die Sicherheit der Daten geschaffen. Auf welche Art und Weise der EBR seine Überwachungsaufgabe wahrnehmen soll, wurde jedoch nicht genauer geregelt.

b) Gewinnbeteiligung im Unternehmen / der Fall EADS

aa) Die Vereinbarung bei der EADS Gruppe

Bei *EADS* wurde 2011 eine Vereinbarung zur Gewinnbeteiligung der Arbeitnehmer im Unternehmen[228] geschlossen. Die Vereinbarung wurde auf Arbeitnehmerseite durch den EBR und durch nationale Gewerkschaften aus Frank-

225 Vgl. Klausel 5.3 der Vereinbarung.

226 Vgl. Klausel 5.3 i.V.m. 5.1 der Vereinbarung.

227 Vgl. Klausel 5.4 der Vereinbarung.

228 Agreement for the implementation of a success-sharing plan within the EADS N.V. Group, 01.06.2011.

reich, Deutschland, Spanien und dem Vereinigten Königreich unterschrieben. Dies entspricht allen Ländern, die im EBR vertreten sind[229].
Den Grundstein für diese Vereinbarung hatte die Konzernleitung gemeinsam mit den europäischen Sozialpartnern bereits im Herbst 2010 gelegt. Damals vereinbarte sie mit den nationalen Gewerkschaften aller vier Länder, die im EBR vertreten sind, ein Verfahren für Verhandlungen auf europäischer Ebene[230]. Demnach wird eine europäische Verhandlungsgruppe (European Negotiating Group) gebildet, welche sich aus Vertretern des EBR, der nationalen Gewerkschaften, des deutschen Konzernbetriebsrats und des EMB zusammensetzt. Die Vereinbarung sieht zudem vor, dass sie nur dann Gültigkeit erlangt, wenn mindestens zwei Drittel der Mitglieder der europäischen Verhandlungsgruppe zustimmen und sie sowohl durch den EBR als auch die betreffenden nationalen Gewerkschaften unterzeichnet wurde. Ist dies der Fall, so ist die Vereinbarung ohne Änderungen in jeweils geltendes nationales Recht umzusetzen.

bb) Bewertung

Die Vereinbarung bei *EADS* ist in vielerlei Hinsicht bemerkenswert. Zum einen ist es genau genommen keine reine substantielle EBR-Vereinbarung im Sinne dieser Arbeit, da der EBR nur einen Teil der arbeitnehmerseitigen Verhandlungspartner stellt. Nichtsdestotrotz ist es lohnenswert, diese Vereinbarung aus der Sicht des EBR genauer zu beleuchten. Sie kann zeigen, welche Rolle der EBR bei Verhandlungen transnationaler Unternehmenspolitik spielen kann und wie die verschiedenen arbeitnehmerseitigen Akteure dergestalt verknüpft werden können, dass erstens keine Rivalität zwischen EBR und Gewerkschaften/Gewerkschaftsverbänden aufkommt und zweitens in Vorbereitung auf eine spätere Umsetzung der Vielfalt der nationalen Arbeitnehmervertretungssysteme Rechnung getragen wird.

Darüber hinaus ist eine Errungenschaft dieser Vereinbarung, dass sie ein konkretes Thema so tief durchdringt, dass tatsächlich eine eins zu eins-Umsetzung in den einzelnen Ländern möglich ist, ohne dass Konkretisierungen notwendig

229 Vgl. Punkt 4 der EBR-Gründungsvereinbarung vom 23.10.2000.

230 Agreement relating to the procedure for labour negotiations at European level, September 2010, Quelle: Planet Labor, 28.10.2010, Mitteilung Nr. 100677 - www.planetlabor.com.

sind. Kollisionen mit den Kompetenzen nationaler Arbeitnehmervertretungen sind zwar nicht völlig ausgeschlossen. In Deutschland könnte etwa ein Mitbestimmungsrecht des Betriebsrats verletzt sein, wenn eine eins zu eins-Umsetzung vorgeschrieben wird. Einer solchen Kollision wird jedoch durch die Beteiligung des Konzernbetriebsrats im europäischen Verhandlungsgremium vorgebeugt. Dieser kann dann ein Verhandlungsmandat der einzelnen Betriebsräte mit in das Verhandlungsgremium einbringen oder jedenfalls informell deren inhaltliche Forderungen in die Verhandlung einfließen lassen.

Ob sich dieses Modell der transnationalen Verhandlung auf Unternehmensebene von *EADS* auf andere Konzerne übertragen lässt, kann bezweifelt werden. Eine Besonderheit besteht hier darin, dass im EBR insgesamt nur 4 Länder vertreten sind. Ist eine Einigung auf eine gemeinsame Linie trotz der vielen Akteure hier noch praktikabel, könnte dies in einem Konzern, der in weitaus mehr Ländern in Europa vertreten ist, deutlich größere Schwierigkeiten bereiten. Ausgeschlossen ist es jedoch nicht, immerhin ist das Verfahren geprägt von viel Flexibilität zur Anpassung an verschiedene Akteure.

cc) Grundsätzliches zur Gewinnbeteiligung

Ebenso wie bei dem Thema Arbeitnehmerdatenschutz ist die Frage der Einführung von Richtlinien zur Beteiligung der Arbeitnehmer am Gewinn oder Erfolg des Unternehmens ein Gebiet, auf welchem alle europäischen Arbeitnehmer ein gleichgelagertes Interesse haben. Dies vereinfacht die Bündelung der Interessen auf Arbeitnehmerseite. Andererseits stehen die einzelnen Divisionen hier auch in einem gewissen Verteilungswettbewerb zueinander. Bei einer relativ kleinen und homogenen Arbeitnehmergruppe wie bei *EADS* kann dies durch die Anwendung derselben Verteilungsparameter für alle Konzerngesellschaften verhindert werden. Bei größeren Konzernen, deren Arbeitnehmerschaft stärker diversifiziert ist und welche ein größeres Lohngefälle enthält, ist unter Umständen jedoch eine Anpassung der Berechnung der Erfolgsprämie an das jeweilige Lohnniveau notwendig.

Wie schwierig die Einführung einer Gewinnbeteiligungsvereinbarung im Einzelfall sein kann, zeigt der Fall *John Deere*[231]. Zum Zeitpunkt der Verhandlungen 2008 waren in dem EBR Arbeitnehmervertreter aus sechs westeuropäischen Mitgliedstaaten vertreten[232], sodass noch von einer gewissen Homogenität der Arbeitnehmergruppe gesprochen werden kann. Auch gelang es dem europäischen Personalmanagement, die US-amerikanische Konzernleitung von der Sinnhaftigkeit einer einheitlichen europäischen Lösung zu überzeugen[233]. Auch der EBR stand dem Abschluss einer Vereinbarung zum Thema Gewinnbeteiligung positiv gegenüber, zumal dies seine Rolle hätte stärken können. Die Probleme lagen hier an anderer Stelle, nämlich bei der arbeitnehmerseitigen Interessenabstimmung, insbesondere mit den nationalen Gewerkschaften[234]. Erst nachdem bereits eine europäische Gewinnbeteiligungsvereinbarung zwischen europäischem Personalmanagement und EBR zentral ausgehandelt worden war, stellte sich heraus, dass sowohl der EMB als auch die nationalen Gewerkschaften nicht ausreichend in den Verhandlungsprozess involviert worden waren. Zwar waren der EBR-Beauftragte des EMB und der gewerkschaftliche Betreuer der IG Metall in die Verhandlungen mit eingebunden. Dies galt jedoch nicht für den EMB und die nationalen Gewerkschaften aus anderen europäischen Ländern. Diese waren bis zum Abschluss der Verhandlungen nicht über diese informiert[235]. Als nachträglich ein im Wesentlichen dem EMB-Verhandlungsverfahren entsprechendes Abstimmungsverfahren eingeleitet wurde, stellte sich heraus, dass eine Zustimmung der nationalen Gewerkschaften letztlichen am Votum der spanischen und französischen Gewerkschaftsvertreter scheiterte. Die spanischen Vertreter hatten dabei grundsätzliche Einwände gegen transnationale Vereinbarungen zum Thema Gewinnbeteiligung, da sie dieses als Kerngeschäft spanischer Gewerkschaften auffassten[236]. Diese strukturellen Be-

231 Ausführliche empirische Studie: *Müller/Platzer/Rüb*, Transnationale Unternehmensvereinbarungen, 113 ff.

232 *Müller/Platzer/Rüb*, Transnationale Unternehmensvereinbarungen, 116.

233 *Müller/Platzer/Rüb*, Transnationale Unternehmensvereinbarungen, 117.

234 Zum Ganzen: *Müller/Platzer/Rüb*, Transnationale Unternehmensvereinbarungen, 120 ff.

235 *Müller/Platzer/Rüb*, Transnationale Unternehmensvereinbarungen, 121.

236 *Müller/Platzer/Rüb*, Transnationale Unternehmensvereinbarungen, 122; vgl. dort auch zu den Gründen für die Blockade durch die französischen Gewerkschaftsvertreter.

denken sind gravierend, da sie nicht auf den Einzelfall bezogen waren und darauf hindeuten, dass auch künftig transnationale Gewinnbeteiligungsvereinbarungen an der Zustimmung der spanischen Gewerkschaften scheitern könnten. Während sich der EBR im Fall John Deere an die ablehnende Haltung der nationalen Gewerkschaften gebunden sah, ist es jedoch grundsätzlich denkbar, dass sich andere EBR-Gremien von der Ablehnung nicht an einer Vereinbarung hindern ließen. Erwähnenswert ist abschließend die Tatsache, dass die gescheiterten Verhandlungen jedoch zumindest zu einer Koordinierung und inhaltlichen Strukturierung der nationalen Regelungen zu Gewinnbeteiligungen bei John Deere beigetragen haben[237].

c) Nichtdiskriminierung

Auch zum Thema Gleichstellung und Nichtdiskriminierung gibt es substantielle EBR-Vereinbarungen. Diese sind oft abgeleitet von einem CSR-Konzept, beziehen sich jedoch nur auf diesen speziellen Punkt.

Im Jahre 2009 wurde beispielsweise in der *UniCredit Group* eine solche substantielle EBR-Vereinbarung getroffen, welche als „Joint Declaration“ betitelt wurde. Der Text wurde von einer ganzen Reihe bereits existierender Vereinbarungen inspiriert, vom UN Global Compact über eine gemeinsame Erklärung der Sozialpartner im Bankensektor zu CSR[238] bis hin zu unternehmensinternen Dokumenten wie der „Integrity Charter“ der Gruppe.

Auffallend ist hier, dass nur rechtlich unverbindliche, wenig bekannte Dokumente in Bezug genommen werden. Der Verweis etwa auf nationales Gesetzesrecht, europäische Richtlinien[239] oder die Charta der Grundrechte der Europäi-

---

237 *Müller/Platzer/Rüb*, Transnationale Unternehmensvereinbarungen, 125.

238 Http://ec.europa.eu/employment_social/dsw/public/actRetrieveText.do?id=10621.

239 Richtlinie 2000/43/EG zur Anwendung des Gleichbehandlungsgrundsatzes ohne Unterschiede der Rasse oder der ethnischen Herkunft, ABl.EG Nr. L 180, S. 22; Richtlinie 2000/78/EG zur Festlegung eines Rahmens für die Verwirklichung der Gleichbehandlung in Beschäftigung und Beruf, ABl.EG Nr. L 303, S. 16; Richtlinie 2002/73/EG zur Änderung der Richtlinie 76/207/EWG zur Verwirklichung des Grundsatzes der Gleichbehandlung von Männern und Frauen beim Zugang zur Beschäftigung, zur Berufsbildung und zum beruflichen Aufstieg sowie in Bezug auf die Arbeitsbedingungen, ABl.EG Nr. L 269, S. 15, nunmehr als konsolidierte Neufassung durch Richtlinie 2006/54/EG, ABl.EG Nr. L 204, S. 23; Richtlinie 2004/113/EG zur Verwirklichung des

schen Union (Art. 21 ff.) fehlt ganz. Dadurch erscheint bereits fraglich, ob man mit einer solchen Charta rechtlichen Mehrwert schafft oder nicht vielmehr von rechtsverbindlichen Pflichten zur Gleichbehandlung bestimmter Gruppen von Arbeitnehmern ablenkt.

Einen Mehrwert könnte der EBR hier bei der Umsetzung der Leitlinien leisten. Dazu sieht die als Beispiel angeführte Vereinbarung der *UniCredit Group* jedoch nur eine weiche Klausel zur gemeinsamen Überwachung der Vereinbarung durch die Parteien vor[240].

Ein gutes Beispiel für eine deutlich konkretere Ausgestaltung der Implementierung der Vereinbarung und deren Überwachung liefert eine Vereinbarung zu diesem Thema, die 2010 zwischen *Areva* und dem EMB geschlossen wurde[241]. Diese sieht vor, dass die zentrale Unternehmensleitung und der Ausschuss des EBR von *Areva* jährlich einen Überwachungsausschuss bilden, der die Ergebnisse und Folgen der Aktionspläne ermittelt. Die Ergebnisse sollen anschließend dem EMB vorgestellt werden. Zusätzlich sind Überwachungsausschüsse auf betrieblicher oder nationaler Ebene vorgesehen[242]. Zudem beinhaltet die Vereinbarung als Anhang einen vom EBR entworfenen Fragebogen zur Selbstevaluierung der einzelnen Unternehmenseinheiten[243]. Dieser bricht die Prinzipien der Vereinbarung auf konkrete Fragen und Zahlen herunter und kann damit dazu beitragen, die tatsächliche Wahrnehmung von Gleichbehandlungsthemen zu verbessern.

Grundsatzes der Gleichbehandlung von Männern und Frauen beim Zugang zu und bei der Versorgung mit Gütern und Dienstleistungen, ABl.EG Nr. L 373, S. 37.

240 Vgl. unter Punkt 5 der Vereinbarung: „Pursuant to art. 8 par. 2 of the UEWC founding Agreement, the implementation of this Joint Declaration is subject to periodic monitoring among the parties. Monitoring results and details at divisional level are presented and discussed with the UEWC during the different forms of official meetings, in order to share views, exchange information and assess the situation in the interest of continuous improvement and effectiveness“.

241 ODEO – Open Dialogue through Equal Opportunities, 2010 Amendment of the Agreement on Equal Opportunities within the Areva Group in Europe, http://www.ewcdb.eu/show_pdf.php?document=9364ori_EN_S.pdf.

242 Vgl. Art. 1 bzgl. der Änderung des Art. 4.4 der ursprünglichen Vereinbarung.

243 *Zimmer*, AiB 2007, 392, 394.

d) Sicherheit und Gesundheitsschutz am Arbeitsplatz

Sicherheit und Gesundheitsschutz hat sich ebenfalls zu einem Thema entwickelt, das entweder in eine substantielle EBR-Vereinbarung mit aufgenommen wird (wie zum Beispiel bei *Air France KLM*, 2008) oder sogar in einer eigenen Vereinbarung geregelt wird[244]. So wurde im Juni 2011 eine substantielle EBR-Vereinbarung zum Thema Sicherheit und Gesundheitsschutz am Arbeitsplatz in der *Lafarge* Gruppe vereinbart[245]. Unterzeichner waren auf Arbeitnehmerseite der EBR und der Europäischen Föderation der Bau- und Holzarbeiter (EFBH).

Das Thema Arbeitssicherheit ist gerade in der Baubranche und der Baustoffbranche (zu der *Lafarge* zählt) zentral. Zwar gibt es gerade in den Ländern der europäischen Union eine Fülle gesetzlicher Auflagen zu diesem Thema[246]. Für Konzerne, die Arbeitssicherheit großschreiben, kommt es jedoch gerade darauf an, Verfahren einzuführen, die *in allen Ländern* ein hohes Maß an Arbeitsschutz und Arbeitssicherheit sicherstellen. Was ein konsequentes Gesundheits- und Sicherheitsmanagement bewirken kann, zeigt der Fall *Lafarge*. Nach eigenen Angaben konnte der Konzern seit der Einführung des Gesundheits- und Sicherheitsmanagements im Jahr 2002 einen signifikanten Rückgang der Arbeitsunfälle verzeichnen, was sowohl deren Häufigkeit als auch deren Schwere betrifft[247]. Zu diesem Zweck können Vorgaben für einzelne Arbeitsabläufe wie dem Arbeiten in der Höhe gemacht werden. In diesem Kontext in die 2011er Vereinbarung bei *Lafarge* zu betrachten, welche nicht nur fundamentale Prinzipien der Arbeitssicherheit festschreibt, sondern auch die Etablierung von Ausschüssen zu diesem Thema und die Möglichkeit einer medizinischen Untersuchung mit Blick auf die Risiken des konkreten Arbeitsplatzes vorsieht. Darüber hinaus werden Kriterien vorgegeben, welche bei der Analyse der Arbeitsplätze in Bezug auf Arbeitssicherheit relevant sein können.

---

244 Vgl. die Auflistung bei *Meißner/Ritschel* in: FS Kohte, 53, 55 mit Fn. 4.

245 Http://www.ewcdb.eu/show_pdf.php?document=9491ori_FR_S.pdf.

246 Eine Übersicht zu den EG-Richtlinien im Bereich Arbeitsschutz findet sich bei *Pieper*, 158 ff.; Grundsätzliches zum Arbeitsschutz im internationalen und europäischen Recht: *ders.*, Rn. 12 ff.

247 Quelle: http://www.lafarge.de/wps/portal/de/5_1_1-Arbeitssicherheit.

Insgesamt demonstriert die Vereinbarung bei *Lafarge* den Sinn und Zweck, den EBR-Vereinbarungen zum Thema Arbeitssicherheit erfüllen können. Sie legen fest, dass Arbeitssicherheit nicht als notwendiges gesetzliches Übel behandelt, sondern in allen Bereichen mit Priorität betrachtet werden soll. Auf diese Weise kann unternehmensseitig auch Druck auf Vertragspartner und Subunternehmer ausgeübt werden, vorbeugende Maßnahmen zum Schutz ihrer Mitarbeiter zu treffen.

Insgesamt ist das Thema Arbeitsschutz wenig konfrontativ und durch die europäische Rahmenrichtlinie für Arbeitsschutz besteht bereits ein einheitlicher europäischer Mindeststandard. Der Mehrwert von EBR-Vereinbarungen in diesem Bereich kann jedoch beispielsweise in einer stärkeren Einbeziehung der Arbeitnehmervertreter im Vergleich zu verpflichtenden nationalen Regelungen liegen[248].

e) Transnationaler Transfer von Arbeitnehmern

Eine besonders interessante Vereinbarung wurde 2007 im *Starwood* Konzern geschlossen. Zu *Starwood* gehören unter anderem die Hotelketten *Sheraton, Westin, Le Méridien* und *St. Regis*. Insbesondere im Hotelgewerbe sind Sprachenkenntnisse und internationale Erfahrung der Mitarbeiter wichtig, sodass Auslandseinsätze der Mitarbeiter in anderen Hotels des Konzerns eher die Regel als die Ausnahme darstellen. Aus diesem Grund wurde eine Vereinbarung zur Regulierung des transnationalen Einsatzes von Arbeitnehmern in Europa geschlossen. Diese sieht unter anderem vor, dass freie Stellen im Konzern vorrangig mit qualifizierten Arbeitnehmern besetzt werden sollen bevor sie extern vergeben werden. Zudem wird das interne Bewerbungsverfahren für eine Versetzung in ein anderes Land der Europäischen Union festgelegt. Auch eine Beurlaubung ist möglich, um im Ausland für *Starwood* für weniger als 6 Monate tätig zu werden. Besonders interessant ist auch, dass die Zahlung einer sogenannten „Eingliederungsbeihilfe“ vorgesehen ist, um die Umzugskosten zu decken. Dabei wurde detailliert geregelt, unter welchen Voraussetzungen der Arbeitnehmer welchen Anteil des Eingliederungszuschusses zurückzahlen muss, etwa wenn er das Unternehmen kurz darauf verlässt.

---

248 Vgl. die Praxisbeispiele bei *Meißner/Ritschel* in: FS Kohte, 55, 56.

Diese Vereinbarung wirft aus rechtlicher Sicht viele Fragen auf: Hat die Vereinbarung normative Wirkung, sodass sich ein einzelner Arbeitnehmer darauf berufen kann? Hat ein Arbeitnehmer zum Beispiel ein subjektives Recht aus der Vereinbarung auf Verankerung des Eingliederungszuschusses in seinem Individualarbeitsvertrag? Diese Vereinbarung verdeutlicht, wie wichtig eine Klärung der Rechtsfragen rund um substantielle EBR-Vereinbarungen ist.

4. Zwischenergebnis

Insgesamt wurde gezeigt, dass es eine große Bandbreite von Themen gibt, welche in EBR-Vereinbarungen behandelt werden. Es lässt sich ein gewisser Trend hin zu spezifischeren Themen ausmachen. Gleichzeitig sind Vereinbarungen, die konkrete Regelungen zu spezifischen Themen treffen, immer noch eine Seltenheit. Dies resultiert nicht zuletzt aus der unklaren Rechtslage, welche eine EBR-Vereinbarung zur Regelung eines konkreten Sachverhalts unter Umständen als ungeeignetes Rechtsinstrument erscheinen lässt.

III. Die Verhandlungspraxis der EBR

Was die Verhandlungspraxis der sogenannten beteiligungsorientierten EBR[249] angeht, so ist es müßig, darauf hinzuweisen, dass der EBR auf Grundlage der Richtlinie nur Informations- und Konsultationsrechte hat. Interessanter ist es, zu betrachten, wie sich die Rolle der EBR weiterentwickelt hat. Auch heute ist es jedoch noch eher die Ausnahme, dass ein EBR Verhandlungen führt und am Ende selbst eine Vereinbarung unterzeichnet. Teilweise sind die EBR nur vorgelagert tätig, indem sie den Abschluss einer Vereinbarung anstoßen. Teilweise sind die EBR zwar am Rande in den Verhandlungsprozess eingebunden, dann jedoch hauptsächlich der Vereinbarung nachgelagert tätig, indem sie für die Überwachung und Einhaltung der Vereinbarung zuständig sind.

---

249 Zu den Merkmalen des Typus des beteiligungsorientierten EBR: *Lecher/Platzer/Rüb/Weiner*, Verhandelte Europäisierung, 203 f.

1. Vor- bzw. nachgelagerte EBR-Tätigkeit

Als Beispielsfall für eine vorgelagerte EBR-Tätigkeit kann der Fall *Areva* angeführt werden. Der EBR hatte sich in diesem Fall bei einem interkulturellen Training mit den Themen Chancengleichheit und Gleichstellung von Menschen mit Behinderung beschäftigt und einen Fragebogen erarbeitet, der die tatsächlichen Bedingungen in den einzelnen Betriebsstätten in Bezug auf diese Themen ermitteln sollte[250]. Im Anschluss daran verhandelte der Europäische Metallgewerkschaftsbund (EMB) mit *Areva* eine Vereinbarung zu diesem Thema. Der EBR war wiederum daran beteiligt, die Beschäftigten des Konzerns über die Vereinbarung zu informieren. In solchen Fällen ist der EBR zwar nicht Verhandlungsakteur, aber Initiator und Begleiter der Verhandlungen und in die Umsetzung der Vereinbarungen involviert.

Auch eine Vereinbarung, welche im September 2011 bei dem Versicherungskonzern *Axa* geschlossen wurde, zeigt, welche Rolle ein EBR jenseits der konkreten Verhandlungen spielen kann. Diese Vereinbarung wurde ausschließlich von einem Gewerkschaftsverband (UNI Europa Finanz) sowie den für die Konzernebene zuständigen französischen Gewerkschaften unterzeichnet[251]. Dennoch wurde sie mit dem EBR der Gruppe (Comité Européen de Groupe Axa – CEG) abgestimmt[252] und diesem durch die Vereinbarung eine tragende Rolle zugewiesen. So ist zunächst einmal detailliert festgehalten, zu welchem Zeitpunkt das CEG welche Informationen im Falle von anstehenden Veränderungen im Konzern informiert und angehört werden soll. Diesbezüglich geht die Rolle des EBR noch nicht über den Rahmen der EBR-Richtlinie hinaus. Zusätzlich wird dem EBR jedoch die Aufgabe zugeschrieben, die Durchführung der Vereinbarung zu überwachen[253]. Zu diesem Zweck soll er über Durchführungsvereinbarungen zu dieser Vereinbarung in den Unternehmen der Gruppe informiert werden und an

250 *Zimmer*, AiB 2007, 392, 394; Transnational Company Agreements, Report of the Expert Group, 31.01.2012, S. 31 f.

251 Planet Labor, 03.10.2011, Mitteilung Nr. 110585 – www.planetlabor.com.

252 In der Vereinbarung heißt es unter Nr. 1: „Le présent accord cadre, conclu au sein du CEG, […]".

253 Vgl. Nr. 6 der Vereinbarung: Dispositif de suivi de l'accord.

deren Verabschiedung mitwirken, sofern er dabei die Kompetenzverteilung zwischen der transnationalen und der lokalen Ebene achtet. Dies zeigt erneut, welche Rolle den EBR in der Praxis bei Kontroll- und Implementationsprozessen zukommen kann[254].

2. Aktive Verhandlungsrolle des EBR

In der empirischen Literatur wurden anhand von Fallstudien verschiedene Bedingungsfaktoren identifiziert, welche die Entwicklung eines EBR zu einem wirkungsvollen Verhandlungsgremium fördern können. Dazu zählen beispielsweise:

(1) die Herausbildung einer zentralen Managementstruktur, welche einheitliche Vorgaben für ganz Europa macht / europäisch koordiniert ist[255],

(2) der sogenannte *„organisational fit"* zwischen der Struktur des Unternehmens und der Struktur des EBR. Damit meinen die Verfasser einer Studie aus dem Jahr 2010, dass sich die Struktur des Unternehmens und die Strategien des Managements darauf auswirken, welcher Typus des EBR sich im Unternehmen entwickelt.[256] Nach diesem Ansatz steigt die Wahrscheinlichkeit, dass ein EBR Vereinbarungen zu inhaltlichen Themen jenseits der Selbstregulierung mit der zentralen Unternehmensleitung schließt, wenn Typus und Struktur des Unternehmens zum Typus des EBR passen[257].

(3) Ansiedlung des Unternehmens in einer Branche mit traditionell starken Gewerkschaften verbunden mit einem hohen gewerkschaftlichen Organisationsgrad[258],

---

254 Vgl. dazu oben unter Teil 1 C. II. 1. c).

255 *Müller/Platzer/Rüb*, Transnationale Unternehmensvereinbarungen, 18 m.w.N.; zu den Auswirkungen einer europäische schwach koordinierten Unternehmensstruktur am Beispiel Daimler und dem Gegenbeispiel GM: *Hauser-Ditz/Hertwig/Pries/Rampeltshammer*, 384; zu GM: *Haipeter,* WSI Mitteilungen 11/2006, 617, 618 u. 622.

256 Ausführlich dazu: *Hauser-Ditz/Hertwig/Pries/Rampeltshammer*, 44 ff. und 383 ff.

257 *Hauser-Ditz/Hertwig/Pries/Rampeltshammer*, 44.

258 Wichtiger Bedingungsfaktor etwa im Bereich der Automobilindustrie: *Da Costa/Rehfeldt,* Transfer 2007, Vol. 13, 313, 315 f.

(4) Beeinflussung durch die am europäischen Stammsitz des Konzerns gelebte Kultur der Interessenvertretung der Arbeitnehmer (sog. *host country effect*)[259],
(5) ein außereuropäischer Konzernsitz des Mutterkonzerns,
(6) der Aufbau umfassender Parallelproduktionen in verschiedenen Mitgliedstaaten[260]
(7) die Etablierung einer gemeinsamen Strategie der Arbeitnehmervertreter jenseits nationalstaatlicher Interessen („europäische Solidarität")[261].

Ein Beispiel für eine aktive Verhandlungsrolle des EBR ist *Triumph International.* Dieses schweizerische Unternehmen hat 2001 eine Vereinbarung über Kernarbeitsnormen[262] abgeschlossen, welche von dem EBR (der deutschem Recht unterliegt), der IG Metall und dem EGV/TBL unterzeichnet wurde. Interessant an dieser Vereinbarung ist zum einen, dass der EBR hier vollständig die Verhandlungsrolle auf Arbeitnehmerseite übernommen hat und die Gewerkschaften der Vereinbarung nur noch beigetreten sind[263]. Darüber hinaus kommt dem EBR auch eine Rolle bei der Überwachung der Vereinbarung zu, denn es wurde ein Überwachungskomitee eingesetzt, welcher sich aus jeweils zwei Vertretern der zentralen Unternehmensleitung, des EBR und des EGV/TBL zusammensetzt[264].

---

259 Dieser wird etwa bei einem Vergleich der Entwicklung der Verhandlungspraxis zwischen Unternehmen mit deutsch bzw. französisch geprägter Interessenvertretungskultur deutlich. Vgl. auch *Mählmeyer*, 44; *Rampeltshammer/Dehnen*, 223, 231.

260 *Müller/Platzer/Rüb*, Transnationale Unternehmensvereinbarungen, 18 m.w.N.; Beispiel GM: *Haipeter*, WSI Mitteilungen 11/2006, 617, 619 u. 622.

261 Dies betrifft die sog. interne Dimension der Handlungsfähigkeit eines EBR: *Rampeltshammer/Dehnen*, 223, 229; *Mählmeyer*, 41 f.: „Grad der internen Kohäsion zwischen den Arbeitnehmerinteressenvertretern am Stammsitz des Unternehmens und in Tochtergesellschaften"; zur Entwicklung von Arbeitnehmersolidarität bei GM: *Dehnen*, Industrielle Beziehungen, Heft 17 (2), 2010, 147, 153 und 160 f.

262 Ausführlich zu den Kernarbeitsnormen und anderen ILO Mindeststandards: *Zimmer*, 44 ff.

263 *Zimmer*, 195. Zimmer erwähnt zudem, dass die Verhandlungen bei *Air France, Club Méditerranée, EADS, GEA* und *Röchling* auf dieselbe Weise allein vom EBR geführt wurden.

264 Letzter Punkt der Vereinbarung vom 12.12.2001.

3. Die Zusammenarbeit mit Gewerkschaften und deren Verbänden

a) Rechtsverhältnis zwischen Gewerkschaften und EBR

Rechtlich betrachtet spielen die Gewerkschaften keine direkte Rolle in den EBR. Weder die RL 2009/38/EG noch das deutsche EBRG weisen den Gewerkschaften in Bezug auf die Arbeit des EBR eine besondere Rolle zu. Gleichzeitig ist jedoch nicht ausgeschlossen, dass diese daran mitwirken. So kann sich das BVG etwa durch Sachverständige unterstützen lassen, wobei dies auch Beauftragte von Gewerkschaften sein können (§ 13 Abs. 4 EBRG). Gleiches gilt für den EBR oder den Ausschuss, unabhängig davon, ob es sich um einen EBR kraft Gesetzes oder kraft Vereinbarung handelt (§ 39 Abs. 2 EBRG[265]). Was die Wahl oder Benennung der einzelnen Mitglieder des BVG betrifft, so überlässt es die RL 2009/38/EG den Mitgliedstaaten, das Verfahren festzulegen (Art. 5 Abs. 2 lit. a). In Deutschland sind die Gewerkschaften bei der Bestellung der inländischen Arbeitnehmervertreter außen vor: § 11 EBRG setzt fest, dass diese durch die Betriebsräte erfolgt.

Dies schließt jedoch nicht aus, dass das letztlich ernannte Mitglied des BVG gleichzeitig Gewerkschaftsmitglied ist und sich mit der betreffenden Gewerkschaft austauscht[266]. Die zu Mitgliedern des BVG bestellten Arbeitnehmervertreter müssen auch nicht zwangsläufig Arbeitnehmer des Unternehmens sein, sondern es könnten auch Externe (Gewerkschaftsvertreter) bestellt werden[267]. Anders verhält es sich etwa in Frankreich, Griechenland oder Italien, wo die Mitglieder des BVG durch die Gewerkschaften bestellt werden[268]. Andererseits ist auch hier anzumerken, dass der tatsächliche Einfluss der Gewerkschaften zum

---

265 Der im Rahmen der Umsetzung der Richtlinie 2009/38/EG in das EBRG neu gefasste § 39 befindet sich im Kapitel „Gemeinsame Bestimmungen“ und findet demgemäß auf alle EBR Anwendung.

266 In der Praxis sind die meisten EBR ganz oder teilweise mit Mitgliedern besetzt, die gewerkschaftlich organisiert sind: Foster/Scott/*Knudsen*, 145, 154; *Müller/Platzer/Rüb*, Transnationale Unternehmensvereinbarungen, 71.

267 So jedenfalls *Blanke*, EBRG, Teil B. § 11 Rn. 15.

268 *Blanke*, EBRG, Teil B. § 11 Rn. 19.

Beispiel davon abhängt, ob eine Abberufung eines EBR-Mitglieds wegen Nichtbeachtung gewerkschaftlicher Vorgaben von der Belegschaft des Unternehmens als legitim angesehen würde[269].

Was transnationale Verhandlungen betrifft, so bewegen sich Gewerkschaften und EBR gleichermaßen in einem rechtlich nicht regulierten Raum. Aus diesem Grund kann keiner der beiden Akteure für sich in Anspruch nehmen, alleine oder auch nur vorrangig für transnationale Verhandlungen zuständig zu sein.

b) Auswirkungen auf deren Verhältnis in der Praxis

Aus dem bisher Dargestellten resultiert eine gewisse Konkurrenzsituation beider Formen der Arbeitnehmervertretung. Aus Sicht der Gewerkschaften wird darauf verwiesen, dass EBR ohne Gewerkschaftsidentität einen europäischen Unternehmenssyndikalismus befördern und sich von einem betriebsübergreifenden Tarifsystem abkoppeln könnten[270].

Andererseits ist vielen Akteuren bewusst, dass sie gerade dann besonders stark sind, wenn sie ihre Stärken und Interessen bündeln und gemeinsam an einem Strang ziehen. So lassen sich in der Praxis gewisse Interdependenzen zwischen den Akteuren erkennen[271]: EBR spielen in den Sektoren eine dynamische Rolle, in denen die entsprechende Gewerkschaft dies unterstützt und gemeinsam mit dem EBR eine Vereinbarung anstrebt. Dies gilt insbesondere für den Metallsektor, wo der EMB eigene Richtlinien für Verhandlungen auf transnationaler Unternehmensebene aufgestellt hat:

c) Das Verhandlungsverfahren des EMB

Der Europäische Metallgewerkschaftsbund hat in der Zusammenarbeit (und zum Teil auch der Konkurrenz)[272] mit den EBR bei Unternehmensverhandlungen auf

---

269 *Müller/Platzer/Rüb*, Transnationale Unternehmensvereinbarungen, 70.

270 *Müller/Platzer/Rüb*, Transnationale Unternehmensvereinbarungen, 72; *Lecher/Platzer/Rüb/Weiner*, Verhandelte Europäisierung, 204; vgl. ferner *Marassi*, 30.

271 *Pulignano*, European Labour Law Journal 2010 (Vol. 1), 81, 86 f.

272 Zur Ambivalenz des Verhältnisses zwischen EBR und europäischen Gewerkschaften: *Müller/Platzer/Rüb*, Transnationale Unternehmensvereinbarungen, 19 ff. m.w.N.

multinationaler Ebene eine besondere Herausforderung gesehen, welcher er mit der Einführung eines geregelten Verhandlungsprozesses begegnet. Das von der EMB-Exekutive beschlossene Dokument trägt den Titel „EMB-interne Vorgehensweise bei Verhandlungen mit multinationalen Unternehmen“[273].

Das Dokument beginnt mit der Feststellung, dass das Tarifmonopol bei den nationalen Gewerkschaften und ihren lokalen Vertretern verbleibt und die EBR nicht zu tariflichen Gegenspielern der Unternehmensleitungen werden sollen. Dadurch wird bereits deutlich, dass in einer erstarkenden Verhandlungsrolle des EBR auch eine Gefahr für die Tarifautonomie der Gewerkschaften gesehen wird. Im Anschluss wird jedoch auch festgehalten, dass der Bereich der Tarifverhandlungen nicht klar umrissen ist. Dies trifft insbesondere bei Verhandlungen auf europäischer Ebene zu, da hier Akteure aus den verschiedenen nationalen Systemen der industriellen Beziehungen zusammen treffen. Die „Sphärenzuschneidung“[274] zwischen der betrieblichen (betriebsrätlichen) und gewerkschaftlichen Zuständigkeit verläuft in den verschiedenen nationalen Arbeitsbeziehungssystemen unterschiedlich[275]. Aus diesem Grund sieht der EMB im Eigeninteresse sowie im Interesse seiner Mitgliedsorganisationen die Notwendigkeit, in alle Verhandlungsprozesse auf europäischer Ebene einbezogen zu werden. Gleichzeitig wird festgestellt, dass es noch keinen Rechtsrahmen für transnationale Vereinbarungen und keine gesetzliche anerkannte Rolle der Gewerkschaften auf europäischer Unternehmensebene gibt. Dies führt dazu, dass der EMB keine rechtliche oder tatsächliche Handhabe hat, um seine Beteiligung an Verhandlungen auf europäischer Unternehmensebene durchzusetzen[276]. Deshalb war es bereits 2006 aus Sicht des EMB sinnvoll, für die Fälle, in denen der EMB

273 Http://www.emf-fem.org/content/download/9728/138867/version/3/file/EMB-interne+Vorgehensweise+bei+Verhandlungen+mit+multinationalen+Unternehmen.pdf. Die englische Bezeichnung für das Verfahren lautet: EMF Procedure for Negotiations at Multinational Company Level.

274 *Müller/Platzer/Rüb*, Transnationale Unternehmensvereinbarungen, 83.

275 Vgl. zu einer Darstellung der Gemeinsamkeiten und Unterschiede der nationalen Regelungen bezüglich Unternehmensvereinbarungen: *Rodriguez et. al.,* 16 ff.

276 *Müller/Platzer/Rüb*, Transnationale Unternehmensvereinbarungen, 83.

in die Verhandlungen eingebunden ist, eigene interne Leitlinien und Verfahren zu erstellen.

Das EMB-Verfahren gibt nur Strukturen und Vorgehensweisen für den Verhandlungsprozess vor. Hinsichtlich möglicher Themen und Inhalte der angestrebten Unternehmensvereinbarungen auf europäischer Ebene werden hingegen keine einschränkenden Vorgaben gemacht[277]. Auch spielt es keine Rolle, welcher Akteur (Unternehmensleitung, EBR oder Gewerkschaften) das Verfahren initiiert hat.

Bezüglich des Verhandlungsprozesses ist (vereinfacht) folgende Vorgehensweise festgesetzt:

- gemeinsame Unterrichtungs- und Anhörungsrunde aller für das Unternehmen zuständigen Arbeitnehmervertreter (zuständige Gewerkschaften, EMB-Koordinator, engerer Ausschuss des EBR, EBR)
- Gewerkschaftlicher Beschluss zur Aufnahme von Verhandlungen und Mitteilung des EMB-Koordinators an das EMB-Sekretariat
- Mandatsvergabe durch die betroffenen Gewerkschaften und Abgleich des Mandats mit der bestehenden EMB-Politik durch das EMB-Sekretariat.
- Das EMB-Sekretariat informiert den Exekutivausschuss und weitere relevante Ausschüsse fortlaufend über den aktuellen Stand der Verhandlungen; diese Ausschüsse werden auch nach Abschluss des Verfahrens über den Inhalt der Vereinbarungen informiert.
- Der Vereinbarungsentwurf muss von den betroffenen nationalen Gewerkschaften mit Zweidrittelmehrheit genehmigt werden. Im Anschluss sind diese dann dazu verpflichtet, die Vereinbarung in Übereinstimmung mit Gesetz und Tarifrecht auf nationaler Ebene umzusetzen.

277 EMB-interne Vorgehensweise bei Verhandlungen mit multinationalen Unternehmen, 2.

d) Stellungnahme

Positiv zu beurteilen ist zunächst einmal die Tatsache, dass sich der EMB mit der Frage der Rolle der Gewerkschaftsverbände und der EBR im Rahmen von transnationalen Unternehmensvereinbarungen auseinander setzt. Auch spricht eine Vielzahl von transnationalen Unternehmensvereinbarungen, welche von EBR und EMB gemeinschaftlich unterzeichnet wurden, für den Erfolg des Verfahrens. Darüber hinaus kam dem EMB-Verfahren eine Pionierrolle zu: Seitdem wurden etwa bei UNI-Europa Finanz und EMCEF und anderen Gewerkschaftsverbänden ähnliche Verfahren verabschiedet[278]. Aus Sicht der Gewerkschaftsverbände mag die Einführung eines solchen Verfahrens auch insgesamt positiv zu beurteilen sein[279].

Gleichzeitig ist jedoch aus der Sicht der EBR Einiges kritisch anzumerken. Zunächst verliert das Verfahren die Rolle der EBR zu stark aus dem Blick. Die Frage, welche Rolle der EBR bzw. seine Mitglieder im Verhandlungsverfahren spielen sollte, war bei der Ausgestaltung des Verhandlungsmandats der größte Konfliktpunkt.[280] So wurde sogar darüber diskutiert, ob es möglich sei, den EBR ganz außen vor zu lassen. Letztlich wurde man sich jedoch schnell darüber einig, dass dies nicht möglich sei, da einige EBR-Vertreter von den nationalen Gewerkschaften mit einem Verhandlungsmandat ausgestattet sind, sodass sie dann auch an den Verhandlungen auf transnationaler Ebene zu beteiligen sind[281]. Durch die heutige Ausgestaltung des Verfahrens droht der EBR jedoch marginalisiert zu werden, was sich etwa darin zeigt, dass EBR und engerer Ausschuss nur zu Beginn des Verhandlungsprozesses in die gewerkschaftlichen Unterrichtungs- und Anhörungsprozesse eingebunden sind[282]. Dadurch kommt der ge-

---

278 *Müller/Platzer/Rüb*, Transnationale Unternehmensvereinbarungen, 75; *Müller/Platzer/Rüb*, Transfer 2010, Vol. 16, 509, 518 listen weitere Gewerkschaftsverbände auf, die zwar kein ähnliches Verfahren eingeführt haben, sich aber bei ihrer Koordination am EMB-Verfahren orientieren.

279 Dazu: *Müller/Platzer/Rüb*, Transfer 2010, Vol. 16, 509, 517.

280 *Müller/Platzer/Rüb*, Transnationale Unternehmensvereinbarungen, 86.

281 *Müller/Platzer/Rüb*, Transnationale Unternehmensvereinbarungen, 86.

282 Empirische Fallstudien sprechen jedoch nach wie vor für eine Führerschaft der EBR in vielen Fällen von transnationalen Verhandlungen auf Unternehmensebene: *Müller/Platzer/Rüb*, Transnationale Unternehmensvereinbarungen, 84 und 188 ff.

werkschaftliche Anspruch zum Ausdruck, die Verhandlungen über transnationale Unternehmensvereinbarungen steuern und kontrollieren zu wollen[283]. Aus diesem Grund verwundert es nicht, dass EBR, welche etwa stark in der deutschen Kultur der innerbetrieblichen Arbeitsbeziehungen verankert sind, der Anwendung des EMB-Verfahrens zunächst kritisch gegenüberstehen, da sie dadurch ihre eigene starke Verhandlungsrolle gefährdet sehen[284]. Denn vor dem Hintergrund, dass in Deutschland die (Konzern-)Betriebsräte Vereinbarungen für den gesamten Konzern oder das gesamte Unternehmen schließen, sehen sich auch die EBR-Mitglieder in der Position, selbst Vereinbarungen auf höchster Unternehmensebene zu schließen. In diesen Fällen müssen die EBR erst von der Notwendigkeit überzeugt werden, die Gewerkschaften näher in die Verhandlungen mit einzubeziehen. Anders verhält es sich etwa in Bezug auf EBR, welche durch die französische Form der Arbeitsbeziehungen geprägt sind (beispielsweise *ArcelorMittal*). Dort sind auch auf nationaler Ebene die Gewerkschaften für die Aushandlung von Unternehmensvereinbarungen zuständig, sodass das EMB-Verfahren hier relativ hohe Akzeptanz genießt[285].

In der Praxis gibt es auch EBR, welche ihre eigene Verhandlungsführerschaft nicht aufgeben, aber dennoch eine gewerkschaftliche Beteiligung über eine ausgeweitete Sachverständigenregelung akzeptieren (beispielswiese bei Ford[286]). Eine solche beratende Funktion der Gewerkschaft wird als Alternative zum EMB-Verhandlungsverfahren wahrgenommen, welches die Verhandlungsführerschaft bei der Gewerkschaft sieht[287].

---

283 *Müller/Platzer/Rüb*, Transnationale Unternehmensvereinbarungen, 84.

284 *Müller/Platzer/Rüb,* Transfer 2010, Vol. 16, 509, 517.

285 *Müller/Platzer/Rüb,* Transfer 2010, Vol. 16, 509, 517; vgl. die Falluntersuchung zu Arcelor von *Schömann/Sobczak* aus dem Jahr 2009.

286 Vgl. dazu die Ausführungen oben im Rahmen des Praxisbeispiels *Ford* oben unter Teil 1 C. II. 2. d) bb).

287 Dazu ausführlich: *Müller/Platzer/Rüb*, Transnationale Unternehmensvereinbarungen, 188 ff., insbes. 194.

e) Zusammenfassung

Zusammenfassend lässt sich festhalten, dass das EMB-Verhandlungsverfahren nicht flächendeckend das gewünschte Ziel erreicht hat, die Gewerkschaftsseite als Verhandlungsführer bei transnationalen Unternehmensvereinbarungen durchzusetzen. Wie die vielfach zitierte Studie von *Müller/Platzer/Rüb* aus 2011 zeigt, gibt es in der Praxis verschiedene Formen der Zusammenarbeit zwischen EBR und Gewerkschaften. Während in Konzernen mit französischem Stammlandeffekt der gewerkschaftliche Führungsanspruch akzeptiert wird, gibt es insbesondere in Unternehmen mit deutschem Hintergrund der Arbeitsbeziehungen starke Vorbehalte, die dazu führen, dass das EMB-Verfahren nicht eins zu eins angewandt wird. Dennoch ist auch hier eine gewisse Steuerungswirkung zu beobachten[288]. Insgesamt scheint jedoch in den meisten Fällen der EBR alleiniger Verhandlungsführer oder jedenfalls den Gewerkschaften gleichberechtigter Verhandlungspartner auf Arbeitnehmerseite zu sein.

IV. Interessen und Motive der Unternehmensleitung zur Verhandlung transnationaler Vereinbarungen

Gerade angesichts der Tatsache, dass Verhandlungen auf transnationaler Ebene rechtlich nicht erzwingbar sind (sog. voluntaristische Verhandlungsbedingungen[289]), stellt sich die Frage, was die Arbeitgeberseite dazu bewegt, sich auf solche Verhandlungen einzulassen oder sie gar zu initiieren.
Hierbei gibt es zunächst eine Reihe von Funktionen, welche grundsätzlich alle internationalen Vereinbarungen (seien es IFAs, EFAs oder EBR-Vereinbarungen) erfüllen können.

1. Legitimierungsfunktion

Zunächst einmal ist die Legitimierungsfunktion zu nennen[290]. Damit ist gemeint, dass transnationale Vereinbarungen dem Management dabei dienlich sein kön-

288 *Müller/Platzer/Rüb*, Transnationale Unternehmensvereinbarungen, 212, 214 f.

289 *Müller/Platzer/Rüb*, Transnationale Unternehmensvereinbarungen, 202.

290 *Edwards/Marginson/Edwards/Ferner/Tregaskis*, 7; *Telljohann et al.*, 57.

nen, gewisse Handlungsvorgaben oder einen Code dadurch zu legitimieren, dass dieser mit Arbeitnehmervertretern ausgehandelt oder durch diese akzeptiert wurde. In die gleiche Richtung geht es, wenn sich internationale Vereinbarungen etwa auf die ILO Kernarbeitsnormen oder den UN Global Compact berufen.

2. Befriedungsfunktion

Zum zweiten ist eine Befriedungsfunktion erkennbar. Dies bedeutet, dass Arbeitnehmervertreter in die Aushandlung von Codes[291] oder in konkrete Restrukturierungsprozesse[292] mit eingebunden werden, um Konflikte zu reduzieren oder die eigene Reputation zu verbessern. Das setzt die Fähigkeit der internationalen Akteure auf Arbeitnehmerseite voraus, Druck auf das Management auszuüben. In der Praxis kann dieser Druck vielfältig sein. So können Nichtregierungsorganisationen (sog. NGOs) wie etwa die Clean Clothes Campaign (CCC) öffentlichen Druck auf multinationale Unternehmen ausüben, die Arbeitsbedingungen zu verbessern[293]. Auf europäischer Ebene gelang es gelegentlich den Gewerkschaften im Metallsektor, europaweite Streiktage zu organisieren[294]. Die EBR verfügen nicht in gleichem Maße über ein direktes Druckpotential. Doch auch ihre Einbindung erfolgt etwa bei Restrukturierungen mit dem Ziel, mögliche Konflikte – auch auf nationaler Ebene – zu verhindern[295].

3. Reduktion von Transaktionskosten

Darüber hinaus können transnationale Unternehmensvereinbarungen mit den EBR der Reduktion von Transaktionskosten dienen, indem sie für alle europäischen Staaten, in denen das Unternehmen vertreten ist, einheitliche Leitlinien

291 *Edwards/Marginson/Edwards/Ferner/Tregaskis,* 7.

292 *Müller/Platzer/Rüb*, Transnationale Unternehmensvereinbarungen, 203.

293 Ein konkretes Beispiel bringt *Zimmer*, 151 f.: Fila, Kappa und andere Sportartikelhersteller begannen erst, sich mit dem Thema soziale Verantwortung auseinander zu setzten, nachdem sie durch eine Kampagne der CCC anlässlich der Olympischen Spiele 2004 öffentlich heftig wegen schwerer Arbeitsrechtsverletzungen kritisiert worden waren.

294 Beispiel GM Europe: An einem „europäischen Aktionstag“ beteiligten sich 2004 50.000 Beschäftigte: *Hauser-Ditz/Hertwig/Pries/Rampeltshammer*, 368

295 *Müller/Platzer/Rüb*, Transnationale Unternehmensvereinbarungen, 203.

vorgeben[296]. Denn durch einheitliche Leitlinien können Managementzeit und Ressourcen gespart werden, die andernfalls nötig sind, um auf lokaler Ebene jeweils individuelle Lösungen für allgemeine Probleme zu finden.
Gerade das Interesse an einheitlichen Leitlinien kann jedoch allzu schnell enttäuscht werden. So verhindern in Deutschland in vielen Fällen etwa die zwingenden Vorschriften zum Datenschutz sowie das strikte System der AGB-Kontrolle die rechtliche Wirksamkeit von transnational aufgestellten allgemeinen Leitlinien.

4. Vertrauen in einen verpflichtungsfähigen Akteur

Gerade in Unternehmen, in welchen die Arbeitsbeziehungen stark vom deutschen Modell geprägt sind, gibt es zudem ein Motiv, weshalb die Unternehmensleitung teilweise gerade mit dem EBR und nicht etwa mit Gewerkschaften verhandeln will: Hier gibt es ein (national gewachsenes, auf Betriebsvereinbarungen beruhendes) Vertrauen in den EBR als verpflichtungsfähigen Akteur[297]. Ein EBR, dessen Arbeitsweise durch das deutsche kooperative Modell der Arbeitsbeziehungen geprägt ist, wird als seriöser Verhandlungspartner angesehen, mit welchem eine Vereinbarung verlässlich ausgehandelt und umgesetzt werden kann. Die Verlässlichkeit bezüglich einer späteren Umsetzung einer transnationalen Vereinbarung durch nationale Folgevereinbarungen hängt dabei insbesondere davon ab, wie gut ein EBR im Einzelfall mit den nationalen Arbeitnehmervertretungen vernetzt ist und wie stark er diese bereits während des Aushandlungsprozesses einbindet, sodass die spätere Umsetzung eine reine Formalität darstellt.

5. Vorbehalte der Arbeitgeberseite

Werden die bisher dargelegten Motive isoliert dargestellt, so könnte man fragen, wieso es dann nach wie vor nur in einem sehr geringen Bruchteil der transnationalen Unternehmen solche Vereinbarungen gibt. Aus diesem Grund sollen der

296 *Telljohann et al.*, 57; *Müller/Platzer/Rüb*, Transnationale Unternehmensvereinbarungen, 203.

297 *Müller/Platzer/Rüb*, Transnationale Unternehmensvereinbarungen, 204.

Vollständigkeit halber auch die Bedenken der Arbeitgeberseite kurz angesprochen werden, welche verdeutlichen, dass die Skepsis in vielen Fällen letztlich die Vorteile überwiegt, die in transnationalen Vereinbarungen gesehen werden. So ist die Arbeitgeberseite vehement gegen die Einführung eines optionalen Rechtsrahmens für Kollektivvereinbarungen auf europäischer Ebene[298]. Neben den sachlichen Argumenten, die gegen einen einheitlichen Rechtsrahmen sprechen (und welche an anderer Stelle noch ausführlich zu diskutieren sein werden), ist in der Stellungnahme der BDA davon die Rede, dass ein solcher Rechtsrahmen ein „bürokratisches Monstrum" sei. Dahinter scheint die Sorge zu stehen, dass ein Rahmen für transnationale Vereinbarungen lediglich zu einer Einführung einer weiteren Ebene der Arbeitnehmervertretung führt. Dies wird besonders von deutschen Arbeitgebern skeptisch betrachtet, die bereits drei Ebenen der Arbeitnehmervertretung in ihrem Unternehmen oder Konzern haben. Sie fürchten, dass eine starke vierte Ebene der Arbeitnehmervertretung letztlich nur zu noch mehr Bürokratie führt, ohne dass dem Vereinheitlichungsinteresse der Arbeitgeber ausreichend Raum gegeben wird. Zu einer Reduktion der Transaktionskosten durch eine Vereinheitlichung der Leitlinien kann es nur dann kommen, wenn die europäische Ebene derart stark ausgebildet ist, dass (mindestens) eine nationale Verhandlungsebene tatsächlich wegfällt. Dies ist jedoch nicht absehbar. Solange dies jedoch nicht erreicht werden kann, bedeutet eine weitere Verhandlungsebene aus Sicht der Arbeitgeber für eine Vielzahl von Situationen nur zusätzliche Kosten ohne zusätzlichen Nutzen.

298 Vgl. Stellungnahme der BDA zu den Überlegungen über einen optionalen europäischen Rahmen für transnationale Kollektivverhandlungen, Berlin, 06. November 2006.

Teil 2: Rechtliche Einordnung transnationaler Unternehmensvereinbarungen de lege lata

Die rechtliche Einordnung transnationaler Unternehmensvereinbarungen de lege lata ist nicht offensichtlich. Im Europarecht existiert noch kein explizites Rahmenrecht für transnationale Vereinbarungen. Aus diesem Grund ist es umso wichtiger, transnationale Unternehmensvereinbarungen des EBR in den Kontext anderer Entwicklungen im europäischen Arbeitsrecht zu setzen. Erst dann kann deren rechtliche Stellung im europäischen bzw. deutschen Recht verortet werden.

A. Die Herausbildung transnationaler Vereinbarungen auf europäischer Ebene

Auch ohne ein explizites Rahmenrecht für transnationale Vereinbarungen gibt es einige Rechtsentwicklungen auf europäischer Ebene, welche deren Abschluss vorsehen oder zumindest fördern.

I. Die Charta der Grundrechte der Europäischen Union

Die Charta der Grundrechte der Europäischen Union knüpft mit ihren sozialen Grundrechten an eine lange Entwicklung zur Herausbildung sozialer Menschenrechte im internationalen Kontext an[299]. In der Entwicklungsgeschichte der Europäischen Union soll die Charta dem Ausbau der sozialen Dimension dienen[300]. Sie wurde von Parlament, Rat und Kommission im Dezember 2000 feierlich proklamiert. Im Dezember 2007 erfolgten einige Anpassungen. Rechtlich verbindlich ist sie jedoch erst seit Inkrafttreten des Vertrags von Lissabon. Seitdem verweist Art. 6 Abs. 1 EUV auf die Grundrechtecharta. In diesem Artikel ist zudem geregelt, dass die Charta der Grundrechte den gleichen Rang wie das übrige Primärrecht einnimmt.

---

299 Vgl. dazu ausführlich: Meyer/*Riedel*, Vor Titel IV, 396 ff.

300 Fuchs/Marhold/*Fuchs*, 6.

Welche Auswirkungen hat nun die neue Rechtsverbindlichkeit der Charta? Bei der Beantwortung dieser Frage ist zunächst entscheidend, dass die Charta durch die Rechtsprechung des EuGH bereits eine gewisse Vorwirkung hatte[301]. So hat der EuGH etwa in der Rechtssache Viking[302] das Streikrecht und in der Rechtssache Laval[303] das Recht auf Kollektivverhandlungen jeweils neben anderen Rechtsquellen auch aus Art. 28 der Grundrechtecharta hergeleitet. Andererseits ist der Anwendungsbereich der Charta begrenzt: Gemäß Art. 6 Abs. 1 S. 3 EUV werden die in der Charta niedergelegten Rechte, Freiheiten und Grundsätze gemäß deren Abschnitt VII begrenzt. Der in diesem Abschnitt enthaltene Art. 51 regelt, dass die Charta für alle Organe der EU sowie für die Mitgliedstaaten ausschließlich bei der Durchführung des Rechts der EU gilt. Zudem bestimmt Art. 6 Abs. 1 S. 2 EUV, dass durch die Bestimmungen der Charta die in den Verträgen festgelegten Zuständigkeiten der Union nicht erweitert werden. Daher wird die Auffassung vertreten, dass die Rechtsverbindlichkeit der Charta an der bisherigen Rechtslage kaum etwas ändern dürfte[304]. Allerdings kommt es bezüglich der künftigen Bedeutung der Charta stark auf den EuGH an. Es bleibt abzuwarten, ob und in welcher Weise der EuGH bei der Auslegung des Sekundärrechts die Charta zur Weiterentwicklung des europäischen Arbeitsrechts einsetzt. Im Bereich des europäischen kollektiven Arbeitsrechts wird hierbei der Auslegung des Art. 28 der Charta im Lichte des Art. 11 der EMRK besondere Bedeutung beigemessen[305].

Für die Arbeit des EBR ist zunächst Art. 27 der Charta entscheidend. Dieser beinhaltet das Recht auf Unterrichtung und Anhörung der Arbeitnehmerinnen und Arbeitnehmer im Unternehmen. Gerade dann, wenn der EBR Vereinbarungen schließt, wird jedoch Art. 28 der Charta, also das Recht auf Kollektivverhand-

---

301 *Hanau*, NZA 2010, 1, 6; *Syrpis*, Industrial Law Journal 37 (2008) 219, 231.

302 EuGH Rs.C-438/05 (*Viking*), Slg. 2007, I-10779 Rn. 43 f.

303 EuGH Rs.C-341/05 (*Laval*), Slg. 2007, I-11767 Rn. 19f.

304 Fuchs/Marhold/*Fuchs*, 29; Hanau, NZA 2010, 1, 6; *Syrpis*, Industrial Law Journal 37 (2008) 219, 231 f.

305 *Schubert/Jerchel*, EuZW 2010, 687, 693.

lungen, eine Rolle spielen. Soweit ein EBR bei grenzüberschreitenden Sachverhalten tätig wird, bewegt er sich im Rahmen des Gemeinschaftsrechts und kann sich auf Art. 28 berufen[306]. Wichtig ist hier, dass Art. 28 nicht notwendigerweise auf Gewerkschaften als Akteure beschränkt ist. Das zeigt sich auch darin, dass Streiks nicht nur dann unter Art. 28 fallen, wenn sie gewerkschaftlich organisiert sind. Für den EBR kann daher bei der Auslegung der RL 2009/38/EG auf die Charta im Allgemeinen und auf Art. 28 im Speziellen zurückgegriffen werden.

II. Gegenstandsbezogene Richtlinien

Bereits in den Siebzigerjahren - und somit einige Zeit vor der Verabschiedung der EBR-Richtlinie zur Etablierung eines transnationalen Gremiums zur Information und Konsultation der Arbeitnehmer - gab es erste tastende Versuche zur Etablierung eines Mindestrahmens zur Beteiligung von Arbeitnehmern[307]. Diese Richtlinien bezogen sich jedoch nicht auf ein Gesamtkonzept zur transnationalen Interessenvertretung, sondern waren gegenstandsbezogen. Ihr primäres Ziel war nicht die Regelung von Information und Konsultation der Arbeitnehmer, sondern die wettbewerbsneutrale Bewältigung von Krisensituationen[308].

Bei der Einordnung der Rolle der gegenstandsbezogenen Richtlinien müssen daher zwei Aspekte unterschieden werden. Erstens stellten sie in der Vergangenheit einen Zwischenschritt bei der Etablierung von Strukturen zur Information und Konsultation der Arbeitnehmer in Europa dar[309]. Dieser Prozess führte zur Verabschiedung der EBR-Richtlinie.

Zweitens wird ihnen zum Teil ein gewisses Potential zur zukünftigen Weiterentwicklung des europäischen Arbeitsrechts beigemessen. Denn sie sehen ein Verfahren für Information und Konsultation der Arbeitnehmer vor und beschäftigten sich inhaltlich mit Themen, die sich für transnationale Vereinbarungen

306 DKK/*Däubler*, EBRG, Vorbem. Rn. 29 und § 18 Rn. 13.

307 *Weiss*, NZA 2003, 177, 178.

308 *Höland*, 51.

309 *Weiss* in: FS Stahlhacke, 657, 661; *Weiss*, NZA 2003, 177, 178.

eignen würden, sodass in ihrem Rahmen eine transnationale Dimension entwickelt werden könnte[310]. Zu den Richtlinien mit einer potentiellen länderübergreifenden Dimension zählen nach der Einschätzung des Ales-Reports die Massenentlassungsrichtlinie 98/59/EG[311], die Betriebsübergangsrichtlinie 2001/23/EG[312] sowie die Rahmenrichtlinie 2002/14/EG[313]. Die Rolle der Rahmenrichtlinie ist in diesem Bereich jedoch denkbar klein, da sie gerade *keine* transnationalen Strukturen schafft, sondern zur Harmonisierung in die nationalen Rechtsordnungen eingreift[314] und damit einen völlig anderen Regelungsansatz verfolgt als etwa die EBR-Richtlinie.

III. Die Entwicklung der Richtlinien über Europäische Betriebsräte

Ausgangspunkt für die Diskussion um eine EBR-Richtlinie war die Erkenntnis, dass die Möglichkeit der Arbeitnehmer, vor wichtigen Entscheidungen im Unternehmen unterrichtet und angehört zu werden, wenn überhaupt, dann jedenfalls nur im nationalen Kontext gegeben war[315]. Nationale institutionelle Vorkehrungen waren jedoch nicht auf transnationale Strukturen zugeschnitten. Dies konnte dazu führen, dass unternehmerische Entscheidungen im Ausland gefällt wurden und es im jeweiligen nationalen Kontext nur noch um Folgenbewältigung gehen konnte. Die tatsächlichen Entscheider in einer ausländischen Firmenzentrale sitzen in solchen Fällen nicht mit am Verhandlungstisch, wenn es

---

310 Ales-Report, 31.

311 Richtlinie 98/59/EG zur Angleichung der Rechtsvorschriften der Mitgliedstaaten über Massenentlassungen, AblEU Nr. L 225/16.

312 Richtlinie 2001/23/EG zur Angleichung der Rechtsvorschriften der Mitgliedstaaten über die Wahrung von Ansprüchen beim Übergang von Unternehmen, Betrieben oder Unternehmens- und Betriebsteilen, AblEG Nr. L 82/16.

313 Richtlinie 2002/14/EG zur Festlegung eines allgemeinen Rahmens für die Unterrichtung und Anhörung der Arbeitnehmer in der Europäischen Gemeinschaft, AblEG Nr. L 80/29.

314 *Weiss*, NZA 2003, 177, 182.

315 *Weiss* in: FS Stahlhacke, 657, 666.

etwa um Interessenausgleichs- und Sozialplanverhandlungen nach deutschem Recht geht[316].

Bei der Ausarbeitung einer europäischen Lösung zeigten sich jedoch bald einige Probleme. Zum einen unterscheiden sich die nationalen arbeits- und sozialrechtlichen Modelle der Mitgliedstaaten stark[317]. Zudem erschien eine einheitliche juristische Regelung der Materie auf europäischer Ebene angesichts grundlegend verschiedener politischer Vorstellungen nicht durchsetzbar[318].

Mit diesem Problem sah sich auch der sogenannte Vredeling-Entwurf einer Richtlinie[319] aus dem Jahre 1980 konfrontiert. Dieser Entwurf verzichtete noch auf die Etablierung eines neuen, transnationalen Gremiums, sondern sah stattdessen vor, dass die bestehenden nationalen Arbeitnehmergremien Träger der Informationsrechte sein sollten. Entscheidend ist jedoch, dass bereits dieser Entwurf die Verpflichtung des transnationalen Entscheidungszentrums zur Information aller Arbeitnehmer vorsah[320]. Mit seiner detaillierten Umschreibung des Verfahrens zur Unterrichtung und Anhörung der Arbeitnehmer sowie insgesamt mit seiner Rigidität und Schwerfälligkeit war der Vorschlag politisch aber nicht mehrheitsfähig und scheiterte daher[321].

Nachdem die Diskussion unter anderem durch die Verabschiedung der Gemeinschaftscharta der sozialen Grundrechte der Arbeitnehmer vom 9. Dezember 1989 neuen Schwung erhielt[322], brachte erst ein radikaler Paradigmenwechsel

---

316 DKK/*Däubler*, EBRG, Vorbem. Rn. 1.

317 *Weiss*, NZA 2003, 177; Fuchs/Marhold/*Fuchs*, 277; DKK/*Däubler*, 12. Auflage, 2010, Einl. Rn. 199.

318 *Blanke*, EBRG, Teil B. Einl. Rn. 3.

319 Vorschlag über eine Richtlinie über die Unterrichtung und Anhörung der Arbeitnehmer von Unternehmen mit komplexer, insbesondere transnationaler Struktur, urspr. Entwurf: AblEG 1980 Nr. C, 297, überarbeitete Version: ABlEG 1983 Nr. C, 217.

320 *Weiss*, ZRP 1992, 422, 423.

321 *Barnard*, 525; *Weiss* in: FS Stahlhacke, 657, 666 f.

322 Vgl. dazu ausführlich: *Weiss* in: FS Stahlhacke, 657, 667 f.

die EBR-Richtlinie 94/45/EG[323] auf den Weg: Man entschied sich zu einer Abkehr von einer einheitlichen inhaltlichen Regelung der Arbeitnehmermitwirkung durch eine gemeinschaftsweite Richtlinie. Stattdessen wurde hauptsächlich das Verfahren geregelt, innerhalb welchem sich die jeweiligen Akteure auf inhaltliche Regelungen einigen sollten und sah inhaltliche Regelungen lediglich als „Notbremse"[324] vor, wenn die Akteure versagten.

Dieser Schritt hat die Ausgestaltung der EBR bis heute wesentlich geprägt. Der EBR ist kein Gremium, dessen Regeln in Stein gemeißelt sind und der deswegen in jedem Unternehmen mehr oder weniger gleich aussieht. Stattdessen wurde hier der Grundstein gelegt für die Vielfalt, die sich heute unter den EBR findet. Die Fokussierung auf eine Verfahrensregelung ermöglichte politisch die Verabschiedung der EBR-Richtlinie und prägt bis heute das Erscheinungsbild der EBR. Dort liegen die Wurzeln dafür, dass es in der Praxis eine solche Bandbreite von EBR gibt, von rein symbolischen bis hin zu mitbestimmungsorientierten[325]. Gleichzeitig liegt hier auch der Ursprung dafür, dass es am „starken" Ende der EBR auch solche gibt, die die rechtlichen Vorgaben in gewisser Weise sprengen und die Rolle des EBR weiter vorantreiben: von Information und Konsultation hin zu einem echten Verhandlungspartner. Dies ist der Grund dafür, warum man zunächst die rechtliche Entwicklung des EBR betrachten muss, um die neuen Entwicklungen in diesem Bereich einordnen zu können.

2009 wurde die EBR-Richtlinie neu gefasst und inhaltlich geändert. Die RL 2009/38/EG[326] bringt dabei einige Neuerungen. So wurde erstmals der Begriff der „Unterrichtung" definiert und die Definition der „Anhörung" wesentlich

323 Richtlinie 94/45/EG über die Einsetzung eines Europäischen Betriebsrats oder die Schaffung eines Verfahrens zur Unterrichtung und Anhörung der Arbeitnehmer in gemeinschaftsweit operierenden Unternehmen und Unternehmensgruppen, AblEG Nr. L 254/64. Die Richtlinie wird im Folgenden der Einfachheit halber als „Richtlinie 1994" bezeichnet.

324 *Weiss*, NZA 2003, 177, 179.

325 *Lecher/Platzer/Rüb/Weiner*, Verhandelte Europäisierung, 200 ff.

326 Richtlinie 2009/38/EG vom 6. Mai 2009 über die Einsetzung eines Europäischen Betriebsrats oder die Schaffung eines Verfahrens zur Unterrichtung und Anhörung der Arbeitnehmer in gemeinschaftsweit operierenden Unternehmen und Unternehmensgruppen, AblEU Nr. L 122 S. 28. Die Richtlinie wird im Folgenden der Einfachheit halber als „Richtlinie 2009" bezeichnet.

präzisiert[327]. Dies diente dem Ziel, die Wirksamkeit der Rechte auf eine länderübergreifende Unterrichtung und Anhörung der Arbeitnehmer sicherzustellen[328]. Daneben ist nun geregelt, unter welchen Umständen eine Neuverhandlung der EBR-Vereinbarung stattfinden muss und dass die Mitglieder des EBR unter bestimmten Voraussetzungen einen Anspruch auf Schulungen haben. Alles in allem stellt die neue Richtlinie 2009, welche zum 17. Juni 2011 in nationales Recht umgesetzt wurde, eine bloße Weiterentwicklung der bisherigen Richtlinie 1994 an einzelnen Punkten dar[329]. Insbesondere bleiben die rechtlichen Regelungen nach wie vor auf den Bereich der Unterrichtung und Anhörung des EBR beschränkt. Eine mögliche Mitwirkung des EBR durch den Abschluss substantieller Vereinbarungen wird nicht thematisiert. Dennoch spielt die Richtlinie eine zentrale Rolle bei der Herausbildung europäischer Arbeitsbeziehungen. Die Vereinbarungen, die im Rahmen der Gründung von EBR geschlossen werden, werden als Keimzelle europäischer Kollektivvereinbarungen gesehen[330]. Darüber hinaus waren es Europäische Betriebsräte, die die ersten europäischen Kollektivvereinbarungen zur Bewältigung von Unternehmenskrisen angestoßen haben[331].

IV. Ein optionaler Rahmen für transnationale Kollektivvereinbarungen?

Auf europäischer Ebene hat die Globalisierung in den letzten Jahren zu einer Diskussion über die Modernisierung des Arbeitsrechts geführt. Diese wurde durch das Grünbuch der Europäischen Kommission vom 22. November 2006 angestoßen[332]. Innerhalb dieser Diskussion findet zunehmend auch die Frage

327 Art. 2 Abs. 1 f) und g) der RL 2009/38/EG.

328 Vgl. Erwägungsgrund Nr. 7 der RL 2009/38/EG.

329 *Thüsing/Forst*, NZA 2009, 408, 410.

330 Däubler/*Schiek*, TVG, Rn. 832.

331 *Da Costa/Rehfeldt*, Transfer 2007, Vol. 13, 313; Däubler/*Schiek*, TVG, Rn. 743.

332 Ein modernes Arbeitsrecht für die Herausforderungen des 21. Jahrhunderts, Kom(2006) 708, http://eur-lex.europa.eu/LexUriServ/LexUriServ.do?uri=COM:2006:0708:FIN:DE:PDF.

nach der Zukunft des kollektiven Arbeitsrechts Beachtung[333]. Die Diskussion wird auch durch die steigende Zahl von TCAs angetrieben, die viele rechtliche Fragen aufwerfen. *Hendrickx* identifiziert in diesem Zusammenhang drei wichtige Voraussetzungen, die ein ausgereiftes System von Kollektivverhandlungen erfüllen müsste[334]: erstens einen rechtlichen Rahmen, zweitens einen institutionellen Rahmen und drittens eine gelebte Praxis industrieller Beziehungen.

Auf europäischer Ebene gibt es zwar rechtliche Regelungen zum kollektiven Arbeitsrecht, wozu etwa die EBR-Richtlinien zählen. Der rechtliche Rahmen ist jedoch bisher unzulänglich. Bezüglich des institutionellen Rahmens gibt es auf europäischer Ebene den sozialen Dialog, innerhalb welchem sich die Sozialpartner austauschen und Vereinbarungen treffen können. Auf Arbeitnehmerseite tritt zudem zunehmend der Europäische Betriebsrat als Verhandlungspartner auf. Die steigende Zahl von transnationalen Unternehmensvereinbarungen bzw. von TCAs indiziert zudem, dass es – bei all ihrer Begrenztheit – auch eine gelebte Praxis der industriellen Beziehungen auf europäischer Ebene gibt. Mithin hat sich im Schatten des unzulänglichen rechtlichen Rahmens eine institutionelle und eine praktische Ebene gebildet[335].

Aus Sicht des internationalen Arbeitsrechts kann die bruchstückhafte Regelung des europäischen kollektiven Arbeitsrechts kritisiert werden. So wird die These aufgestellt, dass es das ILO Übereinkommen Nr. 98 zu Kollektivverhandlungen erfordere, dass jede zuständige Ebene einen hinlänglichen rechtlichen Rahmen für Kollektivverhandlungen etablieren müsse[336]. Die Europäische Kommission sieht dementsprechend auch einen Handlungsbedarf in diesem Bereich und hat deswegen einige Studien zu transnationalen Vereinbarungen in Auftrag gege-

---

333 *Hendrickx*, ELLJ, Volume 1 (2010), 59 ff.

334 *Hendrickx*, ELLJ, Volume 1 (2010), 59, 76.

335 *Hendrickx*, ELLJ, Volume 1 (2010), 59, 76: „[...] developed in the shadow of a fairly limited legal framework".

336 *Hendrickx*, ibid.

ben[337]. Bezüglich der künftigen Rolle des europäischen Gesetzgebers ist jedoch Skepsis angebracht angesichts der Interessendivergenzen zwischen den inzwischen 27 Mitgliedstaaten und angesichts einer Ausweitung des Subsidiaritäts- und des Verhältnismäßigkeitsprinzips im Protokoll Nr. 2 zum Vertrag von Lissabon[338]. Dies ist ein schwieriger Regelungskomplex und es wird erwartet, dass es lange dauern wird, bis sich ein gemeinsamer Standpunkt aller Beteiligten etabliert hat[339].

Eine Lösungsmöglichkeit in diesem Spannungsfeld könnte ein optionaler Rahmen für transnationale Kollektivvereinbarungen sein. Neuen Schwung in die Diskussion um einen solchen optionalen Rahmen hat der sogenannte Ales-Report[340] gebracht, der erste Vorüberlegungen für einen optionalen Rahmen vorlegte[341]. Hierbei ist zu beachten, dass der Report die Frage nach dem zuständigen Akteur nicht beantwortet und sich etwa auf Gewerkschaften oder den EBR festlegt, sondern diese Frage bewusst offen lässt und zur Diskussion stellt. Daher behandelt der Report auch Bereiche, welche Vereinbarungen der Gewerkschaften mit einem Unternehmen oder Arbeitgeberverband betreffen und welche für die vorliegende Arbeit nur von untergeordneter Relevanz sind. Dabei zeigt der Report – gerade durch seine Ergebnisoffenheit bezüglich der möglichen Akteure – das Spannungsfeld zwischen der Entwicklung eines gewerkschaftszentrierten Systems (der Begriff „europäische Tarifverträge“ sollte hierbei vermieden werden[342]) und eines EBR-zentrierten Systems europäischer Kollektivverträge auf[343].

337 The Role of Transnational Company Agreements in the Context of Increasing International Integration, Commission Staff Working Document {SEC(2008) 2155}; Mapping of transnational texts negotiated at corporate level, EMPL F2 EP/bp 2008 (D) 14511.

338 *Weiss*, AuR 7/8/2010, 284, 289.

339 *Hendrickx*, ELLJ, Volume 1 (2010), 59, 77.

340 *Ales et. al.*, Transnational collective bargaining: past, present and future, study undertaken on behalf of the European Commission, 2006.

341 *M. Schmidt*, EuZA 2008, 196, 208 f.

342 Die Bezeichnung als „europäische Tarifverträge“ wird bewusst vermieden, vgl. *Kowanz*, 50; *Deinert*, 27 ff.

343 Ales-Report, 21.

Letztlich ist dies auch der richtige Ansatz auf europäischer Ebene. Aus der deutschen Perspektive muss man sich von der strikten Trennung zwischen Tarifvertrag und Betriebsvereinbarung verabschieden. Denn ein System von Kollektivverträgen auf europäischer Ebene muss so flexibel sein, dass die Verhandlungsergebnisse in allen beteiligten europäischen Ländern umgesetzt werden können. Angesichts der Vielfalt industrieller Beziehungen und der unterschiedlichen Rolle der Gewerkschaften oder Arbeitnehmervertretungen im Betrieb ist hier die Einbindung verschiedener Akteure zunächst eher hilfreich denn hinderlich. Nichtsdestotrotz ist es für eine rechtliche Einordnung der Vereinbarungen äußerst relevant, wer letztlich Vertragspartner wird. Die rechtliche Einordnung von Gewerkschaftsvereinbarungen und EBR-Vereinbarungen kann durchaus unterschiedlich sein, sodass diese Bereiche isoliert voneinander betrachtet werden können.

Erwähnenswert ist auch, dass sich der Arbeitgeberverband UNICE (heute Business Europe) gegen jede Art von Regulierung der transnationalen Ebene der Kollektivvereinbarungen ausgesprochen hat[344]. Es gebe keinen Bedarf für eine zusätzliche Verhandlungsebene und auch eine rechtliche Verbindlichkeit solcher Vereinbarungen werde abgelehnt. Dies ist insbesondere deswegen interessant, da es durchaus auch Argumente dafür gibt, warum der Ausbau eines transnationalen Kollektivvertragssystems im Interesse großer Konzerne sein kann[345]. So verweist *Welz* (im Kontext der IFAs, aber für europäische Kollektivverträge gilt diesbezüglich nichts anderes) darauf, dass diese aus Managementsicht dazu beitragen können, transnationale Strategien und Richtlinien einzusetzen ohne zeitraubend parallele Verhandlungen in den einzelnen Ländern führen zu müssen[346]. Besonders deutlich wird dies etwa am Beispiel des Arbeitnehmer-Datenschutzes: Der Datenschutz etwa bei der Einführung europaweiter sogenannter „talent pools" könnte so einheitlich geregelt werden. Nationale Regelungen ergeben hier zudem wenig Sinn, da Arbeitnehmer unter Umständen ein großes Interesse daran haben, dass ihre Daten in einem internationalen Pool ge-

---

344 Ales-Report, 7; Vgl. die Stellungnahme der BDA zu den Überlegungen über einen optionalen europäischen Rahmen für transnationale Kollektivverhandlungen, Berlin, 06. November 2006.

345 Vgl. dazu oben unter Teil 1 C. IV.

346 *Welz*, ELLJ, Volume 1 (2010), 99, 104.

sammelt werden, was ihr Weiterkommen im Konzern fördern kann. Warum einem Arbeitgeber daran gelegen sein soll, hier viele nationale Einzellösungen zu treffen, ist nicht ersichtlich.

B. Europäisches Arbeitskollisionsrecht und Arbeitsverfahrensrecht

I. Begriffsbestimmung

1. Internationales Privatrecht und Arbeitskollisionsrecht

Unter Internationalem Privatrecht (IPR) versteht man die Gesamtheit der Rechtssätze, welche aus einer Vielzahl nationaler Rechtsordnungen diejenige vorgeben, welche bei Sachverhalten mit Verbindung zu einem ausländischen Staat zur Anwendung kommen soll[347] (vgl. Art. 3 EGBGB[348]). Das IPR entscheidet die rechtliche Einordnung eines Sachverhalts nicht selbst, sondern bestimmt nur die Rechtsordnung, nach welcher die materielle Rechtslage zu beurteilen ist[349]. Daher wird es auch als „Kollisionsrecht" in Abgrenzung zum „Sachrecht" – also dem materiellen Recht – bezeichnet. Der Begriff Arbeitskollisionsrecht bezieht sich demnach auf alle Rechtssätze, welche den Konflikt zwischen mehreren Rechtsordnungen im Bereich des Arbeitsrechts lösen. Das internationale Arbeitskollisionsrecht ist dabei als Teil des IPR zu betrachten. Dabei folgen auch heute noch die meisten IPR-Regelungen der von *Friedrich Carl von Savigny* (1779-1861) formulierten Grundregel, wonach diejenige nationale Rechtsordnung auszuwählen ist, zu welcher der vorliegende Sachverhalt die engste Verbindung aufweist[350].

---

347 *Von Hoffmann/Thorn*, 8.

348 Neu gefasst mit Wirkung vom 11.01.2009 durch Art. 1 G. v. 10.12.2008 (BGBl. I, 2401).

349 *Kindler*, 1.

350 *Savigny*, Band 8, 108; *Kindler*, 1; *Horcher*, 95.

2. Internationales Zivilprozessrecht und europäisches Arbeitsverfahrensrecht

Unter Internationalem Zivilprozessrecht (IZPR) versteht man alle Regelungen zu Prozessrechtsverhältnissen mit grenzüberschreitendem Element, welches sich aus einem Auslandsbezug von Streitgegenstand oder Parteien ergeben kann[351]. Das IZPR gehört nicht zum IPR im engeren Sinne. Es ist im Gegensatz zum IPR kein Kollisionsrecht, denn es wird nicht entschieden, welchen Staates Verfahrensrecht auf einen Fall anzuwenden ist, sondern es wird materiell-verfahrensrechtlich festgelegt, wie in einem Fall mit grenzüberschreitendem Element zu verfahren ist[352]. Nichtsdestotrotz sind beide Rechtsbereiche eng miteinander verbunden, weshalb sie innerhalb eines Themenkomplexes abgehandelt werden können[353].

Unter europäischem Arbeitsverfahrensrecht können in diesem Zusammenhang alle europäischen Regelungen zu Prozessrechtsverhältnissen mit grenzüberschreitendem Element verstanden werden.

II. Europäisches Kollisionsrecht

Auf europäischer Ebene wurden Fragen des Kollisionsrechts lange Zeit in völkerrechtlichen Übereinkommen geregelt, denen alle Mitgliedstaaten beitreten mussten, da es der Europäischen Gemeinschaft zunächst an einer Regelungskompetenz für ein einheitliches Internationales Privatrecht fehlte[354]. Erst 1999 wurde mit dem Inkrafttreten des Vertrags von Amsterdam in Art. 65 EGV (heute Art. 81 AEUV) eine Kompetenzgrundlage geschaffen, aufgrund derer es zu einer Kodifikation des Europäischen IPR gekommen ist. Der Vorrang der euro-

351 *Nagel/Gottwald*, § 1 Rn. 38.

352 *Rauscher*, 335 Rn. 1478; ausführlich zum Unterschied zwischen IZPR und IPR: *Nagel/Gottwald*, § 1 Rn. 38 ff.

353 *Kindler*, 2; So auch Fuchs/Marhold/*Friedrich*, 417 ff., welcher das relevante europäische Zivilprozessrecht jedoch ohne dogmatische Betrachtung schlicht dem Europäischen Kollisionsrecht zuordnet.

354 Fuchs/Marhold/*Friedrich*, 417.

päischen Kollisionsregeln ergibt sich bereits daraus, dass jedenfalls diejenigen, welche in der Form von Verordnungen erlassen wurden, unmittelbar anwendbares Recht in den Mitgliedstaaten darstellen (vgl. Art. 288 Abs. 2 S. 2 AEUV[355]). Diesem Vorrang trägt das deutsche EGBGB[356] dadurch Rechnung, dass sein Anwendungsbereich in Art. 3 erst dann eröffnet ist, soweit nicht unmittelbar anwendbare Regelungen der EG oder Regelungen in völkerrechtlichen Vereinbarungen, die unmittelbar anwendbares Recht geworden sind, maßgeblich sind.

III. Das Verhältnis zwischen europäischem Arbeitsrecht und IPR-Regelungen

Im Verhältnis zwischen europäischem Arbeitsrecht und Kollisionsrecht gilt folgende Leitlinie[357]: Gibt es eine abschließende materiell-rechtliche Regelung im europäischen Arbeitsrecht, so sind keine IPR-Regelungen notwendig. Auf einen Sachverhalt, der Anknüpfungspunkte in mehreren Mitgliedstaaten der EU hat, findet dann das europäische materielle Recht Anwendung. Doch selbst wenn es nur fragmentarische Regelungen auf EU-Ebene gibt, so könnten diese speziellere Regelungen zum anwendbaren Recht enthalten, welche den allgemeinen IPR-Regelungen der Brüssel I[358], Rom I[359] und Rom II[360] – Verordnungen vorgehen würden. Aus diesem Grund berührt zum Beispiel die Rom I-VO gemäß ihrem Art. 23 nicht die Anwendung von gemeinschaftsrechtlichen Vorschriften, welche „in besonderen Bereichen“ Kollisionsnormen für vertragliche Schuldver-

---

355 Vertrag über die Arbeitsweise der Europäischen Union, AblEU C 115/47 vom 09.05.2008.

356 Einführungsgesetz zum Bürgerlichen Gesetzbuche, i.d.F. v. 25.06.2009, BGBl. I, 1574.

357 *Van Hoek/Hendrickx*, Final Report, 10; *Kindler*, 1 ff.; ErfKomm/*Schlachter*, ROM I-VO Art. 9 Eingriffsnormen Rn. 1.

358 Verordnung (EG) Nr. 44/2001 des Rates v. 22. 12. 2000 über die gerichtliche Zuständigkeit und die Anerkennung und Vollstreckung von Entscheidungen in Zivil- und Handelssachen, AblEG 2001 Nr. L 12/1 („Brüssel I = EuGVVO“).

359 Verordnung (EG) Nr. 593/2008 des Europäischen Parlaments und des Rates vom 17. Juni 2008 über das auf vertragliche Schuldverhältnisse anzuwendende Recht, AblEU 2008 Nr. L 177/6 („Rom I“); zur Sonderrolle Dänemarks vgl. *Deinert*, RdA 2009, 144, 145.

360 Verordnung (EG) Nr. 864/2007 des Europäischen Parlaments und des Rates vom 11. Juli 2007 über das auf außervertragliche Schuldverhältnisse anzuwendende Recht, AblEU Nr. L 199/40 („Rom II“).

hältnisse enthalten. Dies gilt etwa für die kollisionsrechtlichen Regelungen in der Entsenderichtlinie[361]. Anschließend ist danach zu fragen, ob es völkerrechtliche Rechtsakte oder solche der EU zum IPR gibt, welche innerstaatlichen IPR-Regelungen vorgehen. Erst wenn solche nicht greifen, kommen innerstaatliche Regelungen, wie sie etwa im EGBGB zu finden sind, zum Zug.

Daher ist stets zunächst das Vorliegen einer materiell-rechtlichen EU-Regelung zu beleuchten und diese gegebenenfalls auszulegen. Erst wenn es eine solche nicht gibt, ist für den jeweiligen Punkt auf die Frage nach der anwendbaren arbeitskollisionsrechtlichen Regelung einzugehen, aufgrund derer dann das anzuwendende nationale Recht identifiziert werden kann.

IV. IPR-Regelungen bzgl. transnationaler Vereinbarungen im europäischen kollektiven Arbeitsrecht

Die Frage, welche IPR-Regeln auf transnationale Vereinbarungen im europäischen kollektiven Arbeitsrecht anzuwenden sind, ist nach der heutigen Rechtslage komplex. Die Rom I-VO enthält zwar spezielle Kollisionsnormen für das Individualarbeitsrecht, jedoch keine für Kollektivvereinbarungen. Das IPR des Kollektivarbeitsrechts ist nach wie vor weitgehend ungeregelt[362]. Bei der Einordnung der Vereinbarungen in das System der Brüssel I, Rom I und Rom II-Verordnungen besteht eine Schwierigkeit darin, dass transnationale kollektive Vereinbarungen im Arbeitsrecht verschiedene Akteure, Inhalte und Formen aufweisen und daher nicht einheitlich behandelt werden können[363]. Bezüglich des Gerichtsstands ist die Brüssel I-VO zu beleuchten. Die Frage danach, welchem Recht eine solche Vereinbarung unterliegt (woraus sich dann wiederum Rückschlüsse bezüglich der Rechtsqualität ergeben können), ist anhand der Rom I-VO zu beantworten.

---

361 Richtlinie 96/71/EG über die Entsendung von Arbeitnehmern im Rahmen der Erbringung von Dienstleistungen, AblEU 1997 Nr. L 18/1.

362 *Deinert*, RdA 2009, 144.

363 *Van Hoek/Hendrickx*, Final Report, 6.

1. Die Brüssel I-Verordnung

a) Grundlagen zur Brüssel I-Verordnung

Die Verordnung (EG) 44/2001, welche unter den Bezeichnungen „EuGVVO" oder „Brüssel I-VO" bekannt ist, regelt die Frage der gerichtlichen Zuständigkeit der Anerkennung und Vollstreckung von Entscheidungen in Zivil- und Handelssachen. Hier geht es mithin nicht darum, festzulegen, welches Sachrecht Anwendung findet, sondern das Gericht welchen Staates zuständig ist. Auf das materielle Recht sowie auf die Vorschriften des nach dem IPR anzuwendenden Rechts hat sie mithin keine Auswirkungen[364].

Auch die Brüssel I-VO hat einen völkerrechtlichen Vertrag abgelöst, nämlich das Brüsseler Übereinkommen über die gerichtliche Zuständigkeit und die Vollstreckung gerichtlicher Entscheidungen in Zivil- und Handelssachen (EuGVÜ[365]). Sie trat zum 01. März 2002 in Kraft[366]. Gemäß Art. 1 Abs. 1 findet die Brüssel I-VO auf alle Zivil- und Handelssachen Anwendung, ohne dass es dabei auf die Art der Gerichtsbarkeit ankommt. Davon werden (jedenfalls individualrechtliche)[367] Arbeitsrechtsstreitigkeiten sowohl vor den Arbeitsgerichten als auch vor den Zivilgerichten erfasst. Öffentliche Verfahren fallen nicht in den Anwendungsbereich der Verordnung.

Inhaltlich baut die Brüssel I-VO auf dem EuGVÜ auf. Diese Kontinuität gewinnt bei der Auslegung der Verordnung Bedeutung, da zu der Verordnung selbst bisher erst wenige Entscheidungen des EuGH ergangen sind[368]. Bei einer Übereinstimmung einer Vorschrift des EuGVÜ mit der Brüssel I-VO ist nach Erwägungsgrund Nr. 19 der Verordnung die Kontinuität der Auslegung zwi-

364 Fuchs/Marhold/*Friedrich*, 420; vgl. EuGH Rs. C-25/79 (*Sanicentral*) zum EuGVÜ, Slg. 1979, 3423.

365 AblEG 1972 Nr. L 299/32.

366 Vgl. zur Sonderrolle Dänemarks: Fuchs/Marhold/*Friedrich*, 418.

367 Zur Frage, ob dazu auch kollektivrechtliche Streitigkeiten zählen vgl. die Diskussion im Anschluss unter c); Geimer/Schütze/*Geimer,* A.1 Art. 1 Rn. 34.

368 *Rauscher*, 360 Rn. 1601.

schen beiden Rechtsakten zu wahren. Daher stützt sich auch der EuGH bei der Auslegung der Brüssel I-VO auf die bisherige Rechtsprechung zum EuGVÜ[369]. Ausführungen zur Auslegung des EuGVÜ können daher auch für die Auslegung der Brüssel I-VO herangezogen werden. So hat der EuGH zum EuGVÜ entschieden, dass dieses auch für Arbeitsrechtsstreitigkeiten gilt[370]. Allerdings handelte es sich in den Entscheidungen jeweils um individualarbeitsrechtliche Streitigkeiten, sodass diese nicht für die Frage der Anwendbarkeit der Brüssel I-VO auf das kollektive Arbeitsrecht herangezogen werden können.

b) Anwendbarkeit im kollektiven Arbeitsrecht

Teilweise wird die Anwendbarkeit der Brüssel I-VO im kollektiven Arbeitsrecht bestritten. So wird behauptet, die Brüssel I-VO sei auf Tarifverträge nicht anwendbar[371]. Diese – nicht näher begründete – Rechtsauffassung ist jedoch bei näherer Betrachtung nicht haltbar.

Die Frage nach der Anwendbarkeit der Brüssel I-VO richtet sich nach deren Art. 1, in dem von „Zivil- und Handelssachen" gesprochen wird. Dieser Begriff ist autonom auszulegen und nicht etwa durch Rückgriff auf nationales Verfahrensrecht[372]. Die Eröffnung des Anwendungsbereichs der Verordnung ist durch ein Regel-Ausnahme-Verhältnis gekennzeichnet. Grundsätzlich ist die Verordnung nach Art. 1 Abs. 1 S. 1 auf alle Zivil- und Handelssachen anwendbar. Satz 2 schließt als Ausnahme zu diesem Grundsatz Steuer- und Zollsachen sowie verwaltungsrechtliche Angelegenheiten aus. Der Ausnahmekatalog wird durch Absatz 2 ergänzt, welcher etwa den Bereich der sozialen Sicherheit ausschließt.

Der Begriff der Zivilsachen stammt aus dem Römischen Recht. Das „ius civile" bildete damals zusammen mit dem „ius honorarium" das Privatrecht[373]. Seit die-

---

369 Vgl. etwa EuGH Rs. C-111/08 (*SCT Industri AB i likvidation/Alpenblume AB*), EuZW 2009, 610.

370 EuGH Rs. C-25/79 (*Sanicentral*), Slg. 1979, 3423; EuGH Rs. C-133/81 (*Ivenel*), Slg. 1982, 1891.

371 Däubler/*Däubler*, TVG, 2. Aufl. (2006), Einl. Rn. 678.

372 St. Rspr. des EuGH seit EuGH Rs. C-29/76, NJW 1977, 489; vgl. *Mankowski*, NZA 2009, 584, 585 m.w.N.

373 *Mayer-Maly*, 6.

ser Zeit ringen Juristen um die Abgrenzung zwischen privatem und öffentlichem Recht. Der EuGH hat den Begriff der „Zivilsachen" nicht definiert, sondern nähert sich diesem über den Gegenbegriff. Demnach sind all die Verfahren nicht als „Zivilsachen" zu verstehen, in denen eine Seite einen Rechtsstreit im Zusammenhang mit der Ausübung hoheitlicher Befugnisse führt[374]. Zudem betont der EuGH, dass für die Auslegung dieses Begriffs die Ziele und der Aufbau des Übereinkommens zum einen und die sich aus der Gesamtheit der nationalen Rechtssysteme ergebenden allgemeinen Grundsätze zum anderen heranzuziehen sind[375]. Abgeleitet von diesem Ansatz des EuGH lässt sich festhalten, dass alle arbeitsrechtlichen Verträge, welche nicht durch eine Seite als Träger hoheitlicher Rechte geschlossen wurden, dem Zivilrecht zuzuordnen sind.

Daraus ergibt sich, dass Arbeitssachen grundsätzlich als spezielle Zivilsachen anzusehen sind und daher als solche unter den Grundsatz des Art. 1 Abs. 1 S. 1 der VO fallen, sofern nicht ausnahmsweise eine Partei in Ausübung hoheitlicher Befugnisse handelt. Das Arbeitsrecht regelt auch im Bereich des kollektiven Arbeitsrechts grundsätzlich das Rechtsverhältnis zwischen zwei Privaten. Mithin findet die Brüssel I-VO auch hier grundsätzlich Anwendung[376]. Arbeitnehmervertreter haben keinen öffentlichen Auftrag. Sofern sie ihre Beziehung mit dem Arbeitgeber vertraglich regeln, handeln sie als Koalitionen des Privatrechts[377]. Sofern sich aus dem normativen Teil eines Kollektivvertrags individuelle Ansprüche von Arbeitnehmern herleiten lassen, welche Gegenstand von Prozessen zwischen einem Arbeitnehmer und seinem Arbeitgeber werden, handelt es sich dabei um einen individualarbeitsrechtlichen Prozess, welcher unstreitig von der Brüssel I-VO erfasst ist.

---

374 EuGH Rs. C-418/79 (*Niederländischer Staat gegen Reinhold Rüffer*), BeckEuRS 1980, 82593.

375 St. Rspr. vgl. EuGH Rs. C-418/79 (*Niederländischer Staat gegen Reinhold Rüffer*), BeckEuRS 1980, 82593 m.w.N.

376 So auch Geimer/Schütze/*Geimer*, A.1 Art. 1 Rn. 34; *Mankowski*, NZA 2009, 584, 585; *Van Hoek/Hendrickx*, Final Report, 8 f.; zur Abgrenzung zwischen Individual- und Kollektivarbeitsrecht im europäischen internationalen Zivilverfahrensrecht vgl. *Mankowski*, IPRax 2011, 93 ff.

377 Vgl. mit Blick auf Tarifvertragsparteien: *Mankowski*, NZA 2009, 584, 585.

c) Anwendbarkeit auf substantielle EBR-Vereinbarungen

Bei transnationalen Unternehmensvereinbarungen zwischen dem EBR und der zentralen Unternehmensleitung müssen dabei unter Umständen verschiedene Dimensionen berücksichtigt werden: Sofern der Vereinbarung schuldrechtliche Wirkung zwischen den Vertragsparteien beigemessen wird und Ansprüche daraus Gegenstand von Prozessen werden, ist die Brüssel I-VO anwendbar. Sofern sich eine normative Wirkung ergeben sollte – was noch zu untersuchen sein wird – welche Gegenstand von Prozessen von Arbeitnehmern werden könnten, so sind diese als individualrechtliche Streitigkeiten unstreitig vom Anwendungsbereich der Verordnung erfasst. Mithin ist die Brüssel I-VO auf transnationale Unternehmensvereinbarungen des EBR anwendbar.

In einem nächsten Schritt ist deshalb zu klären, ob die Ausnahme für den Bereich der sozialen Sicherheit gem. Art. 1 Abs. 2 lit. c greift. Der Ausnahmekatalog ist jedoch grundsätzlich eng auszulegen, da die Verordnung eine Rechtsvereinheitlichung anstrebt, welche möglichst alle Gebiete des Zivil- und Handelsrechts erfassen soll[378]. Der Gegenstand wurde deswegen in den Ausnahmekatalog aufgenommen, weil er in anderen Ländern anders als in Deutschland nicht ebenso deutlich dem öffentlichen Recht zugeordnet ist[379].

2. Die Rom I-Verordnung

a) Grundsätzliches zur Rom I-Verordnung

Die Verordnung (EG) Nr. 593/2008, welche unter der Bezeichnung „Rom I-VO“ bekannt ist, löst für ab[380] dem 17.12.2009 geschlossene Verträge in ihrem Anwendungsbereich das Römer Übereinkommen über das auf vertragliche Schuldverhältnisse anzuwendende Recht vom 19.06.1980 (EVÜ[381]) ab. Sie gilt

378 Geimer/Schütze/*Geimer*, A.1 Art. 1 Rn. 49.

379 *Rauscher*, 365 Rn. 1623.

380 Der urspr. Text „nach dem …“ wurde berichtigt auf „ab dem …“, vgl. Berichtigung der Verordnung (EG) Nr. 593/2008 des Europäischen Parlaments und des Rates vom 17. Juni 2008 über das auf vertragliche Schuldverhältnisse anzuwendende Recht (Rom I), ABlEU Nr. L 177 vom 4.7.2008.

381 BGBl. 1986 II, 810.

für Zivil- und Handelssachen und ist mithin auch auf das Arbeitsrecht anwendbar, sofern ein Vertrag eine Verbindung zu mehreren Staaten aufweist[382]. Sie soll für alle späteren Ausführungen maßgeblich sein[383]. Die Rom I-VO hat im Vergleich zu ihrer Vorgängerregelung im Bereich des Arbeitskollisionsrechts nur zu wenigen Änderungen geführt[384]. Entscheidend ist jedoch, dass diese unmittelbar anwendbar ist und den entsprechenden nationalen Regelungen vorgeht bzw. diese ersetzt. Für Deutschland gilt daher zum Beispiel, dass die Rom I-VO die Artt. 11, 12 und 27 – 37 EGBGB verdrängt[385].

Die Rom I-VO wird von allen mitgliedstaatlichen Gerichten[386] angewandt und gilt „universell", das heißt für alle schuldrechtlichen Verträge, welche „eine Verbindung zu mehreren Staaten aufweisen" (Art. 1 Abs. 1 der VO). Ob es sich dabei um Mitgliedstaaten der EU oder um Drittstaaten handelt, ist unerheblich[387].

Der wesentliche Grundgedanke der Rom I-VO liegt im Grundsatz der freien Rechtswahl, welcher in Art. 3 verankert ist. Dieser Grundsatz wird in Art. 8 für Individualarbeitsverträge eingeschränkt[388]. Keine Geltung erlangt diese Einschränkung hingegen im kollektiven Arbeitsrecht. Liegt keine explizite Rechtswahl der Parteien vor, so knüpft die Verordnung an den gewöhnlichen Aufenthaltsort des Leistungserbringers bzw. daran an, zu welchem Staat die engste Verbindung besteht, Art. 4 Abs. 2 und 3 Rom I-VO. Auch hier zeigt sich wieder,

---

382 Fuchs/Marhold/*Friedrich*, 429.

383 Zur Rechtslage für Verträge, die vor dem Stichtag geschlossen wurden sowie für Sachverhalte, an denen Dänemark beteiligt ist, vgl: Fuchs/Marhold/*Friedrich*, 2. Auflage, 2006, 308 ff. und Rauscher, 248 Rn. 1083 ff.; Zur Sonderstellung Dänemarks vgl. das Protokoll über die Position Dänemarks.

384 Fuchs/Marhold/*Friedrich*, 418; *Deinert*, RdA 2009, 144, 145; *Rauscher*, 248 Rn. 1082.

385 *Kindler*, 7.

386 Zu Dänemark vgl. Rn. 383.

387 *Rauscher*, 248 Rn. 1082; *Kindler*, 8.

388 Vgl. zur Auslegung des Anknüpfungskriteriums des Staates, in dem der Arbeitnehmer gewöhnlich seine Arbeit verrichtet: EuGH Rs. C-29/10 (*Koelzsch*).

dass die von *Savigny* aufgestellte Grundregel zum IPR noch heute angewandt wird[389].

b) Bedeutung für substantielle EBR-Vereinbarungen

Auch hinsichtlich der Rom I-VO stellt sich die Frage, ob diese auf substantielle EBR-Vereinbarungen anwendbar ist. Nach Art. 1 Abs. 1 Satz 1 findet die Rom I-VO auf „vertragliche Schuldverhältnisse in Zivil- und Handelssachen" Anwendung, welche eine Verknüpfung zum Recht verschiedener Mitgliedstaaten der EU aufweisen. Auch hier stellt sich – vergleichbar mit dem Streit zum Anwendungsbereich der Brüssel I-VO – die Frage, ob dies auch Verträge aus dem Bereich des kollektiven Arbeitsrechts einschließt.

Die Beschränkung auf „Zivil- und Handelssachen" ist dabei im Einklang mit der Brüssel I-VO auszulegen[390]. Dies gibt Erwägungsgrund Nr. 7 der Rom I-VO vor. Insofern gelten auch hier die vom EuGH entwickelten Auslegungsgrundsätze[391]. Mit derselben Argumentation wie oben lässt sich damit auch hier begründen, dass Streitigkeiten zwischen dem Arbeitgeber und dem EBR um die Anwendung oder Auslegung einer substantiellen EBR-Vereinbarung unter den Begriff der Zivil- und Handelssachen zu subsumieren sind[392].

In Abgrenzung zum Anwendungsbereich der Rom II-VO ist zusätzlich zu klären, ob es sich dabei um vertragliche oder außervertragliche Schuldverhältnisse handelt. Ob man dabei für ein vertragliches Schuldverhältnis in Anlehnung an die EuGH-Rechtsprechung zu Art. 5 Nr. 1 Brüssel I-VO[393] jede „freiwillig eingegangene Verpflichtung" für ausreichend hält[394], oder ob man dabei ein funkti-

---

389 Vgl. oben unter Teil 2 B. I. 1.

390 *Garcimartín Alférez,* EuLF 2/2008, I-61, I-62; *Leible/Lehmann*, RIW 2008, 528, 529; *Van Hoek/Hendrickx*, Final Report, 18.

391 Vgl. oben unter Teil 2 B. IV. 1. b).

392 Ebenso *Van Hoek/Hendrickx*, Final Report, 8 f.

393 EuGH, 20.1.2005, Rs. C-27/02 (Engler/Janus Versand GmbH), EuZW 2005, 177 Rn. 50 ff. m.w.N. Genau genommen ging es in der Entscheidung um die Auslegung des Art. 5 Nr. 1 EuGVÜ, der diesbezüglich jedoch wortgleich mit der heutigen Formulierung in Art. 5 Nr. 1 Brüssel I-VO ist.

394 *Garcimartín Alférez,* EuLF 2/2008, I-61, I-63.

onales Verständnis ausgerichtet am Merkmal der Parteiautonomie fordert[395], ist dabei im vorliegenden Kontext nicht entscheidend. Denn transnationale Unternehmensvereinbarungen zwischen EBR und zentraler Unternehmensleitung sind – ohne der rechtlichen Einordnung im späteren Teil der Arbeit zu weit vorgreifen zu wollen – schuldrechtliche Vereinbarungen, welche auf dem autonomen Gestaltungswillen der Parteien beruhen. Mithin sind sie als vertragliche Schuldverhältnisse im Sinne des Art. 1 Rom I-VO einzustufen, sodass diese auf sie Anwendung findet[396].

c) Bedeutung der EBR-Richtlinie in diesem Kontext

Wie bereits erwähnt, liegt der wesentliche Grundgedanke der Rom I-VO gemäß Art. 3 in der Möglichkeit der freien Rechtswahl. Wurde von dieser Möglichkeit kein Gebrauch gemacht, so wird an den gewöhnlichen Aufenthaltsort des Leistungserbringers angeknüpft bzw. daran, zu welchem Staat die engste Verbindung besteht, Art. 4 Abs. 2 und 3 Rom I-VO.

Im Rahmen der substantiellen EBR-Vereinbarungen bieten sich in Anlehnung an die EBR-Richtlinie zwei Faktoren an, welche bei der Klärung der Frage, zu welchem Staat die engste Verbindung besteht, hilfreich sein können. Dementsprechend wird zunächst vorgeschlagen, an den Ort der EBR-Sitzungen, der gemäß Art. 6 Abs. 2 d) RL 2009/38/EG in der Gründungsvereinbarung festgelegt werden soll, anzuknüpfen[397]. Als zweite Möglichkeit wird vorgeschlagen, an den Sitz der zentralen Unternehmensleitung anzuknüpfen[398]. Dies entspricht der Tatsache, dass die Richtlinie bezüglich der subsidiär anzuwendenden Vorschriften in Art. 7 Abs. 1 ebenfalls an dieses Merkmal anknüpft.

Darüber hinaus wird vorgeschlagen, an das Betriebsverfassungsrecht des Landes anzuknüpfen, in welchem die meisten Arbeitnehmer beschäftigt sind[399], da die-

---

395 *Leible/Lehmann*, RIW 2008, 528, 529.

396 So im Ergebnis auch *Van Hoek/Hendrickx*, Final Report, 9: „We conclude from this that the commitments of an employer as laid down in a TCA may come within the concept of contract when the commitments are claimed to be legally binding and specific enough as to their scope and content."; *Zimmer* in: Rechtstatsachen, 114, 130.

397 *Van Hoek/Hendrickx*, Final Report, 12.

398 *Van Hoek/Hendrickx*, Final Report, 12, 26 und 37; *Zimmer* in: Rechtstatsachen, 130.

399 *Rehberg*, NZA 2013, 73, 77.

ses Kriterium „relativ einfach und gut feststellbar“ sei. Dem ist jedoch entgegen zu halten, dass sich dies im Laufe der Zeit mehrmals ändern kann. Man denke etwa an Unternehmensgruppen, welche mehrere in etwa gleich große Standorte in Europa haben. Hier könnte es passieren, dass mal an dem einen, mal an dem anderen Standort mehr Arbeitnehmer beschäftigt sind. Dann erscheint es nicht sinnvoll, das auf transnationale Vereinbarungen anzuwendende Recht jeweils in einem anderen Mitgliedstaat zu verorten. Eine Anknüpfung an den Ort der EBR-Sitzungen oder an den Sitz der zentralen Unternehmensleitung ist demgegenüber genauso leicht zu ermitteln, führt unter Umständen jedoch zu größerer Konstanz und ist daher vorzugswürdig.

Darüber hinaus ist auch denkbar, an eine explizite Rechtswahl in der EBR-Gründungsvereinbarung anzuknüpfen[400]. Eine solche Rechtswahl ist grundsätzlich zulässig[401], denn sie entspricht der durch die Richtlinie vorgegebenen Parteiautonomie. Existiert hinsichtlich der Gründungsvereinbarung eine explizite Rechtswahl und fehlt in einer substantiellen EBR-Folgevereinbarung eine Regelung zur Rechtswahl, so ist zu prüfen, ob von einer stillschweigenden Rechtswahl ausgegangen werden kann. Dabei sind jedoch die hohen Anforderungen hinsichtlich einer stillschweigenden Rechtswahl im Zusammenhang mit Art. 3 Rom I-VO zu beachten[402]. Aus dem Vertrag oder den Umständen müssen sich eindeutige Anhaltspunkte für die Rechtswahl ergeben. Da jedoch eine ausschließliche Gerichtsstandsklausel als wichtiger Faktor für eine stillschweigende Rechtswahl herangezogen werden kann[403], ist nicht ersichtlich, warum dies nicht auch für eine explizite Rechtswahlklausel in der EBR-Gründungsvereinbarung gelten soll. Denn jedes Handeln des EBR baut letztlich auf den ihm im Rahmen der Gründungsvereinbarung und möglicher Änderungsvereinbarungen zugewiesenen Rechten und Pflichten auf.

---

400 Vgl. Transnational Company Agreements, Report of the Expert Group, 31.01.2012, S. 43 ff.

401 So wohl auch *Deinert*, Internationales Arbeitsrecht, 5. Kapitel, § 17 Rn. 30.

402 *Leible/Lehmann*, RIW 2008, 528, 532.

403 Vgl. Erwägungsgrund Nr. 12 Rom I-VO; *Leible/Lehmann*, RIW 2008, 528, 532.

C. Rechtsgrundlage für die Vereinbarungen

Für die rechtliche Einordnung der Unternehmensvereinbarungen des EBR ist zunächst entscheidend, auf welche rechtliche Grundlage sich die Vertragsparteien stützen können. Hier kommt zunächst die EBR-Richtlinie 2009/38/EG in Betracht. Dabei ist zu prüfen, ob die EBR-Richtlinie dergestalt ausgelegt werden kann, dass ihr eine Rechtsgrundlage für den Abschluss transnationaler Unternehmensvereinbarungen des EBR entnommen werden kann.

I. EBR-Richtlinie

Die EBR-Richtlinie 2009/38/EG etabliert ebenso wie ihre Vorgängerrichtlinie 94/45/EG ein Gremium zur Information und Anhörung der Arbeitnehmer.

1. Anhörung

Die Definition des Begriffs der Anhörung wurde in Art. 2 Abs. 1 lit. g der Richtlinie 2009 neu gefasst. „Anhörung" meint demnach die Einrichtung eines Dialogs und den Meinungsaustausch zu einem Zeitpunkt, in einer Weise und in einer inhaltlichen Ausgestaltung, die es den Arbeitnehmervertretern auf der Grundlage der erhaltenen Informationen ermöglichen, zu den vorgeschlagenen Maßnahmen eine Stellungnahme abzugeben, die innerhalb des gemeinschaftsweit operierenden Unternehmens oder der Unternehmensgruppe berücksichtigt werden kann. Durch die Änderung wird ein „kommunikativer Prozess" zur umfassenden Abwägung von Gründen und Gegengründen angestrebt[404]. Diese Definition scheint über den deutschen Sprachgebrauch des Begriffs hinauszugehen. Unter „anhören" versteht man in diesem Kontext hierzulande bereitwilliges, aufmerksames zuhören, unter „Anhörung" auch die öffentliche Befragung etwa von Sachverständigen oder Zeugen[405]. Auch das Betriebsverfassungsgesetz (BetrVG) geht von einem anderen Begriffsverständnis als die Richtlinie aus, denn dort ist es ausreichend, wenn der Arbeitgeber die schriftliche Stellungnahme des

404 *Melot de Beauregard/Buchmann*, BB 2009, 1417, 1419.

405 Vgl. Duden, Deutsches Universalwörterbuch, unter „anhören".

Betriebsrats zur Kenntnis nimmt, bevor eine Kündigung ausgesprochen wird[406]. Demgegenüber spricht die Richtlinie von einem „Dialog". Während im Rahmen des BetrVG zwischen Anhörungs- und Beratungsrechten deutlich unterschieden wird, scheint sich das Anhörungsrecht aus der Richtlinie in Richtung eines Beratungsrechts zu entwickeln[407].

2. Verhandlungsstruktur

Zur Etablierung eines Gremiums zur Information und Konsultation der Arbeitnehmer in länderübergreifend tätigen Unternehmen bedient sich die Richtlinie einer Verhandlungsstruktur. Die Abkehr von einer ausführlichen inhaltlichen Regelung der Rechte und Pflichten des EBR hin zu einer prozeduralen Regelung, bei der die Verhandlungspartner selbst die Strukturen des EBR und des Informations- und Anhörungsverfahrens gestalten, war ein entscheidender Schritt auf dem Weg zur Verabschiedung der ersten EBR-Richtlinie[408]. Durch dieses Vereinbarungsmoment, welches den EBR-Richtlinien innewohnt, stellt sich die Frage, ob Unternehmensvereinbarungen des EBR bereits in der EBR-Richtlinie eine Rechtsgrundlage finden.

Ausgangspunkt für die rechtliche Analyse der EBR-Richtlinie ist die Tatsache, dass die Richtlinie verschiedene Arten von Vereinbarungen vorsieht. So werden auch von der RL 2009/38/EG sogenannte „Artikel 13-Vereinbarungen" anerkannt (vgl. Art. 14). Dabei handelt es sich um Vereinbarungen, die vor der Umsetzung der RL 94/45/EG geschlossen wurden und ein Verfahren für eine länderübergreifende Unterrichtung und Anhörung aller Arbeitnehmer vorsehen. Deren Bestandsschutz wurde in Art. 13 der RL 1994 geregelt. Zudem geht auch die Richtlinie 2009 davon aus, dass die Parteien beschließen können, eine „Artikel 13-Vereinbarung" weiter anzuwenden. Darüber hinaus wird ein neuer EBR seit Ablauf der Umsetzungsfrist für die erste EBR-Richtlinie grundsätzlich durch eine Vereinbarung zwischen dem Besonderen Verhandlungsgremium

406 Fitting, BetrVG, § 102 Rn. 20 ff.

407 *Düwell*, FA 2009, 39, 41.

408 Vgl. oben unter Teil 2 A. III.; *Weiss*, ZRP 1992, 422, 423 ff.; *ders.* NZA 2003, 177, 179 f.

(BVG) und der zentralen Unternehmensleitung gegründet[409]. Daher kann als Zwischenergebnis festgehalten werden, dass auch die EBR-Richtlinie 2009 verschiedene Kollektivvereinbarungen, die über den Rahmen des nationalen Rechts hinausweisen, als gemeinschaftsrechtlich relevant anerkennt[410].

Dieses Zwischenergebnis wird jedoch für die hier relevante Rechtsfrage bereits dadurch geschmälert, dass viele der vorgenannten Vereinbarungen nicht durch einen EBR geschlossen werden. Verhandlungspartner der zentralen Unternehmensleitung sind vielmehr bei „Artikel 13-Vereinbarungen" Gewerkschaften, nationale Arbeitnehmergremien oder ein neu geschaffenes Gremium aus betrieblichen und gewerkschaftlichen Arbeitnehmervertretern[411]. Im Anwendungsbereich der Richtlinie ist das BVG der Verhandlungspartner bei der Neugründung eines EBR. Allein bei der Verlängerung einer EBR-Vereinbarung oder deren Anpassung an strukturelle Änderungen kommt der EBR selbst als Verhandlungspartner in Betracht. Dabei handelt es sich jedoch lediglich um Vereinbarungen „in eigener Sache". Bei den hier beleuchteten Unternehmensvereinbarungen handelt es sich hingegen um Vereinbarungen mit materiellem Inhalt, welcher über die eigene Verfahrensregelung hinausgeht[412]. Die Richtlinie weist dem EBR jedoch bezüglich seiner inhaltlichen Arbeit lediglich Informations- und Anhörungsrechte zu, vgl. Art. 1 Abs. 1 der Richtlinie 2009. Selbst wenn man den Begriff der Anhörung nach der neuen Richtlinie weit auslegt und als Beratungsrecht versteht[413], sodass ein dialogischer Prozess erforderlich ist, ist dies von einem Vereinbarungsrecht abzugrenzen. Ein Beratungsrecht erfordert lediglich, dass zwei Seiten das Für und Wider einer gewissen Regelung gemeinsam abwägen[414]. Am Ende steht jedoch eine *einseitige* Entscheidung. Bei einem Vereinbarungsrecht würde am Ende der Verhandlungen das Erfordernis einer *gemeinsamen* Entscheidung stehen. Dies ist in der Richtlinie jedoch nicht ange-

---

409 Vgl. Artt. 1 Abs. 1, 5 Abs. 1, 6 Abs. 1 der RL 2009/38/EG.

410 So zur RL 94/45/EG: *Schiek*, RdA 2001, 218, 228.

411 *Schiek*, RdA 2001, 218, 228; *Blanke*, EBRG, Teil B. Einl. Rn. 40.

412 Vgl. oben unter Teil 1 A. III.

413 Vgl. oben unter Teil 2 C. I. 1., 27.

414 Vgl. für das deutsche Betriebsverfassungsrecht: *Richardi*, § 26 Rn. 15.

legt. Die EBR-Richtlinie etabliert gerade keine Vereinbarungsstruktur, sondern eine Struktur zur Sicherung der Information und Anhörung der Arbeitnehmer. Der EBR ist de lege lata gedacht als ein Gremium für Information und Konsultation, nicht für Verhandlung und Vereinbarung.

3. Die Ratio der Richtlinie

Die Gegenansicht[415] bedient sich zur Begründung ihrer These, dass die Ratio der Richtlinie dafür spreche, dass auch transnationale Unternehmensvereinbarungen von dieser erfasst seien, eines Vergleichs mit den Regelungen zu „Information und Konsultation“ betrieblicher Arbeitnehmervertreter in anderen gemeinschaftsrechtlichen Regelungen. In Betracht kommen hier insbesondere die Betriebsübergangsrichtlinie[416] und die Massenentlassungsrichtlinie[417]. Die Betriebsübergangsrichtlinie legt in Art. 7 Nr. 2 fest, dass der Veräußerer bzw. der Erwerber verpflichtet ist, die Arbeitnehmervertreter zu konsultieren, um eine „Übereinkunft“ anzustreben, wenn er Maßnahmen hinsichtlich seiner Arbeitnehmer in Betracht zieht. In der Massenentlassungsrichtlinie ist in Art. 2 Abs. 1 statuiert, dass die Arbeitnehmervertreter zu konsultieren sind, um zu einer „Einigung“ zu gelangen. Daraus wird der Schluss gezogen, dass eine „Einigung“ bzw. „Übereinkunft“ das Ergebnis des betrieblichen Sozialdialogs sein soll und dass das Gemeinschaftsrecht die Arbeitnehmervertreter nicht per se auf Information und Meinungsaustausch beschränkt[418].

Diese Argumentation greift jedoch zu kurz. Abgesehen davon, dass die hier herangezogenen Richtlinien sich nicht auf grenzüberschreitende Vorgänge beziehen, etablieren diese gerade keine Verhandlungsstruktur. In beiden trifft den Arbeitgeber lediglich die Pflicht zur Konsultation. Dass eine „Einigung“ bzw. „Übereinkunft“ angestrebt werden soll, ist dabei nicht zu verwechseln mit einer Vereinbarung. Sie zielt vielmehr auf die inhaltliche Akzeptanz der Arbeitneh-

---

415 *Schiek*, RdA 2001, 218, 228.

416 Richtlinie 2001/23/EG, siehe Fn. 311.

417 Richtlinie 98/59/EG, siehe Fn. 310.

418 *Schiek*, RdA 2001, 218, 229.

mervertreter mit der letztlich einseitigen Entscheidung des Arbeitgebers ab. Es gibt keinerlei Pflicht, zu einer Einigung zu gelangen, geschweige denn diese in einer rechtlich verbindlichen Vereinbarung festzuhalten. Die Kommission geht hinsichtlich der Betriebsübergangsrichtlinie ebenso davon aus, dass diese keine Verpflichtung begründet, zu einem Ergebnis zu gelangen[419]. Genauso kann ein Urteil des EuGH hinsichtlich der Massenentlassungsrichtlinie 75/129/EWG ausgelegt werden[420]. Mithin gehen auch diese Richtlinien letztlich nicht über die Etablierung von Beratungsrechten hinaus, sodass sie nicht als Rechtfertigung für eine erweiterte Auslegung der EBR-Richtlinie herangezogen werden können. Im Übrigen lässt sich argumentieren, dass die EBR-Richtlinie im Gegensatz zu der Betriebsübergangs- und Massenentlassungsrichtlinie noch nicht einmal ausdrücklich erwähnt, dass eine Einigung über bestimmte Inhalte anzustreben ist, die über Regelungen „in eigener Sache" hinausgehen. Dies spricht dafür, dass die EBR-Richtlinie gerade nicht als Rechtsgrundlage für transnationale Unternehmensvereinbarungen herangezogen werden kann.

Richtig ist jedoch, dass die Richtlinie solche Vereinbarungen auch nicht ausschließt, sondern schlicht zu diesen schweigt. Sie schließt nicht aus, dass solche Vereinbarungen auf andere Rechtsgrundsätze gestützt werden könnten. Schließlich ist der Europäische Betriebsrat „auf Zuwachs" angelegt, hin zu einem nicht lediglich unverbindlichen sozialen Dialog auf europäischer Ebene[421].

4. Die Ermächtigungsgrundlage der EBR-Richtlinie

Ermächtigungsgrundlage für die EBR-Richtlinie war ex-Art. 137 EGV (heute Art. 153 AEUV). Dieser sieht grundsätzlich neben dem Gebiet der Unterrichtung und Anhörung (Abs. 1 lit. e) eine Regelungskompetenz für die Vertretung und kollektive Wahrnehmung der Arbeitnehmer- und Arbeitgeberinteressen,

---

419 Europäische Kommission, Memorandum zu den Ansprüchen der Arbeitnehmer beim Übergang von Unternehmen, 11.

420 EuGH Rs. C-284/83 *(Dansk Metalarbejderforbund),* Slg. 1985, 553, 563 Rn.5.

421 *Blanke* in: FS Nagel, 229, 243; *ders.* EBRG, Einl. Rn. 52; vgl. *Marassi*, 28 f.; so im Ergebnis auch *Rehberg*, NZA 2013, 73, 76, der daraus den Schluss zieht, dass diese Vereinbarungen kollisionsrechtlich und nach nationalen Sachrechten zu behandeln seien.

einschließlich der Mitbestimmung (Abs. 1 lit. f) vor. Diese zweite Ermächtigungsgrundlage könnte als Indiz dafür gewertet werden, dass die Richtlinie grundsätzlich auch über die Regelung der Unterrichtung und Anhörung hinausgehen könnte. Allerdings ist hier zu beachten, dass es zur Regelung einer Form der Mitbestimmung gemäß Abs. 2 S. 2 der Einstimmigkeit bedurft hätte. Diese war jedoch auch bei Verabschiedung der Richtlinie 2009 nicht gegeben, da sich die britische Regierung der Stimme enthielt[422]. Daher kann sich die Richtlinie allein auf eine Richtlinienkompetenz zur Unterrichtung und Anhörung der Arbeitnehmer stützen und nicht über diesen Rahmen hinausgehen.

Gleichzeitig untermauert ein Blick auf die Ermächtigungsgrundlage das oben gefundene Ergebnis, dass die Richtlinie transnationale Unternehmensvereinbarungen des EBR nicht ausschließt. Denn ausweislich des Abs. 2 lit. b des ex-Art. 137 EGV kann der Gemeinschaftsgesetzgeber durch Richtlinien nur Mindestvorschriften erlassen[423] und keine Beschränkungen der Mitbestimmung vornehmen.

5. Ergebnis

Aus den soeben unter 1. bis 4. dargelegten Gründen ist als Ergebnis festzuhalten, dass der Abschluss von transnationalen Unternehmensvereinbarungen zwischen dem EBR und der zentralen Unternehmensleitung in der EBR-Richtlinie nicht angelegt ist. Dies gilt jedenfalls für Vereinbarungen, die über die Regelungen „in eigener Sache" hinausgehen. Die EBR-Richtlinie kann daher de lege lata nicht als Rechtsgrundlage für diese Art von Vereinbarungen herangezogen werden. Andererseits werden transnationale Unternehmensvereinbarungen des EBR durch die EBR-Richtlinie jedoch auch nicht ausgeschlossen.

---

422 Vgl. zum Gesetzgebungsverfahren: http://www.euro-betriebsrat.de/ebr/113.php.

423 Vgl. zur Richtlinie 1994: *Weiss*, AuR 1995, 438, 440.

II. Vereinbarungsfreiheit

Als Rechtsgrundlage für transnationale Unternehmensvereinbarungen des EBR kommt die Vereinbarungsfreiheit in Betracht.
Die Charta der Grundrechte der Europäischen Union beinhaltet in Art. 12 die Versammlungs- und Vereinigungsfreiheit sowie in Art. 16 die unternehmerische Freiheit. Zudem beinhaltet Art. 28 ein Recht auf Kollektivverhandlungen. Diese grundrechtlichen Gewährleistungen könnten dafür sprechen, dass die Akteure des europäischen kollektiven Arbeitsrechts Vereinbarungsfreiheit genießen, solange und soweit es keine spezialgesetzlichen Regelungen gibt und nationale Rechtsvorschriften nicht entgegenstehen. Auf das Recht auf Freiheit gemäß Art. 6 der Charta kann hingegen nicht zurückgegriffen werden, da vom Schutzbereich dieses Grundrechts nur die körperliche Bewegungsfreiheit erfasst wird[424].

1. Grundrechtsfähigkeit

Um sich auf die Grundrechte berufen zu können, müssten sowohl das beteiligte Unternehmen als auch der EBR grundrechtsfähig sein, das heißt sie müssten Träger der unmittelbar einklagbaren Unionsrechte sein.

a) Grundrechtsfähigkeit des Unternehmens

Auf Arbeitgeberseite werden transnationale Unternehmensvereinbarungen durch Unternehmen oder Unternehmensgruppen (Konzerne) geschlossen. Diese existieren oftmals in der Rechtsform der Aktiengesellschaft (AG) oder einer vergleichbaren Rechtsform eines anderen europäischen Mitgliedstaats, etwa einer Société Anonyme (SA) nach französischem Recht. In Betracht kommt auch die Rechtsform der Europäischen Aktiengesellschaft (SE, Societas Europaea). Unternehmen in der relevanten Größenordnung (in der Regel deutlich mehr als 1.000 Arbeitnehmer und in mehreren Mitgliedstaaten der EU ansässig) stellen jedenfalls in aller Regel juristische Personen des Privatrechts dar, gleich wie sie im Einzelfall ausgestaltet sind.

---

424 Ehlers/*Schorkopf*, § 16.1 Rn. 4.

Im Geltungsbereich des deutschen Grundgesetzes gilt für inländische juristische Personen des Privatrechts, dass sich die Geltung der Grundrechte auf diese erstreckt, sofern die Grundrechte gemäß Art. 19 Abs. 3 GG „ihrem Wesen nach auf diese anwendbar sind“. Hierbei entfacht sich eine „tiefgreifende und grundlegende juristische Kontroverse“[425] dahingehend, was unter dem „Wesen der Grundrechte“ im Einzelnen zu verstehen ist. Im Ergebnis herrscht jedoch Einigkeit darüber, dass die Grundrechtsträgerschaft juristischer Personen des Privatrechts etwa hinsichtlich der Unternehmerfreiheit sowie der allgemeinen Handlungsfreiheit grundsätzlich zu bejahen ist[426]. Einschränkungen macht das Bundesverfassungsgericht dort, wo es klarstellt, dass die Freiheit großer Konzerne in "einem sozialen Bezug und einer sozialen Funktion" steht[427].

Auch viele andere Mitgliedstaaten der europäischen Union erkennen in ihrem nationalen Verfassungsrecht die Grundrechtsfähigkeit juristischer Personen des Privatrechts für die Grundrechte an, welche nach ihrem Wesen in gleichem Maße von natürlichen wie juristischen Personen geltend gemacht werden können[428]. Dieses Kriterium ist für die unternehmerische Freiheitssphäre grundsätzlich erfüllt[429].

Fraglich ist, ob dieses Ergebnis auch auf die Grundrechtsfähigkeit juristischer Personen des Privatrechts auf gemeinschaftsrechtlicher Ebene zutrifft. Maßgeblich ist seit dem Inkrafttreten des Vertrags von Lissabon die rechtsverbindliche Charta der Grundrechte der EU. Obwohl die Aufnahme einer mit Art. 19 Abs. 3 GG vergleichbaren Regelung im Konvent[430] und in der Literatur[431] angeregt wurde, fehlt eine solche in der rechtsverbindlichen Fassung der Charta. In den Artikeln 42-44 der Charta finden juristische Personen jedoch ausdrückliche Er-

425 Vgl. dazu ausführlich: *Schwier*, 169 m.w.N.

426 *Schwier*, 175; vgl. zum Begriff der Unternehmerfreiheit: *ders.* Rn. 621.

427 BVerfGE 50, 290.

428 *Schwier*, 184 ff.

429 *Schwier*, 193.

430 *Bernsdorff/Borowski*, 303, 358, 360.

431 *Weber*, NJW 2000, 537, 541; *Schwarze*, EuZW 2001, 517, 521.

währung. Ihnen werden namentlich das Recht auf Zugang zu Dokumenten der Organe und Einrichtungen der EU, das Recht den Europäischen Bürgerbeauftragten in Fällen von Missständen zu befassen sowie das Petitionsrecht eingeräumt. Daraus kann jedoch nicht der Schluss abgeleitet werden, dass juristische Personen vom Schutzbereich aller übrigen Grundrechte ausgeschlossen seien[432]. Viele Artikel sprechen von „Menschen" oder „Unionsbürgern", während andere den Begriff „Personen" wählen. Dabei können unter den Begriff der „Personen" sowohl juristische als auch natürliche Personen gefasst werden[433]. Zudem spricht Art. 28 der Charta von „Arbeitgebern". Auch unter diesen Begriff fallen juristische Personen des Privatrechts in ihrer Funktion als Arbeitgeber der bei ihnen angestellten Arbeitnehmer. Denn würde man unter den Begriff der Arbeitgeber nur natürliche Personen fassen, wäre der Schutzzweck des Artikels ausgehöhlt. Schließlich sind große Unternehmen, in bzw. mit denen Tarifverträge geschlossen werden, praktisch immer in der Rechtsform einer juristischen Person des Privatrechts organisiert. Darüber hinaus hat der EuGH in zahlreichen Entscheidungen Gemeinschaftsgrundrechte auf juristische Personen angewandt[434]. Somit ist eine juristische Person des Privatrechts grundsätzlich auch in Bezug auf die Grundrechte der EU-Charta grundrechtsfähig, sofern es sich nicht um höchstpersönliche Verbürgungen handelt[435]. Dies gilt nach der Kohärenzklausel des Art. 52 Abs. 3 der Charta in jedem Fall dann, wenn die EMRK die Grundrechtsberechtigung gewährt.

b) Grundrechtsfähigkeit des EBR

Umstritten ist die Frage, ob auch der EBR grundrechtsfähig ist. *Forst* spricht jedenfalls dem BVG die (Grund-)Rechtsfähigkeit ab, da dieses als *ad-hoc*-Gremium nur von begrenzter Dauer sei[436]. Der EBR ist in Abgrenzung dazu jedoch gerade nicht von begrenzter Dauer. Darüber hinaus sind die „Vertreter der Arbeitnehmer" etwa in Art. 27 der Charta der Grundrechte der EU ausdrücklich

---

432 Ehlers/*Ehlers*, § 14 Rn. 43; *Schwier*, 200.

433 So auch Ehlers/*Ehlers*, § 14 Rn. 43.

434 *Schwarze*, EuZW 2001, 517, 521 m.w.N.

435 Ehlers/*Ehlers*, § 14 Rn. 43.

436 *Forst*, ZESAR 2009, 469, 472.

als Träger dieses Grundrechts erwähnt. Dazu zählen auch die Mitglieder des EBR als nach den Rechtsvorschriften der Mitgliedstaaten erfasste Arbeitnehmervertreter[437]. Auf die Diskussion darüber, ob der EBR (teil-) rechtsfähig ist[438], kommt es an dieser Stelle nicht an, da im Gemeinschaftsrecht auch nicht rechtsfähige und teilrechtsfähige Personenmehrheiten grundrechtsberechtigt sind[439]. Zusätzlich muss kein Erwerbszweck verfolgt werden, sodass die Grundrechtsberechtigung des EBR auch nicht an dieser Hürde scheitert. Somit kann sich der EBR grundsätzlich auf die Grundrechte der Charta berufen, sofern diese auf ihn anwendbar sind.

2. Gewährleistung der Vereinbarungsfreiheit durch die Grundrechtecharta

a) Für den Arbeitgeber

Die Freiheit des Arbeitgebers, mit rechtmäßig gebildeten Arbeitnehmervertretungen Vereinbarungen zu schließen (oder dies zu unterlassen) könnte als Teil der unternehmerischen Freiheit durch Art. 16 der Grundrechtecharta gewährleistet sein. Träger dieses Grundrechts sind sowohl natürliche als auch juristische Personen und Personenvereinigungen[440]. Art. 16 besagt, dass die unternehmerische Freiheit nach dem Unionsrecht und den einzelstaatlichen Rechtsvorschriften anerkannt wird. Dabei ist anerkannt, dass die Möglichkeit des Unternehmers zur freien, privatautonomen Vertragsbindung ein wesentlicher Schutzaspekt des Art. 16 ist[441]. Der EuGH hat bereits vor Inkrafttreten der Rechtsverbindlichkeit der Charta entschieden, dass es einen anerkannten Grundsatz der Vertragsfreiheit gibt, welcher „nicht eingeschränkt werden kann, wenn es keine Gemeinschaftsregelung gibt, die in dieser Beziehung besondere Beschränkungen fest-

437 Meyer/*Riedel*, Art. 27 Rn. 21.

438 *Horcher*, 264 m.w.N; zur neuen Richtlinie: *Thüsing/Forst*, NZA 2009, 408, 410; *Van Hoek/Hendrickx*, Final Report, 37.

439 Ehlers/*Ehlers*, § 14 Rn. 43.

440 Vgl. zur grundsätzlichen Frage der Grundrechtsfähigkeit juristischer Personen des Privatrechts auf gemeinschaftsrechtlicher Ebene oben unter Teil 2 C. II. 1. a); *Jarass*, EuGRZ 2011, 360, 361.

441 *Schwier*, 104 m.w.N.; *Jarass*, EuGRZ 2011, 360, 362.

legt"[442]. Hierbei geht es im Kern um die Freiheit, Wirtschafts- und Geschäftsbeziehungen frei zu regeln[443]. Darüber hinaus geht es jedoch um mehr, nämlich um die Freiheit der Unternehmen, all ihre Beziehungen eigenverantwortlich zu regeln[444]. Dies beinhaltet neben den Beziehungen zu anderen Unternehmen auch die Beziehungen zu den Arbeitnehmervertretungen des eigenen Unternehmens. Somit ist der Arbeitgeber frei, mit dem EBR Vereinbarungen zu schließen, solange ihm nicht durch Gesetz entweder eine Verhandlungspflicht oder aber gewisse Grenzen der Vereinbarungsfreiheit auferlegt werden.

b) Für den Europäischen Betriebsrat

Fraglich ist, ob sich auch der EBR auf eine grundrechtliche Gewährleistung der Vereinbarungsfreiheit stützen kann.

aa) Anwendbare Grundrechte

Die Vereinigungsfreiheit nach Art. 12 Abs. 1 der Grundrechtecharta scheidet diesbezüglich als Anknüpfungspunkt aus, da der EBR keinen freiwilligen Zusammenschluss der Arbeitnehmer darstellt[445].

In Betracht könnte jedoch das Recht auf Kollektivverhandlungen gemäß Art. 28 der Grundrechtecharta kommen[446]. Dieses Grundrecht steht nach dem Wortlaut den Arbeitnehmerinnen und Arbeitnehmern, Arbeitgeberinnen und Arbeitgebern oder ihren jeweiligen *Organisationen* zu. Es kommt grundsätzlich als Rechtsgrundlage für eine europäische Ebene der Kollektivverhandlungen in Betracht[447]. Dabei ist umstritten, ob auch innerbetriebliche Organisationen wie der Europäische Betriebsrat von Art. 28 erfasst sein sollen.

bb) Argumentation pro Anwendung des Art. 28 der Charta

Kollektivvereinbarungen des Europäischen Betriebsrats werden jedoch ähnlich wie Betriebsvereinbarungen nach dem deutschen BetrVG nicht von einer Koali-

---

442 EuGH Rs. C-240/97 (*Spanien vs. Kommission*), Slg. 1999, I-6571, Rn. 99.

443 Tettinger/Stern/*Blanke*, Art. 16 Rn. 10.

444 *Schwier*, 107.

445 Vgl. Ehlers/*Pünder*, § 16.2 Rn. 39; Meyer/*Bernsdorff*, Art. 12 Rn. 15.

446 DKK/*Däubler*, EBRG, § 18 Rn. 13.

447 *Jagodzinski*, Industrielle Beziehungen 4/2007, 316, 320 f.

tion geschlossen, sondern von einem Organ mit Zwangsmitgliedschaft. Andererseits verlangt Art. 28 nicht ausdrücklich eine Koalition, sondern spricht von „Organisation“, was im Vergleich dazu weiter gefasst ist. Für diese weite Auslegung könnte auch die Verwendung des Begriffs „Kollektivverhandlungen“ bzw. „collective bargaining“ sprechen. Während der deutsche Begriff „Kollektivverhandlungen“ jedoch Raum lassen würde, darunter auch die Verhandlungen des EBR mit der zentralen Unternehmensleitung zu verstehen, wird der englische Begriff „collective bargaining“ nicht im Zusammenhang mit dem EBR verwendet[448]. Stattdessen wird dort von „collective negotiation“ gesprochen[449]. Daher kommt ein Teil der Literatur zu der Ansicht, dass auch innerbetriebliche Gremien wie der Betriebsrat als Organisation der Arbeitnehmer anzusehen sind und damit unter den Schutz des Art. 28 fallen. Dies werde auch dem Umstand gerecht, dass nur wenige Mitgliedstaaten auf Unternehmensebene zwischen Firmentarifvertrag und Betriebsvereinbarung unterschieden. Da der Firmentarifvertrag als Kollektivvertrag einer Koalition von Art. 28 der Charta erfasst sei, sei es folgerichtig, auch Betriebsvereinbarungen davon zu erfassen[450].

cc) Gegenargumentation

Gegen diese Ansicht spricht zunächst einmal aus der historischen Betrachtung, dass es bei der Diskussion im Grundrechtekonvent allein um die Rolle der Gewerkschaften und Arbeitgeberverbände ging[451]. Dies spricht dafür, dass der Begriff „Organisationen“ allein als Oberbegriff für Arbeitnehmer- und Arbeitgeberverbände zu verstehen ist. Zudem wird eingewandt, dass die Erfassung innerbetrieblicher Organisationen den Gewerkschaften, denen der Schutz des Art. 28 primär gewährt werden soll, schade. Darüber hinaus sei die innerbetriebliche Organisation von Art. 27 erfasst, sodass Art. 28 nur den Außenaspekt thematisiere[452].

---

448 *Deakin/Morris*, Chapter 9.60 ff., 839 ff.

449 Ales-Report, 17 ff.; *Marginson/Meardi,* 21 f.

450 Zum ganzen Streitstand: Callies/Ruffert/*Krebber*, GRCh, Art. 28 Rn. 5; Bercusson/*Veneziani*, 317 ff.

451 Meyer/*Riedel*, Art. 28 Rn. 9 ff.

452 Meyer/*Riedel*, Art. 28 Rn. 21; so im Ergebnis auch *Jarass*, Art. 28 Rn. 11.

dd) Stellungnahme

Die Einbeziehung des EBR in den Schutzbereich des Art. 28 der Charta liegt nicht auf der Hand. Im Kern geht es um den Schutz der Arbeitnehmer und Arbeitgeber und ihrer jeweils frei gegründeten Organisationen bezüglich des Abschlusses von Tarifverträgen und der Durchführung von Streiks.

Insbesondere das historische Argument spricht daher gegen eine Einbeziehung des EBR in den Schutzbereich des Art. 28, da der Konvent dies nicht im Blick hatte. Andererseits liegt es in der Natur der Sache, dass ein Grundrechtskonvent künftige Entwicklungen nicht mit im Blick hat. Die Entwicklung einiger EBR zu Verhandlungspartnern steht noch am Anfang und hat sich im Wesentlichen nach der Ausarbeitung der Charta im Jahr 2000 zugetragen. Bis heute hat dieses Thema noch keine breite Aufmerksamkeit in der Literatur erlangt. Daher kann das historische Argument hier nicht überzeugen.

Das Argument, dass Art. 27 innerbetriebliche Organisationen schütze und Art. 28 allein außerbetriebliche Organisationen, zeugt von einem sehr deutschen Verständnis der Arbeitswelt. In den meisten anderen Ländern der EU kennt man eine derartig strikte Trennung zwischen innerbetrieblicher und gewerkschaftlicher Arbeitnehmervertretung nicht, sodass fraglich ist, ob sich ein derartiges Verständnis auf europäischer Ebene halten lässt.

Bleibt das Argument, dass die Erfassung des EBR den Gewerkschaften schade. Dies mag im Ergebnis richtig sein, doch ist fraglich, ob die Gewerkschaften derart im Mittelpunkt des grundrechtlich gewährten Schutzes des Art. 28 stehen, dass daneben kein Platz für ein anderes Gremium der Arbeitnehmervertretung ist. Dagegen spricht etwa, dass Streiks auch dann von Art. 28 geschützt werden, wenn sie nicht gewerkschaftlich organisiert sind. Auch das schwächt letztlich die Rolle der Gewerkschaften, entspricht jedoch der Tradition einiger europäischer Mitgliedstaaten wie etwa Frankreich. Mithin geht es bei Art. 28 nicht um eine Stärkung der Rolle der Gewerkschaften „um jeden Preis“. Daher bleibt durchaus Raum für eine Einbeziehung des EBR in den Schutzbereich des Art.

28. Der sich abzeichnende Konflikt zwischen EBR und Gewerkschaften[453] als Verhandlungspartner muss nicht notwendigerweise dadurch gelöst werden, dem EBR den grundrechtlichen Schutz zu verweigern. Vielmehr könnte dieser Konflikt auch über die Frage nach der „geeigneten Ebene“ gelöst werden[454]. Letztlich bleibt abzuwarten, wie der EuGH den Art. 28 auslegen wird.

ee) Die allgemeine Handlungsfreiheit

Sieht man den EBR nicht vom Schutzbereich des Art. 28 erfasst, so kommt weiterhin die allgemeine Handlungsfreiheit in Betracht. Zwar enthält die Charta der Grundrechte der EU kein Grundrecht, welches mit dem der allgemeinen Handlungsfreiheit des Art. 2 Abs. 1 GG vergleichbar wäre. Auch enthalten nach herrschender Ansicht weder das Recht auf Freiheit und Sicherheit gem. Art. 6 noch die Achtung des Privatlebens in Art. 7 der Charta ein solches Grundrecht[455].

Andererseits hat der EuGH in einigen Entscheidungen von der allgemeinen Handlungsfreiheit als Teil der allgemeinen Rechtsgrundsätze oder schlicht von der „Handlungsfreiheit der Parteien“ gesprochen[456]. Diese Entscheidungen dürften jedoch wegen des beiläufigen Charakters der Äußerungen zu diesem Thema nicht überbewertet werden[457]. Entscheidend für die vorliegende Frage ist, dass EuGH und EuG mehrfach von einem allgemeinen Rechtsgrundsatz gesprochen haben, wonach Eingriffe in die Sphäre der privaten Betätigung natürlicher wie juristischer Personen einer Rechtsgrundlage bedürfen und aus den gesetzlichen Gründen gerechtfertigt sein müssen[458]. Dies biete Schutz gegen willkürliche und unverhältnismäßige Eingriffe. In diesem Zusammenhang wird der Begriff der

---

453 Vgl. dazu oben unter Teil 1 C. III 3. und unten in Teil 3 C.; *Jagodzinski*, Industrielle Beziehungen 4/2007, 316, 327.

454 So Bercusson/*Veneziani*, 318: „In these circumstances, the problem is to consider not if, but when Article 28 covers works councils".

455 *Jarass*, Einl. Rn. 35; Art. 6 Rn. 6 und Art. 7 Rn. 3.

456 EuGH Rs. C-133/85 (*Berlin-Butter*), Slg. 1987, 2289, Rn. 15, 19; EuGH Rs. C-309/99, NJW 2002, 877, 881 Rn. 97.

457 *Jarass*, Einl. Rn. 35.

458 EuGH Rs. C-46/87 (*Hoechst*), BeckEuRS 1989, 153300, Rn. 19; C-294/98, BeckEuRS 2000, 242260, Rn. 28; C-238/99, Slg. 2002, I-8375 Rn. 252; C-94/00, Slg. 2002, I-9011 Rn. 27; EuG Rs. 59/99, Slg. 2003, II-5257 Rn. 119.

Handlungsfreiheit nicht benutzt. Dennoch wird dies zum Teil als allgemeines Freiheitsgrundrecht gewertet. Der objektive Charakter des Grundsatzes könne als Ersatz für die fehlende Verbürgung der allgemeinen Handlungsfreiheit fungieren[459].

Nach der entgegenstehenden Ansicht sind damit nur die allgemeinen Grundsätze der Gesetzlichkeit und Verhältnismäßigkeit angesprochen. Sie sieht darin nur einen Gesetzesvorbehalt gegen willkürliche und unverhältnismäßige Eingriffe sieht, legt jedoch nicht plausibel dar, in welche Rechtsposition eingegriffen wird. Denn die Kontrolle von Eingriffen auf ihre Verhältnismäßigkeit setzt denknotwendig ein Eingriffsobjekt, also eine geschützte Rechtsposition, voraus. Dies kann in den vom EuGH entschiedenen Fällen nur die allgemeine Handlungsfreiheit sein[460].

Für das vorliegende Problem kann dieser Streit jedoch letztlich dahinstehen. Denn beide Ansichten kommen zum gleichen Ergebnis, nämlich dass eine Beschränkung der Freiheit der Akteure, miteinander Vereinbarungen zu treffen, auf einer gesetzlichen Grundlage basieren müsste. Da es eine derartige gesetzliche Grundlage nicht gibt, gibt es auch keine Beschränkung.

ff) Zwischenergebnis

Mithin besitzt auch der EBR die Freiheit, Vereinbarungen mit der zentralen Unternehmensleitung zu schließen, die über den gesetzlich gesteckten Rahmen hinausgehen, soweit und solange dies nicht gesetzlich eingeschränkt ist[461].

---

459 Meyer/*Borowsky*, Art. 52 Rn. 22c.

460 Zum Streitstand ausführlich: Heselhaus/Nowak/*Haratsch*, § 18 Rn. 6 ff., 8.

461 So im Ergebnis auch *Blanke* in: FS Nagel, 229, 230 f.; Däubler/*Schiek*, TVG, Rn. 840 ff.

3. Gewährleistung der Vereinbarungsfreiheit im sonstigen Gemeinschaftsrecht

a) EBR-Richtlinie und Parteiautonomie

Auch im Rahmen der Entstehung der EBR-Richtlinie ist der europäische Gesetzgeber von der Verhandlungs- und Vereinbarungsfreiheit der Akteure ausgegangen. Dies zeigt sich zum einen darin, dass Vereinbarungslösungen der Vorrang vor den gesetzlichen Auffangvorschriften eingeräumt wird. Darüber hinaus wird das „privatautonome Verhandlungssetting“[462] der Richtlinie auch durch deren Wortlaut unterstrichen. So regelt Art. 6 den verbindlichen Themenkatalog für Vereinbarungen „unbeschadet der Autonomie der Parteien“. Auch Erwägungsgrund Nr. 19 der Richtlinie 2009 erwähnt den „Grundsatz der Autonomie der Sozialpartner“. Dies bringt zum Ausdruck, dass der europäische Gesetzgeber von der Existenz eines solchen Grundsatzes ausgeht[463]. Rechtlich kann dieser – wie oben gezeigt – auch in den Gewährleistungen der Charta der Grundrechte der EU verankert werden.

Forst unterscheidet an dieser Stelle zwischen der „Autonomie der Parteien“ und der „Vertragsfreiheit“[464]. Die Parteien sollen autonom über den Inhalt der Gründungsvereinbarung entscheiden können, ohne sich jedoch auf die Vertragsfreiheit berufen zu können. Stattdessen fände ihre Autonomie „Grund und Grenze“ in den nationalen und europäischen Rechtsakten. Diese Argumentation überzeugt jedoch nicht. Wie oben gezeigt[465], gilt auch auf Gemeinschaftsebene der Grundsatz, dass Eingriffe in die Sphäre der privaten Betätigung juristischer Personen einer Rechtsgrundlage bedürfen und aus den gesetzlichen Gründen gerechtfertigt sein müssen. Zulässig ist grundsätzlich alles, was nicht gesetzlich eingeschränkt ist[466]. Den umgekehrten Grundsatz, dass nur das erlaubt ist, was „Grund und Grenze“ in den Rechtssätzen der Gemeinschaft findet, gibt es auch

462 *Höland*, 100.

463 So auch *Ales-Report*, 19.

464 *Forst*, ZESAR 2009, 469, 472.

465 Vgl. oben unter Teil 2 C. II. 2.

466 Vgl. zur Vereinbarungsautonomie des EBR: *Blanke* in: FS Nagel, 229, 230 f.

auf europäischer Ebene nicht. Im Übrigen ist einer künstlichen Spaltung zwischen einer angeblich vorhandenen „Autonomie“ und der angeblich nicht vorhandenen Vereinbarungsfreiheit nicht zu folgen. Zunächst einmal wird dies der Tatsache nicht gerecht, dass sich auf europäischer Ebene eine eigene Terminologie mit eigenen Definitionen entwickelt. Aus diesem Grund ist auch ein Vergleich mit der Rechtsprechung des BGH zur Erbengemeinschaft und deren Rechtsfähigkeit irreführend[467]. Denn über die Frage der Rechtsfähigkeit des BVG oder des EBR wird letztlich der EuGH entscheiden und dieser wird – wie etwa beim Arbeitnehmerbegriff[468] – darauf verweisen, dass es eine gemeinschaftsrechtliche Bedeutung gibt und die Definition nicht zur Disposition der Mitgliedstaaten steht, sodass es letztlich irrelevant ist, welche Auffassung der BGH in einem Parallelproblem vertritt. Die künstliche Trennung zwischen Autonomie und Vereinbarungsfreiheit verwischt darüber hinaus den Blick auf das Wesentliche, nämlich dass es dem Gesetzgeber darauf ankam, auszudrücken, dass es den Parteien frei steht, „ob“ sie tätig werden, und dass sie bezüglich des Inhalts einen weiten Gestaltungsspielraum besitzen[469]. Nichts anderes ist unter Vereinbarungsfreiheit zu verstehen.

b) SE-Arbeitnehmerbeteiligungs-RL und europäische Vereinbarungsautonomie

Das bisher gefundene Ergebnis kann auch durch einen Vergleich mit der SE-Arbeitnehmerbeteiligungs-RL[470] abgesichert werden. Auch dort wird vom Grundsatz der europäischen Vereinbarungsautonomie ausgegangen[471]. Der Einleitungssatz des Art. 4 Abs. 2 der SE-Arbeitnehmerbeteiligungs-RL lautet gleichlautend zu Art. 6 der EBR-Richtlinie aus 2009: „Unbeschadet der Autonomie der Parteien […]“. Die *Davignon*-Gruppe, deren Vorschlag an dieser

467 So aber *Forst*, ZESAR 2009, 469, 472.

468 EuGH Rs. C-53/81 (*Levin*), BeckEuRS 1982, 97868.

469 So auch *Blanke* in: FS Nagel, 229, 230 f., der die Begriffe „Vereinbarungsautonomie“ und „freie Vereinbarungsbefugnis“ synonym verwendet; *Blanke*, AG 2008, 493, 495 ff.

470 Richtlinie 2001/86/EG des Rates vom 8. Oktober 2001 zur Ergänzung des Statuts der Europäischen Gesellschaft hinsichtlich der Beteiligung der Arbeitnehmer, ABl. Nr. L 294 S. 22.

471 *Teichmann*, AG 2008, 797, 800 ff.

Stelle unverändert in die Richtlinie übernommen wurde[472], führte dazu aus: „Angesichts der Autonomie der Parteien und ihrer uneingeschränkten Freiheit bei der Festlegung der Inhalte der Vereinbarung kann es sich bei der vorstehenden Aufzählung nicht um eine abschließende Liste handeln“[473]. Auch dies verdeutlicht, dass der europäische Gesetzgeber von einem europäischen Grundsatz der Vereinbarungsautonomie im Bereich des kollektiven Arbeitsrechts ausgeht. Einige der sich aus der Vereinbarungsautonomie im Rahmen der SE ergebenden Folgeprobleme (Ablösung des nationalen gesetzlichen Mitbestimmungsrechts, Verhältnis zur Satzungsautonomie[474] etc.) stellen sich im Rahmen von transnationalen Unternehmensvereinbarungen des EBR nicht. Denn diese ersetzen die nationale Mitbestimmung keineswegs, sondern ergänzen diese bestenfalls.

4. Weite Gestaltungsfreiheit im Rahmen des EBRG

Im EBRG als dem deutschen Umsetzungsgesetz regelt § 17 S. 1 zunächst die Gestaltungsfreiheit der zentralen Leitung und des besonderen Verhandlungsgremiums bei der Ausgestaltung der Information und Anhörung. Der Wortlaut „[…] können frei vereinbaren, wie die grenzübergreifende Unterrichtung und Anhörung der Arbeitnehmer ausgestaltet wird“ spricht zunächst dafür, dass sich diese Gestaltungsfreiheit nur auf die Gestaltung des Verfahrens zur Information und Konsultation bezieht. Allerdings gibt die Norm im Folgenden nur einen Mindestinhalt vor und setzt keinerlei Grenzen im Sinne eines Maximalergebnisses bezüglich des Inhalts der Vereinbarungen. Dementsprechend gibt § 18 EBRG nur einen „Soll-Inhalt“[475] für die Vereinbarung vor. Der Grundsatz der weiten Vereinbarungsautonomie der Parteien, wie er in den §§ 17, 18 EBRG zum Ausdruck kommt, spricht dafür, dass EBR und zentrale Leitung zum Abschluss verbindlicher Vereinbarungen kommen können[476]. Für diese Ansicht

472 *Teichmann*, AG 2008, 797, 803.

473 *Davignon*-Bericht, BT-Drucks. 572/97 v. 06.08.1997, 15 Rn. 67.

474 Vgl. dazu *Teichmann*, AG 2008, 797, 805 f.

475 *Blanke*, EBRG, Teil B. § 18 Rn. 1.

476 Vgl. *Blanke*, EBRG, Teil B. § 18 Rn. 12 bzgl. der Frage, ob die Vereinbarung zw. BVG und zUL den Abschluss verbindlicher Vereinbarungen zw. EBR und zUL vorsehen kann.

spricht auch der Partizipationsgedanke der Richtlinie und des EBRG. Diesem Gedanken würde es widersprechen, wenn die Kooperation zwischen zentraler Unternehmensleitung und EBR behindert würde[477]. Daher besteht im Grundsatz auch nach dem deutschen EBRG eine weite Gestaltungsfreiheit der Akteure.

III. Erweiterung der Beteiligungsbefugnisse des EBR durch die EBR-Vereinbarung

Neben der Möglichkeit, sich bei dem Abschluss von transnationalen Unternehmensvereinbarungen auf die Vereinbarungsfreiheit zu berufen, stellt sich die Frage, ob als Rechtsgrundlage für spätere substantielle Vereinbarungen auch eine Verankerung der Beteiligungsbefugnisse des EBR in der Vereinbarung des BVG mit der zentralen Unternehmensleitung in Betracht kommt. Diese Gründungsvereinbarung wird teilweise auch als Statuskontrakt bezeichnet[478]. In immerhin 5 % der Vereinbarungen erhielt der EBR bereits 2001 echte Verhandlungs- und Vereinbarungsbefugnisse[479]. Dies spiegelt die Tatsache wider, dass die Erweiterung der Beteiligungsbefugnisse des EBR durch die Vereinbarung des BVG mit der zentralen Unternehmensleitung gewisse praktische Vorteile bietet. Neben der Schaffung einer Rechtsgrundlage gibt es die Möglichkeit, weitere wichtige Folgefragen wie die nach der Wirkung transnationaler Unternehmensvereinbarung für die einzelnen Arbeitsverhältnisse oder die vorgesehenen Themen für Vereinbarungen anzusprechen.

Bezüglich der rechtlichen Zulässigkeit dieser Vorgehensweise wird argumentiert, dass eine Erweiterung der Beteiligungsbefugnisse durch die Gründungsvereinbarung nicht zulässig sei, da den Parteien über die Vereinbarung von Unterrichtungs- und Anhörungsrechten hinaus das Mandat fehle[480]. Diese Ansicht verkennt jedoch, dass die Richtlinie nur auf das Setzen von Mindestvorschriften

---

477 *Blanke*, ibid.

478 Däubler/*Schiek*, TVG, Rn. 838 ff.; *Zimmer* in: Rechtstatsachen, 114, 129.

479 *Carley*, 9.

480 MünchArbR/*Joost*, 2. Auflage, § 366 Rn. 103; so im Ergebnis auch *Rehberg*, NZA 2013, 73, 75 f.

aus ist[481]. Genauer gesagt stellen die meisten Vorgaben der Richtlinie nicht einmal Mindestvorschriften dar, sondern Auffangvorschriften, welche erst greifen, wenn überhaupt keine Einigung zustande kommt. Sie können durch Vereinbarung sowohl über- als auch unterschritten werden[482]. Daraus, dass die Richtlinie und das EBRG zur Erweiterung der Beteiligungsbefugnisse des EBR durch Vereinbarung schweigen, kann nicht abgeleitet werden, dass dies unzulässig sei. Denn dies würde die Mindestvorschriften zu Maximalvorgaben verdrehen. Daher ist dieser Ansicht nicht zu folgen. Vielmehr ist die Erweiterung der Beteiligungsbefugnisse des EBR in der Gründungsvereinbarung zulässig[483]. Dass auch diese Vereinbarung – wie alle Vereinbarungen im Bereich des EBR – nur schuldrechtliche Wirkung hat, da es der für eine normative Wirkung notwendigen Rechtsgrundlage entbehrt – steht auf einem anderen Blatt[484].

Zum Teil wird davon ausgegangen, dass es nicht nur ausreichend, sondern auch *notwendig* ist, die Erweiterung der Befugnisse des EBR im Statuskontrakt zu verankern[485]. Dies ist jedoch nicht plausibel und wird auch nicht begründet. Die Gründungsvereinbarung genießt keine höhere Legitimität als spätere Vereinbarungen. Auch kann die Gründungsvereinbarung durch spätere Vereinbarungen geändert werden, deren Vertragspartner auf Arbeitnehmerseite auch der bereits bestehende EBR sein kann[486]. Kann der EBR die Gründungsvereinbarung jedoch selbst durch eine neue Vereinbarung mit der zentralen Unternehmensleitung wirksam ändern, so ist nicht ersichtlich, wieso der EBR nicht auch andere Vereinbarungen mit der zentralen Unternehmensleitung schließen können soll, durch welche eine Vereinbarungskompetenz des EBR nachträglich etabliert wird. Es ist daher nicht ersichtlich, warum die Erweiterung der Beteiligungsbe-

---

481 Vgl. Art. 137 Abs. 2 lit. b EGV, auf den die RL 2009/38/EG gestützt ist. Die Regelung findet sich heute in Art. 153 AEUV.

482 *Blanke* in: FS Nagel, 229, 240.

483 *Blanke* in: FS Nagel, 240; *ders.* EBRG, Teil B. § 18 Rn. 12; DKK/*Däubler*, EBRG, § 18 Rn. 13; MünchArbR/*Joost*, 3. Aufl., § 274 Rn. 114; Däubler/*Schiek*, Rn. 841; *Zimmer* in: Rechtstatsachen, 114, 129 f.

484 MünchArbR/*Joost*, 3. Aufl., § 274 Rn. 114; a.A. *Schiek*, RdA 2001, 218, 234.

485 Däubler/*Schiek*, TVG, Rn. 841; vgl. auch *Rehberg*, NZA 2013, 73, 76 unter Fn. 23.

486 So im Übrigen auch *Schiek*, RdA 2001, 218, 233.

fugnisse des EBR nicht auch durch eine spätere Vereinbarung des EBR mit der zentralen Unternehmensleitung möglich sein soll. Zudem ist der EBR auf Zuwachs angelegt. Der Sinn und Zweck von Verfahren zur Information und Konsultation ist es, Kollektivvereinbarungen vorzubereiten[487]. Dies ist ein Charakteristikum, welches die gesamte Entwicklung der Gremien in den letzten Jahren kennzeichnet. Es ist nicht nachvollziehbar, warum eine Weiterentwicklung von Information und Konsultation hin zu Vereinbarungen mit der zentralen Unternehmensleitung bereits dann schon denklogisch ausgeschlossen sein soll, wenn dies nicht bereits in der Gründungsvereinbarung festgelegt wurde. Oftmals entwickeln sich EBR gerade erst *nach* ihrer Gründung zu einem Akteur, der sein Handlungsfeld nach und nach ausweitet. Auch hier würde es nicht dem Partizipationsgedanken der Richtlinie[488] entsprechen, wenn eine Kooperation zwischen zentraler Leitung und EBR behindert würde und das einzig und allein mit dem Argument, dass die Möglichkeit zum Abschluss verbindlicher Vereinbarungen nicht bereits in der Gründungsvereinbarung angelegt wurde. Stattdessen ist sogar die bloß konkludente Anerkennung der Beteiligungsbefugnis des EBR schlicht durch Abschluss einer Vereinbarung zwischen diesem und der zentralen Unternehmensleitung ebenso ausreichend. Die Erweiterung der Befugnisse des EBR in der Gründungsvereinbarung ist mithin eine zulässige Möglichkeit, jedoch nicht einzige.

An die Frage nach der rechtlichen Zulässigkeit der Erweiterung der Beteiligungsbefugnisse des EBR schließt sich die Frage an, ob ein Ausbau der Mitwirkungsrechte des EBR sinnvoll und somit erstrebenswert ist. Dies ist eine zentrale Frage für die Weiterentwicklung des europäischen kollektiven Arbeitsrechts. Dagegen könnte sprechen, dass eine Mitbestimmung ohne Einbettung in ein System gewerkschaftlicher Interessenvertretung zum Konzernsyndikalismus tendieren würde[489]. Die Instrumente der transnationalen Unternehmensvereinbarung des EBR und eines europäischen Kollektivvertrags zwischen Gewerkschaften und Arbeitgebern könnten sich unter Umständen beide gegenseitig behin-

487 *Blanke*, EBRG, Teil B. § 18 Rn. 13.

488 Vgl. dazu *Blanke*, EBRG, Teil B. § 18 Rn. 12.

489 So DKK/*Däubler*, EBRG, § 18 Rn. 13.

dern, ohne dass es eine klare Abgrenzung gibt. Darüber hinaus ist es problematisch, dass die EBR häufig nicht proportional zur Anzahl der Arbeitnehmer im jeweiligen Mitgliedstaat („worker head count") besetzt sind[490]. Bei aller Kritik muss jedoch im Blick behalten werden, dass die bestehenden EBR beim Abschluss von transnationalen Kollektivvereinbarungen bisher die treibende Kraft sind. Sie werden daher auch künftig ihren Platz im europäischen kollektiven Arbeitsrecht zu behaupten versuchen.

IV. Art. 155 AEUV als primärrechtliche Rechtsgrundlage

In der Literatur fand auch die Frage Beachtung, ob eventuell der heutige Art. 155 AEUV[491] als Rechtsgrundlage herangezogen werden könnte[492]. Art. 155 Abs. 1 AEUV regelt, dass der Dialog zwischen den Sozialpartnern zur Herstellung *vertraglicher Beziehungen* und zum Abschluss von *Vereinbarungen* führen kann. Fraglich ist jedoch, ob auch der Europäische Betriebsrat als Sozialpartner im Sinne dieser Norm angesehen werden kann. Bei dieser Norm geht es darum, dass die Organisationen von Arbeitgebern und Arbeitnehmern an der Regulierung der Arbeitsbeziehungen beteiligt werden[493]. Die klassischen Akteure sind dabei die Arbeitgeber- und Arbeitnehmerverbände. Diese treten sich als Antagonisten gegenüber und verhandeln über die Regelung bestimmter Inhalte, was zu einer Art „verhandelter Gesetzgebung" führen kann[494].

1. Wortlaut

Der Wortlaut könnte zunächst dafür sprechen, dass auch der Europäische Betriebsrat von der Norm erfasst wird. Denn es ist lediglich von „Sozialpartnern" die Rede. Auch wenn die Arbeitgeber(verbände) und Gewerkschaften als Sozi-

---

490 Commission Staff Working Document, 7.

491 Bis 30.11.2009: Art. 139 EGV.

492 *Bachner*, 230 ff. zum damaligen Art. 118 b EGV; *Blanpain/Schmid/Schweibert*, 349 ff.; *Horcher*, 257 ff.; *Hendrickx*, KritV 2009, 412, 419 f. bzgl. TCAs.

493 *Deinert*, RdA 2004, 211, 213.

494 *Deinert*, RdA 2004, 211, 216; Welz, 138.

alpartner *im engeren Sinn* verstanden werden, könnten nach deutschem Sprachgebrauch[495] auch die betrieblichen Sozialpartner unter den Begriff fallen. Zu diesen zählt auch der EBR. Der Begriff des sozialen Dialogs in Art. 155 EGV wird von der Literatur zunächst weit ausgelegt. Er beziehe sich grundsätzlich auf jede Form des Kontaktes zwischen Arbeitgebern, Arbeitnehmern und sonstigen Beteiligten, sofern dieser Kontakt sich inhaltlich mit sozialen Fragen auseinandersetze[496]. Der soziale Dialog sei nicht stark verrechtlicht[497], sodass bei einer weiten Auslegung des Wortlauts auch betriebliche Interessenvertretungen – allen voran der EBR[498] – beteiligt werden könnten.

Bei der Auslegung des Wortlauts der Art. 154 f. AEUV wird teilweise auf die Verwendung des Begriffs der „Sozialpartner" im sonstigen Gemeinschaftsrecht zurückgegriffen. So wird zum Beispiel betont, dass die Arbeitszeitrichtlinie[499] nicht trennscharf zwischen betrieblichen und tariflichen Interessenvertretungen unterscheide[500]. So ist etwa in Art. 18 der Arbeitszeitrichtlinie geregelt, dass Abweichungen „im Wege von Tarifverträgen oder Vereinbarungen zwischen *Sozialpartnern auf niedrigerer Ebene*" erfolgen können.

Der Begriff der Sozialpartner wird auch von der EBR-Richtlinie 2009 verwendet. Diese spricht zunächst von den „Sozialpartnern auf Gemeinschaftsebene" bzw. „auf europäischer Ebene"[501]. Damit sind zunächst die kompetenten Gewerkschaftsorganisationen und Arbeitgeberverbände gemeint, die als europäische Sozialpartner anerkannt sind. Wie in Erwägungsgrund Nr. 27 ausgeführt, sind dies die Organisationen der Sozialpartner, die von der Kommission gemäß Art. 138 EGV (heute Art. 154 AEUV) konsultiert werden. Die Liste dieser Or-

---

495 Handwörterbuch der Wirtschaftswissenschaft, „Sozialpartner", Band 7, 52 ff.

496 Calliess/Ruffert/*Krebber*, EGV, Art. 138 Rn. 1.

497 *Horcher*, 258.

498 *Blanpain/Schmidt/Schweibert*, 354 Rn. 505.

499 Richtlinie 2003/88/EG des Europäischen Parlaments und des Rates vom 4. November 2003 über bestimmte Aspekte der Arbeitszeitgestaltung, AblEU Nr. L 299/9.

500 *Horcher*, 258 zu RL 93/104/EG, welche durch die RL 2003/88/EG abgelöst wurde.

501 Vgl. Erwägungsgründe Nrn. 2, 4 u. 5 der RL 2009/38/EG.

ganisationen wird von der Kommission aktualisiert und veröffentlicht. Als intersektorale Sozialpartner sind dabei ETUC, BUSINESSEUROPE, UEAPME und CEEP anerkannt[502]. Andererseits wird der Begriff der „Sozialpartner“ auch zweimal so verwendet, dass damit die innerbetrieblichen Sozialpartner gemeint sind[503]. Zum einen wird der Grundsatz der „Autonomie der Sozialpartner“[504] angewandt und zum anderen wird erläutert, dass „die Sozialpartner“[505] andere Verfahren zur länderübergreifenden Unterrichtung und Anhörung der Arbeitnehmer beschließen können. Diese Entscheidungskompetenz liegt gemäß Artt. 5 Abs. 3, 6 Abs. 3 der Richtlinie bei dem BVG und der zentralen Unternehmensleitung, sodass diese die Sozialpartner im Sinne des 31. Erwägungsgrunds darstellen. Diese Erkenntnis ist jedoch nur von begrenzter Bedeutung, denn die sekundärrechtliche Verwendung des Begriffes kann nur hilfsweise zu dessen Auslegung im europäischen Primärrecht herangezogen werden.

2. Einschränkende teleologische Auslegung

Die Möglichkeit der weiten Auslegung des Begriffs, die der Wortlaut ermöglichen würde, wird jedoch durch die Einräumung weitreichender Rechte der Sozialpartner im Rahmen des Gesetzgebungsverfahrens begrenzt[506]. Als Sozialpartner kommen nach dem Sinn und Zweck der Norm daher auf Arbeitnehmerseite nur solche Organisationen in Betracht, die geeignet erscheinen, auf den gemeinschaftlichen Rechtsetzungsprozess Einfluss zu nehmen und die fehlende Mitwirkung des Europäischen Parlaments auszugleichen[507]. Aus diesem Grund verwendet die Kommission bei ihrer Untersuchung, ob eine Organisation als Sozialpartner im Sinne der Artt. 154 ff. AEUV anerkannt wird, das Kriterium der Repräsentativität[508]. Eine Organisation gilt hierbei nur dann als repräsenta-

---

502 *Welz*, 140.

503 Vgl. zu RL 94/45/EG: *Bachner*, 233.

504 Vgl. Erwägungsgrund Nr. 19 der RL 2009/38/EG.

505 Vgl. Erwägungsgrund Nr. 31 der RL 2009/38/EG.

506 Calliess/Ruffert/*Krebber*, EGV, Art. 138 Rn. 4; *Horcher*, 260 ff.

507 Grabitz/Hilf/*Langenfeld/Benecke*, EGV, Art. 138 Rn. 7.

508 *Eurofound*, Repräsentativität der europäischen sektoralen Organisationen der Sozialpartner, 2.

tiv, wenn sie unter anderem branchenübergreifend oder aber sektor- und berufsspezifisch ist.

3. Stellungnahme

Genau an dieser Stelle liegt der Unterschied der Sozialpartner i.S.d. Art. 154 AEUV zum Europäischen Betriebsrat: Der EBR verfügt zwar über eine Struktur auf europäischer Ebene, jedoch nur unternehmensbezogen. Der soziale Dialog hingegen ist in seiner kleinsten Funktionseinheit zumindest branchenbezogen[509]. Die Funktion des sozialen Dialogs als einer Form der Gesetzgebung, die zu ihrer demokratischen Legitimation repräsentative Organisationen einbindet, könnte durch den EBR als Akteur nicht erfüllt werden. Er kann die fehlende Mitwirkung des Europäischen Parlaments bei der Normsetzung nicht ersetzen, da er in seiner Unternehmensbezogenheit auf das Partikularinteresse des einzelnen Unternehmens und seiner Arbeitnehmer gerichtet ist. Das Allgemeininteresse spielt bei der Tätigkeit des EBR keine Rolle. Zudem erscheint es nicht praktikabel, dass die Kommission zur Anhörung der Sozialpartner etwa alle europäischen Betriebsräte anhören könnte.

Betrachtet man dieses Rechtsproblem von der Warte der TCAs aus, so ist es durchaus plausibel, Art. 155 AEUV als Rechtsgrundlage ernsthaft zu erwägen. Denn TCAs kennen oftmals auch die (nationalen oder internationalen) Gewerkschaften bzw. Gewerkschaftsverbände als Verhandlungsakteure und Vereinbarungspartner[510]. Handeln die im Bereich des Art. 155 AEUV anerkannten Akteure (Gewerkschaften, Arbeitgeber bzw. deren Verbände), so ergibt sich aus dem Wortlaut kein Hindernis, auch die Unternehmensebene in den Anwendungsbereich der Norm mit einzubeziehen[511]. Dies wird jedoch eingeschränkt dadurch, dass der soziale Dialog auf seiner niedrigsten Ebene branchenbezogen ist. Selbst diejenigen Autoren, die die Einbeziehung der Unternehmensebene in

---

509 *Ales-Report*, 11; Welz, 140: „[...] the European social partners, organized at intersectoral or sectoral level [...]"; vgl. Übersicht bei *Müller/Platzer/Rüb*, Transnationale Unternehmensvereinbarungen, 26.

510 *Europäische Kommission*, Mapping of transnational texts negotiated at corporate level, 8 f.

511 *Hendrickx*, KritV 2009, 412, 419.

den Anwendungsbereich des Art. 155 AEUV erwägen, scheinen substantielle EBR-Vereinbarungen hiervon auszunehmen[512]. Es geht dabei vorrangig um gewerkschaftlich unterzeichnete Vereinbarungen, die eine größere Nähe zum sozialen Dialog aufweisen. Auch diejenigen Autoren, die erwägen, den EBR am sozialen Dialog zu beteiligen, gehen dabei als Grundannahme davon aus, dass die Gewerkschaften den „Hauptakteur" darstellen. So wird die Rolle des EBR etwa unter der Fragestellung untersucht, ob er einen gemeinschaftsweiten „Firmentarifvertrag" aushandeln könnte[513].

Selbst wenn man den EBR für befugt hält, transnationale Vereinbarungen zu schließen – wofür einiges spricht – ist es noch ein weiter Schritt, für diese Vereinbarungen Art. 155 AEUV als Rechtsgrundlage heranzuziehen. Es spricht bereits vieles dagegen, Art. 155 AEUV als Rechtsgrundlage für transnationale gewerkschaftliche Vereinbarungen anzusehen[514]. Für den EBR ist dann aus den oben aufgeführten Gründen erst recht Skepsis angezeigt.

4. Zwischenergebnis

Somit sprechen insgesamt die besseren Gründe dagegen, den EBR als Akteur im Rahmen des sozialen Dialogs zu begreifen. Mithin kann Art. 155 AEUV nicht als Rechtsgrundlage für substantielle Vereinbarungen des Europäischen Betriebsrats herangezogen werden[515].

D. Grenzen der Vereinbarungsfreiheit der Akteure

Bisher wurde einseitig nur die Vereinbarungsfreiheit der Akteure als Rechtsgrundlage für transnationale Unternehmensvereinbarungen beleuchtet. Diese ist jedoch nicht grenzenlos. Die Vereinbarungsfreiheit von EBR und zentraler Un-

512 *Hendrickx*, KritV 2009, 412, 420, der die Rolle der EBR von der Frage der Anwendbarkeit des damaligen Art. 139 EGV völlig abkoppelt; Davies/Lyon-Caen/Sciarra/Simitis/*Treu*, 178.

513 So etwa die Fragestellung bei *Blanpain/Schmidt/Schweibert*, 354 Rn. 505.

514 *Blanpain/Schmidt/Schweibert*, 349.

515 So im Ergebnis auch *Bachner* (zum damaligen Art. 118b EGV und zum Sozialabkommen), 235 bzw. 236.

ternehmensleitung muss sich innerhalb des Kompetenzrahmens der handelnden Akteure bewegen. Ihre Freiheit endet dort, wo eine (ausschließliche) Handlungs- und Vereinbarungskompetenz eines anderen Gremiums oder einer anderen Organisation beginnt.

I. Vorgaben der EBR-Richtlinie

Als Ausgangspunkt sind dabei die verbindlichen Vorgaben der EBR-Richtlinie zu betrachten. Diese beschränkt in Art. 1 Abs. 3 die Kompetenz des EBR auf länderübergreifende Angelegenheiten. Der Begriff der länderübergreifenden Angelegenheiten wird sodann in Abs. 4 dieses Artikels definiert als Angelegenheiten, die das gemeinschaftsweit operierende Unternehmen insgesamt oder mindestens zwei Betriebe in zwei verschiedenen Mitgliedstaaten betreffen. Diese Beschränkung des EBR auf länderübergreifende Angelegenheiten ist verbindlich und kann auch nicht durch eine anderslautende Vereinbarung mit der zentralen Unternehmensleitung geändert werden[516]. Denn die Beschränkung dient dem Schutz der nationalen Arbeitnehmervertretungen, deren Rechte durch die EBR-Richtlinie unberührt bleiben sollen. Dies ergibt sich zudem aus der Kompetenzgrundlage, welche für die Richtlinie gewählt wurde. Die Richtlinie basiert auf Art. 137 Abs. 1 lit. e EGV[517], welcher der Gemeinschaft die Kompetenz zur Regelung der Unterrichtung und Anhörung der Arbeitnehmer verleiht und keine Einstimmigkeit erfordert. Zwar gäbe es auch eine Kompetenzgrundlage zur Regelung der Vertretung und kollektiven Wahrnehmung der Arbeitnehmer- und Arbeitgeberinteressen, einschließlich der Mitbestimmung (lit. f). Diese hätte jedoch Einstimmigkeit erfordert, welche nicht zustande kam.

516 Ebenso *Zimmer* in: Rechtstatsachen, 114, 129.

517 Seit dem Inkrafttreten des Vertrags von Lissabon: Art. 153 Abs. 1 lit. e AEUV.

II. Zuständigkeit der nationalen Arbeitnehmervertretungen

Auch das deutsche EBRG lässt die Rechte der Arbeitnehmervertretungen nach dem BetrVG unberührt[518]. Dies entsprach den Vorgaben des Art. 12 Abs. 2 der EBR-Richtlinie 1994. Dort ist statuiert, dass die Richtlinie die den Arbeitnehmern nach nationalem Recht zustehenden Rechte nicht berührt. Bei der Verabschiedung der Richtlinie 2009 war man stärker sensibilisiert dafür, dass es bei der Abstimmung zwischen der Unterrichtung und Anhörung des EBR und nationaler Arbeitnehmervertreter zu Konflikten kommen kann. Daher statuiert Art. 12 Abs. 1 der Richtlinie 2009, dass die jeweilige Unterrichtung und Anhörung abgestimmt wird unter Beachtung der jeweiligen Zuständigkeiten und Aktionsbereiche. Art. 12 Abs. 2 gibt zudem vor, dass die Modalitäten der Abstimmung in der Gründungsvereinbarung festgelegt werden[519].

Entscheidend ist jedoch die darauf folgende Einschränkung, nämlich dass die Vereinbarungen einzelstaatlichen Rechtsvorschriften nicht entgegenstehen. Mit anderen Worten: Die Vereinbarungsfreiheit des EBR und der zentralen Unternehmensleitung findet ihre Grenze in den einzelstaatlichen Rechtsvorschriften und Gepflogenheiten zur Unterrichtung und Anhörung der Arbeitnehmer[520].

Analog dazu finden transnationale Unternehmensvereinbarungen ihre Grenze in den einzelstaatlichen Rechtsvorschriften und Gepflogenheiten zur Mitwirkung der Arbeitnehmer. Diese dürfen durch transnationale Unternehmensvereinbarungen nur ergänzt, nicht jedoch verdrängt werden[521]. Wie bereits erwähnt, legi-

---

518 *Blanke*, EBRG, Einl. Rn. 28.

519 Die Vorschrift ist in § 18 Abs. 1 Nr. 3 EBRG umgesetzt, nach welchem in der Vereinbarung folgendes geregelt sein soll: „Aufgaben und Befugnisse des Europäischen Betriebsrats sowie das Verfahren zu seiner Unterrichtung und Anhörung; dieses Verfahren kann auf die Beteiligungsrechte der nationalen Arbeitnehmervertretungen abgestimmt werden, soweit deren Rechte hierdurch nicht beeinträchtigt werden."

520 Vgl. § 18 Abs. 1 Nr. 3 EBRG: „[…] soweit deren Rechte hierdurch nicht beeinträchtigt werden".

521 Ebenso *Zimmer* in: Rechtstatsachen, 114, 128: „Ebenso kann er [Anm.: der EBR] die nationalen Arbeitnehmervertretungen nicht mittels einer auf europäischer Ebene getroffenen Vereinbarung verpflichten."; *Meißner/Ritschel* in: FS Kohte, 58.

timiert die Kompetenzgrundlage der EBR-Richtlinie keine Verdrängung der nationalen Mitwirkungsinstitute. Zudem war dies gesetzgeberisch weder bei Verabschiedung der EBR-Richtlinie noch bei Erlass des EBRG gewollt. Eine Grenze der Vereinbarungsfreiheit des EBR stellen mithin die gesetzlichen Mitwirkungsrechte des Betriebsrats (BR), Gesamtbetriebsrats (GBR) und des Konzernbetriebsrats (KBR) dar.

1. Konflikt mit den Mitbestimmungsrechten des BetrVG

Ob ein Konflikt mit einem Mitbestimmungsrecht einer nationalen Arbeitnehmervertretung in Betracht kommt, hängt vom jeweiligen Inhalt der angestrebten Vereinbarung ab. Im Bereich von Restrukturierungen kommt dabei in Bezug auf die Mitbestimmungsrechte des BetrVG insbesondere ein Konflikt mit den Rechten des Betriebsrats bei Betriebsänderungen gem. §§ 111-113 BetrVG in Betracht. Bei Regelungen, welche die Speicherung, Nutzung und Verarbeitung personenbezogener Daten betreffen, kommt das Mitbestimmungsrecht des Betriebsrats nach § 87 Abs. 1 Nr. 6 BetrVG in Betracht. Auch bei der Einführung von (konzernweiten) Personalinformationssystemen und Regelungen über einen konzernweiten Datenaustausch sind Mitbestimmungsrechte zu beachten, die in die Zuständigkeit des KBR fallen können[522].

Darüber hinaus ist an den Fall der geplanten Einführung von Ethikrichtlinien in einem Verhaltenskodex („Code of Conduct") zu denken[523]. Auch hier kommen Mitbestimmungsrechte des deutschen Betriebsrats nach § 87 BetrVG in Betracht. Das Mitbestimmungsrecht an einzelnen Regelungen begründet jedoch kein Mitbestimmungsrecht am gesamten Werk[524]. Der deutsche Betriebsrat hat gemäß § 87 Abs. 1 Nr. 1 BetrVG mitzubestimmen, sofern durch die geplanten Richtlinien das Ordnungsverhalten der Arbeitnehmer geregelt wird. Dies ist beispielsweise bei der Einführung einer Meldepflicht der Arbeitnehmer bzgl. mög-

522 Küttner/*Griese*, Personalbuch 2011, Datenschutz Rn. 22 ff.; ErfKomm/*Koch*, BetrVG § 58 Rn. 3; BAG 20.12.1995 AP BetrVG 1972 § 58 Nr. 1.

523 Zur Entwicklung von Compliance als unternehmensinternem Verhaltenskonzept: *Mahnhold*, 30 ff.

524 Dazu grundlegend: BAG 22.07.2008, NZA 2008, 1248 ff. (*honeywell*) Rn. 42.

licher Verstöße gegen den Code der Fall, insbesondere wenn zu diesem Zweck eine „Telefon-Helpline“ eingerichtet wird[525].

Insbesondere in Fällen, in denen eine (ausländische) Muttergesellschaft für den gesamten Konzern einen einheitlichen Kodex einführen möchte, könnte man daran denken, mit dem EBR zu verhandeln, um damit die Abstimmung für alle europäischen Konzerngesellschaften zu vereinheitlichen[526]. Konflikte mit den Mitbestimmungsrechten des nationalen Betriebsrats sind jedenfalls dann vorprogrammiert, wenn der EBR nicht in Ergänzung, sondern anstelle des (K)BR über den Inhalt des Kodexes verhandeln soll. Zu klären ist daher, wie dieser Konflikt gelöst werden kann.

2. Insbesondere: Konflikte mit dem Konzernbetriebsrat

Nimmt der EBR eine aktive Verhandlungsrolle ein, so sind insbesondere Konflikte mit dem Konzernbetriebsrat vorprogrammiert[527]. Der KBR besitzt gemäß § 58 Abs. 1 BetrVG eine originäre Zuständigkeit für alle Angelegenheiten, die den gesamten Konzern oder aber mehrere Konzernunternehmen betreffen und nicht durch die GBR in den einzelnen Unternehmen geregelt werden können. Soll beispielsweise durch einen Verhaltenskodex eine konzerneinheitliche Unternehmensphilosophie umgesetzt und für eine konzernweite Identität gesorgt werden, ist der KBR für die Ausübung des Mitbestimmungsrechts des § 87 Abs. 1 BetrVG gemäß § 58 Abs. 1 BetrVG originär zuständig[528].

Die Voraussetzung, dass die Maßnahme „den Konzern oder mehrere Konzernunternehmen“ betreffen muss, bereitet bei einer rein nationalen Betrachtung der Voraussetzungen keine großen Probleme. Ob mehrere Konzernunternehmen be-

---

525 BAG ibid. Rn. 47.

526 Der Verhaltenskodex für Business Ethik und Compliance der Allianz wurde neben dem KBR auch mit dem EBR abgestimmt: Fischer, ZfB Special Issue 5/2005, 53, 56; Kodex der Allianz: https://perspektiven.allianz.de/static-resources/upload/allianzperspektiven/downloads_pdf/allianz-se_coc_dt.pdf; Im Fall der Compass Group wurde der EBR konsultiert: http://www.compass-group.com/cr-code-of-ethics.htm.

527 *Weiss*, NZA 2003, 177, 180.

528 BAG 22.07.2008, NZA 2008, 1248 ff. (*honeywell*) Rn. 81.

troffen sind, wird anhand des persönlichen und sachlichen Geltungsbereichs einer Maßnahme bestimmt[529]. Aus der Perspektive des europäischen Arbeitsrechts ist diese Voraussetzung jedoch der Anknüpfungspunkt für Kompetenzkonflikte zwischen KBR und EBR. Denn in einer globalisierten Welt stellen Maßnahmen, welche den Konzern oder mehrere Konzernunternehmen betreffen (und damit dem Zuständigkeitsbereich des KBR unterliegen), in einer Vielzahl von Fällen gleichzeitig auch länderübergreifende Angelegenheiten dar (für welche der EBR zuständig ist).

Solange der EBR den ihm gesetzlich zugewiesenen Aufgabenbereich der Information und Konsultation nicht verlässt, sind die Überschneidungsprobleme begrenzt. Sie betreffen dann etwa die Frage der zeitlichen Koordinierung der Information und Konsultation verschiedener Arbeitnehmergremien[530]. Dort, wo der EBR jedoch in der Praxis zum Verhandlungsakteur wird, droht er, in dem gesetzlich dem KBR zugewiesenen Zuständigkeitsbereich aktiv zu werden.

3. Abgrenzung entlang der Kompetenzlinie KBR zu GBR

Zur Lösung dieses Kompetenzkonflikts könnte man an eine Zuständigkeitsabgrenzung nach dem Vorbild des BetrVG denken. In Abgrenzung zur Zuständigkeit der GBR ist der KBR gem. § 58 Abs. 1 S. 1 BetrVG für alle Angelegenheiten zuständig, die nicht durch die einzelnen GBR innerhalb der Unternehmen geregelt werden können. Voraussetzung dafür ist nicht, dass eine Regelung durch die GBR denkgesetzlich unmöglich ist. Vielmehr kommt es darauf an, ob es eine zwingende sachliche und rechtliche Notwendigkeit für eine konzerneinheitliche bzw. unternehmensübergreifende Regelung gibt[531].

Fraglich ist, ob eine Abgrenzung der Zuständigkeiten von KBR und EBR entlang dieser Kompetenzlinie möglich ist. So wird vertreten, dass der EBR auf Konzernebene zur Regelung aller Angelegenheiten mit transnationalem Anwen-

---

529 *Schwald*, 77 f.

530 Vgl. dazu ausführlich: *Blanke/Rose*, RdA 2008, 65 ff.

531 ErfKomm/*Koch*, BetrVG, § 58 Rn. 2; Fitting, BetrVG, § 58 Rn. 11.

dungsbereich zuständig sei, während der KBR zur Regelung rein nationaler Interna befugt sei[532]. Eine Zuständigkeitsabgrenzung zwischen KBR und EBR nach dem Vorbild der Abgrenzung der Zuständigkeitsbereiche von KBR zu GBR bzw. GBR zu BR mag de lege ferenda sinnvoll erscheinen[533] – de lege lata existiert sie jedoch nicht. De lege lata ist der KBR für Angelegenheiten, die den gesamten Konzern betreffen, originär zuständig. Eine Kompetenzabgrenzung in dem Sinne, dass der EBR für alle Angelegenheiten zuständig ist, die den multinationalen Konzern beträfen, ist auch deswegen problematisch, weil der KBR weitreichendere Handlungsmöglichkeiten hat[534]. Zudem gelten Konzernbetriebsvereinbarungen gem. § 77 Abs. 4 BetrVG unmittelbar und zwingend für alle Arbeitsverhältnisse der in den Konzernunternehmen beschäftigten Arbeitnehmer[535]. EBR-Vereinbarungen besitzen – wie später noch genauer zu untersuchen sein wird – hingegen keine normative Wirkung[536]. Diese gesetzlich eingeräumten, stärkeren Handlungsmöglichkeiten des KBR und die effektivere Wirkung der Konzernbetriebsvereinbarungen würden vielfach leer laufen, wenn man die Kompetenzen des KBR zugunsten des EBR derart beschneiden würde. Auf diesem Weg lässt sich der Zuständigkeitskonflikt mithin nicht lösen.

4. Lösung über einen europäischen Günstigkeitsvergleich

In der juristischen Literatur finden sich Versuche, diesen Konflikt über einen europäischen Günstigkeitsvergleich zu lösen[537]. Demnach stehe es dem EBR zu, die nationalen Arbeitsbeziehungssysteme durch günstigere Abreden zu ergänzen. Hierbei ist bereits fraglich, ob es im Verhältnis zwischen europäischem Recht und nationalem Recht überhaupt so etwas wie ein „europäisches Günstigkeitsprinzip" gibt, welches als Schranke für die Vereinbarungsfreiheit des EBR

---

532 *Bachner*, 242 f.

533 Vorschlag zur Abgrenzung der Zuständigkeitsbereiche durch eine Regelung im BetrVG: *Wunsch-Semmler*, 123 f.

534 *Horcher*, 280.

535 Vgl. BAG 22.01.02 AP BetrVG 1972 § 77 Betriebsvereinbarung Nr. 4; Fitting, § 58 Rn. 35 m.w.N.

536 Vgl. unten in Teil 2 E. II.; a. A. *Schiek*, RdA 2001, 218 ff.

537 So insbesondere *Bachner*, 238 ff., 240; vgl. auch *Horcher*, 287 f.

herangezogen werden kann. *Bachner* leitet dieses aus dem Subsidiaritätsprinzip ab, welches die europäische Rechtssetzung auf dem Gebiet des Arbeitsrechts beherrsche[538].

a) Das europäische Subsidiaritätsprinzip

Das Subsidiaritätsprinzip basiert auf der politischen Idee, dass eine höhere staatliche Ebene keine Kompetenz zur Regelung derjenigen Aufgaben haben soll, die bereits von einer niedrigeren Ebene aus eigener Kraft erfüllt werden können[539]. Auf europäischer Ebene ist der Grundsatz der Subsidiarität heute in Art. 5 Abs. 3 EUV sowie im Protokoll über die Anwendung der Grundsätze der Subsidiarität und der Verhältnismäßigkeit verankert. Nach Art. 5 Abs. 3 EUV wird die EU hier nur tätig, sofern und soweit die Ziele einer Maßnahme von den Mitgliedstaaten auf keiner ihrer Ebenen ausreichend verwirklicht werden kann. Stattdessen muss die Maßnahme wegen ihres Umfangs und ihrer Wirkungen besser auf europäischer Ebene verwirklicht werden können. Das Protokoll führt ein neues Verfahren zur Kontrolle der Subsidiarität durch Subsidiaritätsrüge und Subsidiaritätsklage ein, welche jedoch im vorliegenden Kontext nicht weiter relevant sind[540]. Das Subsidiaritätsprinzip bezieht sich hier auf die Kompetenzverteilung zwischen der EU und den Mitgliedstaaten im Bereich der nicht ausschließlichen Zuständigkeiten der EU. Es stellt eine *Kompetenzausübungsregel* dar, welche im Zusammenhang mit dem Gebot der Achtung der nationalen Identität der Mitgliedstaaten gem. Art. 4 Abs. 2 EUV gesehen werden muss[541].

b) Herleitung eines europäischen Günstigkeitsprinzips aus dem Subsidiaritätsprinzip

Fraglich ist erstens, ob sich aus dieser Kompetenzausübungsregel überhaupt eine Befugnis der Mitgliedstaaten zum Erlass günstigerer (arbeitsrechtlicher) Rege-

538 *Bachner*, 238 ff. und 81 ff.

539 Mickel/Bergmann/*Bergmann,* unter „Subsidiarität“.

540 Vgl. dazu: *Thiele*, EuR 2010, 30, 46 ff.

541 Oppermann/Claasen/Nettesheim, § 12 Rn. 23.

lungen ableiten ließe[542] und zweitens, ob sich eine solche Befugnis auf das Verhältnis von EBR zu KBR übertragen ließe.

Bereits die erste Frage ist hierbei zu verneinen. Das Subsidiaritätsprinzip gilt zur Klärung der Frage, welche Ebene der staatlichen Macht kompetent ist, eine Regelung zu treffen, wenn grundsätzlich mehrere Ebenen in Betracht kommen. Die Frage nach der Wahl der Rechtsaktform auf europäischer Ebene bzw. der Vorrang des Handelns durch eine Richtlinie vor einer Verordnung ist hingegen als formaler Ausfluss des *Verhältnismäßigkeitsprinzips* und nicht als Ausfluss des Subsidiaritätsprinzips zu sehen[543]. Davon geht auch der EU-Vertrag aus, der in Art. 5 Abs. 4 EUV normiert, dass die Maßnahmen der Union nach dem Grundsatz der *Verhältnismäßigkeit* inhaltlich wie formal nicht über das erforderliche Maß hinausgehen dürfen. Darüber hinaus besitzt der europäischen Gesetzgeber im Bereich des europäischen Arbeitsrechts oftmals lediglich die Kompetenz zum Erlass von Mindestvorschriften, vgl. Art. 153 Abs. 2 lit. b i.V.m. Abs. 4 Ts. 2 AEUV. Ein Rückgriff auf allgemeine Prinzipien zur Ermittlung der Rechtsaktform ist daher in diesen Fällen gar nicht notwendig.

Mithin gibt es kein allgemeines, europäisches Günstigkeitsprinzip, das dem Subsidiaritätsprinzip entnommen werden könnte[544]. Denn das Subsidiaritätsprinzip fragt gerade nicht danach, welche Regelung für den Bürger günstiger ist, sondern auf welcher Ebene sich eine Maßnahme sinnvoller regeln lässt. Ein europäisches Günstigkeitsprinzip dergestalt, dass zentrale Unternehmensleitung und EBR jederzeit berechtigt wären, günstigere Regelungen auszuhandeln[545], die gegenüber den Vereinbarungen mit nationalen Arbeitnehmervertretungen vorgehen würden, lässt sich dem Subsidiaritätsprinzip jedenfalls nicht entnehmen.

542 So die Schlussfolgerung von *Bachner*, 238.

543 Mickel/Bergmann/*Bergmann*, unter „Subsidiarität“.

544 A. A. *Bachner*, 239.

545 So wiederum *Bachner*, 239.

c) Herleitung eines europäischen Günstigkeitsprinzips aus einer anderen Rechtsquelle

Dass sich aus dem Subsidiaritätsprinzip kein „europäisches Günstigkeitsprinzip" ableiten lässt, schließt nicht aus, dass sich ein solches aus einem anderen Grundsatz des Europarechts herleiten ließe. Dass von der Existenz eines solchen Prinzips ausgegangen wird, ist daran erkennbar, dass angenommen wird, dass die zentrale Unternehmensleitung und der EBR Vereinbarungen treffen könnten, „die die Arbeitnehmer begünstigen oder jedenfalls nicht in deren Rechtsposition eingreifen"[546].

Ein europäisches Günstigkeitsprinzip im Arbeitsrecht könnte sich aus Art. 153 AEUV herleiten. In Absatz 4 Ts. 2 ist der Gedanke einer Günstigkeitsregel aufgenommen, der in allen Mitgliedstaaten bekannt ist[547]. Gemäß Art. 153 Abs. 2 lit. b i.V.m. Abs. 4 Ts. 2 AEUV dürfen im Bereich der arbeitsrechtlichen Richtlinien nur Mindestvorschriften erlassen werden. Man könnte daran denken, diese Vorgaben dergestalt auf den Kompetenzkonflikt zwischen KBR und EBR zu übertragen, dass der EBR ebenfalls (nur) zur Aushandlung von Mindestbedingungen zuständig ist, über welche nationale Arbeitnehmervertretungen jederzeit hinausgehen können. Entscheidend ist jedoch, dass es dort um die Kompetenzverteilung zwischen verschiedenen Ebenen der Gesetzgebung geht. Geregelt ist, dass von zweiseitig zwingenden arbeitsrechtlichen Normen der EU durch mitgliedstaatliche Regelungen zugunsten der Arbeitnehmer abgewichen werden darf. Diese Günstigkeitsregel kann nicht mit dem Inhalt der nationalen Günstigkeitsregeln gleichgesetzt werden, zumal deren konkrete Ausgestaltung unterschiedlich ist[548]. Auch lässt sie sich nicht auf den Kompetenzkonflikt verschiedener betrieblicher Ebenen der Arbeitnehmervertretung übertragen. Dies gilt im Übrigen auch für das deutsche Günstigkeitsprinzip: Es ist kein taugliches Kriterium für die Tarifkonkurrenz[549] bzw. die Konkurrenz verschiedener Betriebsver-

---

546 *Horcher*, 287.

547 Schwarze/*Rebhahn/Reiner*, EGV, Art. 137 Rn. 62; *Rebhahn*, EuZA 2008, 39, 47 f.

548 Schwarze/*Rebhahn/Reiner*, EGV, Art. 137 Rn. 62.

549 MünchArbR/*Rieble/Klump*, § 183 Rn. 11.

einbarungen[550] zueinander, sondern lediglich für die Konkurrenz unterschiedlicher Regelungsebenen zueinander[551]. Betriebsvereinbarungen nach dem BetrVG und transnationale Unternehmensvereinbarungen des EBR sind in diesem Zusammenhang jedoch als Regelungen auf einer Ebene zu begreifen, da sie jeweils von betrieblichen Arbeitnehmervertretungsorganen geschlossen werden. Zur Regelung eines solchen Kompetenzkonflikts eignet sich das Günstigkeitsprinzip nicht, sodass offen gelassen werden kann, ob es ein solches auf europäischer Ebene überhaupt gibt.

Darüber hinaus wäre eine Lösung des hier beschriebenen Zuständigkeitskonflikts über eine Günstigkeitsregel nicht sinnvoll, da sie die verschiedenen Arbeitnehmervertretungsorgane bezüglich derselben inhaltlichen Themen zu Konkurrenten machen würde. Abgesehen davon gäbe es eine ganze Reihe praktischer Probleme. Wie kann man etwa verhindern, dass der EBR die nationalen Arbeitnehmervertretungen nicht de facto schwächt, indem er (angeblich für den Arbeitnehmer günstigere) Vorverhandlungen führt, die Fakten schaffen, von denen die nationalen Arbeitnehmervertretungen auch unter Ausnutzung ihrer rechtlichen Mittel nur schwer abweichen können? Wenn EBR – wie etwa der bei GM[552] – eine Strategie des „sharing the pain“, der Lastenteilung bei Stellenstreichungen, ergreifen, so ist eine Regelung am Ende auch mit Konzessionen verbunden[553]. Einzelne Regelungen begünstigen dann die eine und belasten eine andere Seite. Ist dies dann günstiger im Vergleich zu dem, was nationale Arbeitnehmervertretungen aushandeln würden? Auch eine Günstigkeitsbeurteilung etwa in Form einer wertenden Gesamtbetrachtung wäre praktisch nicht zu bewerkstelligen[554]. Insgesamt ist dieser Lösungsansatz somit abzulehnen.

---

550 Hier gilt das Ordnungs- bzw. Ablösungsprinzip, MünchArbR/*Matthes*, § 239 Rn. 65.

551 Brox/Rüthers/*Henssler*, Rn. 683 ff.

552 Vgl. das Interview im Deutschlandfunk am 19.02.2009 mit IG-Metall Vorstand *Berthold Huber*: http://www.dradio.de/dlf/sendungen/interview_dlf/922155/.

553 Weshalb eine europäische Strategie dennoch für alle Beteiligten von Vorteil ist, beschreibt *Dehnen*, Industrielle Beziehungen, Heft 17 (2), 2010, 147, 154 f. und 162 ff.

554 *Horcher*, 288.

5. Anwendung des Subsidiaritätsprinzips als solches

Man könnte darüber nachdenken, ob sich das Subsidiaritätsprinzip als solches auf die Kompetenzverteilung zwischen EBR und nationalen Arbeitnehmervertretungen übertragen lässt[555]. Der EBR wäre demnach immer dann zuständig, wenn die Ziele einer Vereinbarung auf der Ebene des KBR tatsächlich nicht ausreichend und durch eine Vereinbarung des EBR besser erreicht werden können.

Dafür könnte sprechen, dass dem Subsidiaritätsprinzip im Rahmen der Europäischen Union wesentliche Bedeutung zukommt und dass das Verhältnis zwischen Arbeitnehmervertretungsorganen, die an der innerbetrieblichen Normsetzung durch den Abschluss von Vereinbarungen mit der Arbeitgeberseite mitwirken, durchaus mit dem Verhältnis verschiedener staatlicher Ebenen der Gesetzgebung zueinander vergleichbar ist. Voraussetzung für die Anwendung des Subsidiaritätsprinzips auf europäischer Ebene ist jedoch, dass eine „konkurrierende" Regelungskompetenz vorliegt. Dies bedeutet, dass mindestens zwei Ebenen staatlicher Macht grundsätzlich regelungskompetent sein müssen.

Übertragen auf das Problem der Kompetenzabgrenzung des EBR zum KBR bedeutet dies, dass der EBR neben dem KBR zunächst einmal ebenfalls zuständig sein müsste, bezüglich eines bestimmten Themas Vereinbarungen zu schließen. Dementsprechend wird vertreten, dass sich beide Zuständigkeitsbereiche überschneiden, sodass demnach eine konkurrierende Regelungskompetenz vorläge[556]. Nicht überall, wo es einen Zuständigkeitskonflikt gibt, gibt es jedoch gleichzeitig sich überschneidende Zuständigkeitsbereiche. Dies zeigt sich gerade am Beispiel des Verhältnisses von BR, GBR und KBR zueinander. Auch dort kann es Streitigkeiten geben, wer im Einzelfall zuständig ist. Dennoch steht fest,

---

555 Vgl. zu den Grundlagen des Subsidiaritätsprinzips und dessen Prüfung auf europäischer Ebene: Mickel/Bergmann/*Bergmann*, unter „Subsidiarität". Die Idee, bei der Arbeit des EBR eine Art Subsidiaritätsprinzip einzuführen, findet sich in vielen Art. 13-Vereinbarungen in der Form eines Ausschlusses aller Angelegenheiten, zu denen bereits nach nationalem Recht eine Information und Konsultation zu erfolgen hat: *Carley/Marginson*, 22.

556 *Horcher*, 281.

dass sich die Zuständigkeitsbereiche der Gremien wechselseitig ausschließen[557]. Es können also nie gleichzeitig zwei der Gremien zuständig sein. Parallel dazu ist auch die Zuständigkeit des EBR zu beurteilen: Dem EBR wurden gerade keine gesetzlichen Kompetenzen zum Abschluss von Vereinbarungen eingeräumt. Gesetzgeberisch war es gerade nicht gewollt, den nationalen Arbeitnehmervertretungen die Kompetenzen zu beschneiden, indem dem EBR eine Kompetenz zum Abschluss von Vereinbarungen bezüglich derselben Themen eingeräumt wird. Vielmehr ist es so, dass der EBR überhaupt keine Regelungskompetenz inne hat, solange und soweit es eine gesetzliche Zuständigkeit eines nationalen Arbeitnehmervertretungsorgans gibt[558]. Somit scheidet die Anwendung des Subsidiaritätsprinzips zur Lösung dieses Konfliktes aus.

6. Lösung der Betriebspartner in der Praxis

Angesichts des niedrigen Regulierungsgrades im Bereich der Europäischen Betriebsräte ist ein Blick in die Praxis an dieser Stelle lohnend. Die Rückkopplung der Europäischen Betriebsräte an die nationalen Interessenvertretungen scheint in der Praxis sehr unterschiedlich zu sein[559]. Dort, wo ein möglicher Konflikt mit der Arbeit des KBR oder anderer nationaler Arbeitnehmervertretungen oder jedenfalls ein Bedürfnis für einen Abstimmungsmechanismus gesehen wird, entstehen unterschiedliche Lösungsansätze.

a) Beauftragung durch die nationalen Arbeitnehmervertretungen

Bei *Ford* beauftragten alle nationalen Arbeitnehmervertretungen (Betriebsrat, Comité d'Entreprise etc.) den Ford-EBR im Jahr 2000 damit, eine Vereinbarung zur Verselbstständigung der Ford Visteon-Organisation zu treffen[560].

---

557 BAG 20.12.1995 AP BetrVG 1972 § 58 Nr. 1; BAG 14.11.2006 AP BetrVG 1972 § 87 Überwachung Nr. 43; Fitting, § 58 Rn. 41.

558 A.A. *Horcher*, 280 f., der von sich überschneidenden Zuständigkeitsbereichen ausgeht.

559 Vgl. die sieben Fallstudien bei Telljohann (Hrsg.), Die Europäischen Betriebsräte in der Praxis, 2006.

560 Vgl. oben unter Teil 1 C. II. 2. d) cc); *Hauser-Ditz/Hertwig/Pries/Rampeltshammer*, 327 ff.

aa) Rechtliche Einordnung der Beauftragung

Fraglich ist, wie eine solche „Beauftragung" nach deutschem Recht einzuordnen ist. Die Beauftragung des EBR durch den BR, GBR oder KBR könnte ähnliche Wirkungen entfalten wie die Beauftragung des GBR durch den BR bzw. des KBR durch den GBR. Die Beauftragung erfolgt dort gemäß § 50 Abs. 2 bzw. § 58 Abs. 2 BetrVG. In beiden Fällen ist in Verbindung mit § 27 Abs. 2 S. 3 BetrVG die Schriftform erforderlich. Zudem bedarf es gemäß § 50 Abs. 2 S. 3 BetrVG (bzw. im Falle des KBR der §§ 51 Abs. 3 S. 1 i.V.m. 59 Abs. 1 BetrVG) der absoluten Mehrheit der Stimmen im beauftragenden Gremium. Der Übertragungsbeschluss begründet im Außenverhältnis gegenüber dem Arbeitgeber Vertretungsmacht i.S.d. §§ 164 ff. BGB[561].

Zu klären ist, ob der EBR auf die gleiche oder eine ähnliche Weise als Vertreter des KBR (bzw. GBR) verhandeln kann und welche Rechtswirkungen die substantielle EBR-Vereinbarung dann entfalten würde. Beauftragt der GBR den KBR, so verhandelt dieser nicht mit der Konzernspitze, sondern mit der Leitung des Konzernunternehmens, dessen GBR ihn beauftragt hat[562]. Das Ergebnis dieser Verhandlungen stellt dann eine Gesamtbetriebsvereinbarung (GBV) und keine Konzernbetriebsvereinbarung (KBV) dar.

Parallel dazu würde eine Beauftragung des GBR, dessen Unternehmen in einen Konzern eingebunden ist, den EBR nur ermächtigen, mit der Leitung des einzelnen Konzernunternehmens zu verhandeln, dessen GBR ihn beauftragt hat. Eine Ermächtigung zur Verhandlung mit der Konzernspitze kann auf diese Weise nicht erfolgen. Verhandlungen durch den EBR auf einer niedrigeren als der Ebene der zentralen Unternehmensleitung erscheinen jedoch grundsätzlich nicht sinnvoll. Denn der EBR zeichnet sich ja gerade durch seinen Zugriff (gesetzlich jedenfalls bezüglich Informationen und Konsultation) auf die oberste Entscheidungsebene im Konzern aus.

---

561 ErfKomm/*Koch*, BetrVG § 50 Rn. 10.

562 BAG 12.11.1997 – 7 ABR 78/96, AP BetrVG 1972 § 58 Nr. 2; ErfKomm/*Koch*, BetrVG § 58 Rn. 6; so auch DKK/*Trittin* Rn. 124, anders *ders.* unter Rn. 118.

Eine Beauftragung des EBR ist daher grundsätzlich nur dann sinnvoll, wenn damit erreicht werden kann, dass dieser ein Mandat zur Verhandlung mit der zentralen Unternehmensleitung erhält. Jedenfalls in Konzernen mit einem KBR kann dies mithin nur erreicht werden, sofern eine Angelegenheit in die originäre Zuständigkeit des KBR fällt und dieser den EBR beauftragt, die konkrete Angelegenheit für ihn zu regeln. Gleiches ist denkbar für den Fall, dass in einem Unternehmen ein GBR existiert und dieses Unternehmen in keinen Konzern eingebunden ist, sodass die Unternehmensleitung gleichzeitig die zentrale Unternehmensleitung i.S.d. EBRG darstellt. Dann wäre auch denkbar, dass der GBR den EBR beauftragt, im Bereich seiner originären Zuständigkeit mit der Unternehmensleitung zu verhandeln und eine Vereinbarung zu treffen. Nur in diesen Fällen ist es sinnvollerweise überhaupt denkbar, dass der EBR ermächtigt wird, eine Vereinbarung mit der Konzernspitze bzw. der zentralen Unternehmensleitung zu treffen.

Fraglich ist jedoch, welche Rechtsfolgen ein solcher Übertragungsbeschluss auf den EBR auslösen würde. Wie bereits erwähnt, begründet der Übertragungsbeschluss des BetrVG im Außenverhältnis gegenüber dem Arbeitgeber eine Vertretungsmacht i.S.d. §§ 164 ff. BGB[563]. Dies hat zur Folge, dass eine Vereinbarung des beauftragten Gremiums mit dem Arbeitgeber für und gegen das beauftragende Gremium wirkt[564], § 164 Abs. 1 BGB. Gleichzeitig wirkt die Vereinbarung eines GBR bzw. KBR mit dem Arbeitgeber auch im Bereich der übertragenen Zuständigkeit unmittelbar für die Arbeitnehmer des Unternehmens[565]. Dieses Ergebnis lässt sich jedoch nicht aus den zivilrechtlichen Regeln ableiten, sondern ergibt sich aus den Besonderheiten des BetrVG. Die normative Wirkung der Betriebsvereinbarung ist in § 77 Abs. 4 BetrVG geregelt. Betriebsvereinbarungen sind nach Abs. 1 dieser Norm Vereinbarungen zwischen Betriebsrat und Arbeitgeber. Die normative Wirkung gilt jedoch auch für Vereinbarungen zwischen GBR bzw. KBR und Arbeitgeber, da diese dem BR gesetzlich gleich-

563 ErfKomm/*Koch*, BetrVG § 50 Rn. 10.

564 ErfKomm/*Koch*, BetrVG § 50 Rn. 11.

565 ErfKomm/*Koch*, ibid.

gestellt sind gem. §§ 50 bzw. 58 BetrVG[566]. Insofern kommt es für die normative Wirkung nicht darauf an, ob ein GBR oder KBR eine Vereinbarung aufgrund originärer Zuständigkeit oder Beauftragung schließt.

Anders verhält es sich jedoch beim EBR. Er teilt zwar mit den Betriebsräten nach dem BetrVG den Namensbestandteil „Betriebsrat", ist rechtlich jedoch deutlich von diesen zu unterschieden. Erstens findet der EBR im BetrVG keine Erwähnung, sodass die Regelungen des BetrVG auf diesen nicht unmittelbar anwendbar sind[567]. Zweitens stellen BR, GBR und KBR lediglich unterschiedliche Repräsentationsstufen des gleichen Organs der Arbeitnehmerrepräsentation im Betrieb dar[568]. Der EBR hingegen stellt keine vierte Repräsentationsstufe innerhalb dieses Systems dar. Stattdessen ist der EBR zu den Gremien der Arbeitnehmerbeteiligung nach dem BetrVG ein rechtliches aliud, auch wenn er der Ergänzung der nationalen Formen der Arbeitnehmerrepräsentation im Unternehmen dient. Aus diesem Grund ist auch eine Beauftragung des EBR durch ein Organ der Arbeitnehmerrepräsentation nach dem BetrVG kritisch zu beleuchten. Denn die Ausübung eines Mitbestimmungsrechts würde damit an ein Gremium delegiert, welches insgesamt ein niedrigeres Mitbestimmungsniveau erreicht als der deutsche Betriebsrat. So stehen dem EBR hinsichtlich der Durchsetzbarkeit der Verhandlungsrechte geringere Möglichkeiten offen, da es etwa keine Regelungen zur Einigungsstelle gibt. Auch sind dessen Arbeitnehmervertreter (im Vergleich mit dem Schutz der deutschen Betriebsräte) insgesamt schlechter geschützt (da alle Mitglieder den Schutz der heimatlichen Arbeitnehmervertreter genießen, welcher deutlich unter dem Schutz deutscher Betriebsräte liegen kann). Auch sind die EBR in der Praxis personal- und kostenmäßig schlechter ausgestattet.

Mithin kann eine Beauftragung des EBR durch einen Betriebsrat i.S.d. BetrVG nicht zur Rechtsfolge haben, dass die im Rahmen der Beauftragung des EBR

---

566 BAG 22.01.2002 AP BetrVG 1972 § 77 Betriebsvereinbarung Nr. 4; ErfKomm/*Kania*, BetrVG § 77 Rn. 5 und 18.

567 Etwas anderes gilt dort, wo das EBRG ausdrücklich auf das BetrVG verweist, z.B. in § 40 Abs. 1 EBRG.

568 MünchArbR/*Joost*, § 225 Rn. 1.

geschlossenen Vereinbarungen normative Wirkung qua abgeleiteter Zuständigkeit entfalten[569].

Dies schließt jedoch nicht aus, dass eine EBR-Vereinbarung den Arbeitgeber[570] und die nationalen Betriebsräte schuldrechtlich verpflichten kann, diese umzusetzen. Voraussetzung für eine schuldrechtliche Wirkung dieser Vereinbarung ist, dass der EBR von den nationalen Betriebsräten wirksam zum Vertreter gem. §§ 164 ff. BGB bestellt wurde. Diese Voraussetzung kann grundsätzlich erfüllt werden. Dass die Vertretung grundsätzlich zulässig ist, zeigt sich an den §§ 50 und 58 BetrVG. Daran wird deutlich, dass keines der Organe der Arbeitnehmerrepräsentation des BetrVG Verhandlungen, die in seinen Zuständigkeitsbereich fallen, zwingend selbst durchführen muss. Voraussetzung ist zudem, dass der EBR eine eigene Willenserklärung abgibt, also einen eigenen Entscheidungsspielraum besitzt. Ähnlich einem „Vertreter mit gebundener Marschroute"[571] kann der BR dem EBR jedoch – jedenfalls im Innenverhältnis – Richtlinien vorgeben[572]. Der EBR kann dann im Namen der nationalen BR und mit deren Vertretungsmacht tätig werden. Die schuldrechtliche Wirkung kann sich dann etwa auf eine Durchführungspflicht beziehen, welche gerichtlich festgestellt werden kann[573]. Anders als im nationalen Kontext bezieht sich hier die Durchführungspflicht in erster Linie nicht darauf, die Leitung des Betriebs entsprechend der Vereinbarung auszurichten, sondern darauf, die EBR-Vereinbarung rechtlich auf eine Weise umzusetzen, dass die normative Wirkung der Vereinbarung erzielt werden kann.

569 Vgl. zur Frage der Rechtsqualität ausführlich: unten in Teil 2 E.

570 Zum arbeitgeberseitigen Problem, wie die zentrale Unternehmensleitung im Konzern für eine Umsetzung der Vereinbarung sorgen kann, vgl. unten in Teil 2 E. IV. und *Horcher*, 283.

571 Hk-BGB/*Dörner*, § 164 Rn. 4.

572 Vgl. zum Parallelproblem, ob der BR dem GBR verbindliche Richtlinien vorgeben kann: zustimmend GK/*Kreutz,* BetrVG, § 50 Rn. 67, ablehnend ErfKomm/*Koch*, BetrVG § 50 Rn. 9; Fitting, § 50 Rn. 6.

573 Vgl. zur Durchführungspflicht und gerichtlichen Geltendmachung von (schuldrechtlichen) Regelungsabreden zwischen Betriebsrat und Arbeitgeber: ErfKomm/*Kania*, BetrVG, § 77 Rn. 130 ff.

bb) Praktischer Nutzen der Beauftragung

Mindestens ebenso wichtig wie die Frage der Rechtswirkung der Beauftragung erscheint hier die Tatsache, dass ein möglicher Kompetenzkonflikt durch eine Beauftragung des EBR durch die nationalen Organe der Arbeitnehmerrepräsentation tatsächlich befriedet werden kann. Im oben aufgeführten Beispiel *Ford* war die Bereitschaft der nationalen Arbeitnehmervertretungen entscheidend, ihre Verhandlungsmacht dem EBR zu übertragen und beim EBR zu bündeln mit der Folge, dass sie selbst Folgevereinbarungen unterzeichneten, in welche schlicht die Inhalte der EBR-Vereinbarung ohne eigene inhaltliche Verhandlung überführt wurden[574]. Ziel dieser Vereinbarungen war es, die Hauptvereinbarung an die unterschiedlichen rechtlichen Rahmenbedingungen anzupassen und damit justiziabel zu machen[575]. Dem lag die Annahme der nationalen Akteure zugrunde, dass die Bündelung ihrer Verhandlungsmacht und der Abschluss einer einheitlichen europaweiten Vereinbarung letztlich im Interesse aller europäischen Standorte seien. Diese Annahme ist eine Grundvoraussetzung dafür, dass sich so etwas wie ein „europäisches Denken" bei den Akteuren durchsetzen kann mit der Folge, dass es zu einer Bündelung der Interessen auf europäischer Ebene kommt. Diese Einstellung der nationalen Arbeitnehmervertretungen ist zwar keine Selbstverständlichkeit[576]. Dort jedoch, wo die nationalen Akteure davon überzeugt werden können, dass sie durch Kooperation einen Gewinn haben, den sie ohne Kooperation nicht erreichen können[577], kommt eine Beauftragung des EBR durch diese in Betracht.

574 Die Vereinbarung zw. der Ford Werke AG, dem GBR, den BR und der Ford Visteon Organisation in Deutschland vom 28.01.2000 ist bis auf wenige Ausnahmen wortgleich mit der Vereinbarung zur Regelung der Verselbständigung der Ford Visteon-Organisation, die am 25.01.2000 mit dem Ford EBR geschlossen wurde.

575 *Hauser-Ditz/Hertwig/Pries/Rampeltshammer*, 330.

576 Auf Standortkonkurrenz reagieren nationale Arbeitnehmervertreter oftmals mit nationalen Verteidigungsstrategien. Auf den ersten Blick scheinen diese zielführend, da der eigene Standort unter Umständen etwa von der Schließung anderer Standorte profitieren kann. Erst wenn die Praxis zeigt, dass dadurch ein Wettbewerb nach unten in Gang gesetzt wird, entsteht ein Interesse an einer Koordinierung der Standorte auf europäischer Ebene. Vgl. dazu ausführlich (am Beispiel der Entwicklung europäischer Solidarität bei GM): *Dehnen*, Industrielle Beziehungen, Heft 17 (2), 2010, 147, 154 ff., 162 f.

577 Ziel ist dann ein integrativer Aushandlungsprozess im EBR, das sog. „integrative bargaining", *Dehnen*, Industrielle Beziehungen, Heft 17 (2), 2010, 147, 153 f.

b) Berichts- und Rechenschaftspflicht

Im Fall der *ZF-Gruppe* (Friedrichshafen) wurde eine Berichts- und Rechenschaftspflicht des EBR gegenüber dem KBR eingeführt[578]. Da bei der *ZF-Gruppe* bisher keine substantiellen Vereinbarungen getroffen wurden, liegt der Schwerpunkt einer solchen Pflicht darauf, die Arbeit der verschiedenen Gremien miteinander zu verzahnen. Ein wichtiger erster Schritt hierfür kann die gegenseitige Information über die Arbeit und Ziele der Gremien sein.

c) Vereinbarung über die Abfolge von Verhandlungen

Eine weitere erfolgreiche Form der Interessenkoordination zwischen EBR und nationalen Arbeitnehmervertretungsorganen kann am Beispiel der Delta-Gruppe bei *GM* demonstriert werden. Diese Gruppe bestand aus allen Werken, die Modelle auf der Delta-Produktionsplattform bauten[579]. Bereits im Vorfeld einer anstehenden Produktionsaufteilung, die mit Produktionseinschnitten oder Standortschließungen verbunden war, entstand diese Gruppe mit dem Ziel, eine gemeinsame Strategie zur Vertretung der Interessen der Arbeitnehmer zu entwerfen[580].

Im Rahmen dessen wurde innerhalb der Delta-Gruppe im Dezember 2005 ein „Europäisches Solidaritätsversprechen" verabschiedet[581]. In dieser gemeinsamen Solidaritätsbekundung wurde das Verhalten untereinander sowie gegenüber dem Management festgelegt. Die Vereinbarung enthielt unter anderem eine Verabredung dazu, dass es keine Verhandlungen mit dem Management auf lokaler Ebene gibt, bevor nicht auf europäischer Ebene eine Rahmenvereinbarung ausgehandelt wurde[582]. Zu diesem Zweck sollten „Angebote" an die Konzernleitung hinsichtlich der Produktionszuteilung vorher gemeinsam abgesprochen werden.

578 Telljohann/*Houben*, 67; Die EBR-Gründungsvereinbarung enthält jedoch in § 8 Nr. 4 nur eine generelle Berichtspflicht: http://www.euro-betriebsrat.de/pdf/ebr_vereinbarung_zf.pdf.

579 *Dehnen*, Industrielle Beziehungen, Heft 17 (2), 2010, 147, 161.

580 *Dehnen*, Industrielle Beziehungen, Heft 17 (2), 2010, 147, 162.

581 Http://sub2.igmetall.de/content/dokumente/opel_eu_solivereinb_05_12_13.pdf.

582 *Dehnen*, Industrielle Beziehungen, Heft 17 (2), 2010, 147, 164.

Diese Regelung erscheint auf den ersten Blick lediglich eine Lösung für die zeitliche Abfolge von Verhandlungen zu treffen. Was jedoch wie eine rein zeitliche Regelung wirkt, hat inhaltliche Konsequenzen. Denn sobald eine europäische (Rahmen-)Vereinbarung besteht, existiert bereits eine Einigung über wesentliche Problempunkte. Dies schmälert das Aktionsfeld der nationalen Arbeitnehmervertretungen, was jedoch angesichts des vorher abgestimmten gemeinsamen Vorgehens im Interesse aller Standorte sein kann. Eine solche Regelung kann daher zur Absicherung einer vorher vereinbarten gemeinsamen Strategie einen sinnvollen Beitrag leisten, auch wenn die rechtliche Wirkung einer solchen Solidaritätsbekundung begrenzt ist.

d) Begrenzung der EBR-Kompetenz in der Gründungsvereinbarung

Dass die europäischen Betriebspartner schon früh die Möglichkeit eines Kompetenzkonflikts zwischen europäischen und nationalen Ebenen der Unterrichtung und Anhörung erkannten, zeigt sich daran, dass Bestimmungen zu diesem Thema in die Gründungsvereinbarungen aufgenommen wurden. So enthielten bereits 48 % der Artikel 13-Vereinbarungen eine Klausel, wonach sich der EBR mit bestimmten Themen nicht befassen durfte[583]. Neun von zehn Artikel 13-Vereinbarungen enthielten ein „Subsidiaritätsprinzip“, wonach die Zuständigkeit des EBR ausgeschlossen war, sofern bereits nach nationalem Recht eine Unterrichtung und Anhörung auf einer niedrigeren Ebene zu erfolgen hat[584]. Damit sollten Angelegenheiten, welche in die Kompetenz der nationalen Organe der Arbeitnehmerrepräsentation fallen, von der Zuständigkeit des EBR ausgenommen werden[585].

Ob eine solche Klausel für Vereinbarungen, welche unter das EBRG fallen, überhaupt noch zulässig ist (Zweifel bestehen jedenfalls dann, wenn der gesetzlich zugewiesene Zuständigkeitsbereich des EBR ausgehöhlt werden soll[586]), kann offen bleiben. Man könnte zwar daran denken, auch bei der Aufnahme von

583 *Carley/Marginson*, 22.

584 *Carley/Marginson*, ibid.

585 *Horcher*, 281.

586 Vgl. Art. 1 Abs. 3 und 4 der RL 2009/38/EG. Wird ein EBR eingesetzt und kein anderweitiges Verfahren zur Unterrichtung und Anhörung der Arbeitnehmer gewählt, so ist dieser für länderübergreifende Angelegenheiten zuständig.

Verhandlungen durch den EBR ähnlich vorzugehen. Letztlich würde dies jedoch wenig Sinn ergeben. Denn eine solche Regelung geht am Kern der Problematik vorbei. Es wird nachgezeichnet, dass der EBR für länderübergreifende und die nationalen Organe der Arbeitnehmerrepräsentation für nationale Angelegenheiten zuständig sein sollen. Das Problem liegt jedoch oftmals darin, dass eine größere länderübergreifende Angelegenheit aus einer anderen Perspektive betrachtet in einem Teilaspekt die nationale Angelegenheit eines Betriebsrats sein kann. Das Problem, dass inhaltliche Überschneidungen auftreten können, wird dadurch nicht behoben[587]. Somit ist dieser Ansatz im vorliegenden Kontext nicht zielführend.

e) Personelle Lösung

Abstimmungsschwierigkeiten zwischen dem EBR und dem KBR lassen sich in der Praxis auch dadurch vermeiden, dass die Ämter des Vorsitzenden des jeweiligen Gremiums in Personalunion ausgeübt werden. So spielen beispielsweise bei *GM, Daimler* und *VW* die KBR-Vorsitzenden im EBR eine wichtige Rolle[588]. Dies kann die Entwicklung einer europäischen Sichtweise oder gesamteuropäischen Strategie jedoch auch hemmen, etwa wenn die deutsche Mitbestimmung bei Diskussionen im EBR zu sehr in den Mittelpunkt gestellt wird[589].

7. Zwischenergebnis

Will der EBR auf europäischer Ebene Verhandlungen mit der zentralen Unternehmensleitung führen und Vereinbarungen abschließen, so hat er dabei die gesetzlich zugewiesenen Kompetenzen der nationalen Arbeitnehmervertretungen zu wahren. Die Befugnisse der nationalen Arbeitnehmervertretungen dürfen durch die Arbeit des EBR nicht beeinträchtigt werden[590]. Will der EBR den ge-

587 *Horcher*, 281.

588 *Hauser-Ditz/Hertwig/Pries/Rampeltshammer*, 355 u. 397.

589 So auch der Vorsitzende des Europäischen Arbeitsnehmerforums (EEF) bei GM, *Klaus Franz*, in einem Interview 2006: http://sub2.igmetall.de/content/dokumente/interview_franz.pdf.

590 Vgl. zu den Beteiligungsrechten der nationalen Arbeitnehmervertretungen als Grenze für eine Abstimmung der Informations- und Anhörungsverfahren: Art.6 Abs. 2 lit. c. i.V.m. Art. 12 Abs. 2 S.2, Art. 1 Abs. 3 der RL 2009; § 18 Abs. 1 Nr. 3 EBRG.

setzlich vorgegebenen Rahmen der Information und Konsultation verlassen, so ist eine Abstimmung mit den nationalen Arbeitnehmervertretungen unerlässlich. Da deren Verhandlungsmacht durch eine existierende EBR-Vereinbarung zumindest faktisch beschnitten wird, kann der EBR nur tätig werden, wenn die nationalen Arbeitnehmervertretungen dem zustimmen und ihm ein Mandat erteilen[591]. Zu diesem Zweck haben sich in der Praxis verschiedene Verfahren zur Entwicklung einer gemeinsamen Strategie entwickelt. Ein Aushandlungsprozess um eine gemeinsame europaweite Strategie kann dabei etwa durch Verhandlungen um eine Beauftragung des EBR durch die nationalen Arbeitnehmervertretungen angestoßen werden. Gleichzeitig ist jedoch festzuhalten, dass eine solche Beauftragung, rechtlich betrachtet, die Umsetzung einer EBR-Rahmenvereinbarung in nationales Recht nicht ersetzen kann.

III. Tarifautonomie der Gewerkschaften

Eine weitere Einschränkung der Vereinbarungsfreiheit der Akteure ergibt sich aus der verfassungsrechtlich garantierten Tarifautonomie der Gewerkschaften. Die Tarifautonomie der Gewerkschaften ist in Deutschland über Art. 9 GG und auf europäischer Ebene in Art. 28 EU-Charta geschützt. Insofern ist es problematisch, wenn davon gesprochen wird, dass der EBR unter Umständen an „europäischen Firmentarifverträgen“ mitwirken könnte[592]. Denn wo verläuft dann noch die Trennlinie zwischen den Aufgaben der Gewerkschaften bzw. ihrer europäischen Verbände und denen der EBR? Auch wenn diese nicht entlang der Trennlinie des deutschen Rechts verläuft, so ist eine Klärung des Verhältnisses der europäischen Akteure zueinander notwendig, um die Zusammenarbeit der verschiedenen Organisationen bei der Erreichung eines gemeinsamen Ziels nicht durch Kompetenzstreitigkeiten zu gefährden. Dies würde die Verhandlungsposition der Arbeitnehmerseite insgesamt schwächen[593].

---

591 So im Ergebnis auch *Zimmer* in: Rechtstatsachen, 114, 129 mit Fn. 30; vgl. zur Notwendigkeit einer Mandatierung auch Transnational Company Agreements: realising the potential of social dialogue, Commission Staff Working Document SWD(2012) 264 final, 10.

592 *Blanpain/Schmidt/Schweibert*, 354 f. Rn. 505.

593 Vgl. *Weiss*, AuR 1995, 438, 442 bzgl. des Konkurrenzverhältnisses zw. EBR und KBR bzw. GBR.

1. Die Bindung Privater an Grundrechte

Bevor die Reichweite und Bedeutung der Tarifautonomie auf europäischer wie nationaler Ebene untersucht wird, ist zunächst die Frage zu klären, inwiefern sich aus einer grundrechtlich geschützten Position eines Anderen eine Grenze für das Handeln privater Akteure ableiten lässt. Mithin ist zu klären, inwiefern den in Betracht kommenden Grundrechten eine horizontale (mittelbare) Drittwirkung zukommt mit dem Ergebnis, dass auch Privatpersonen als Grundrechtsverpflichtete angesehen werden können.

a) Die Ursprünge der horizontalen Drittwirkung der Grundrechte in Deutschland

Die Etablierung einer Theorie der horizontalen Drittwirkung der Grundrechte in den meisten Rechtsordnungen Europas hat sich im Laufe des 20. Jahrhunderts vollzogen[594]. Am Beginn dieser Entwicklung stand die Weimarer Reichsverfassung, in welcher bereits zwei Artikel ausdrücklich mit einer unmittelbaren Drittwirkung ausgestattet waren: Erstens ordnete Art. 118 Abs. 1 S. 2 WRV an, dass kein Arbeits- oder Anstellungsverhältnis einen Arbeitnehmer dabei behindern darf, seine Meinungsfreiheit auszuüben. Dadurch war der Arbeitgeber unmittelbar als Grundrechtsverpflichteter aufgenommen[595]. In ähnlicher Weise sah Art. 159 WRV vor, dass alle Abreden und Maßnahmen, welche die Koalitionsfreiheit einschränken oder behindern könnten, rechtswidrig seien. Dadurch wird deutlich, dass das Arbeitsverhältnis erster Anknüpfungspunkt für eine horizontale Drittwirkung von Grundrechten war[596]. Der Trend hin zur Anerkennung einer objektiv-rechtlichen Dimension der Grundrechte, welcher durch die Entwicklungen in der Weimarer Zeit in Gang gesetzt wurde[597], setzte sich nach 1949 fort[598]. Ausgangspunkt war die *Lüth*-Entscheidung des Bundesverfassungsge-

594 *Seifert*, EuZW 2011, 696.

595 *Seifert*, EuZW 2011, 696.

596 *Seifert*, EuZW 2011, 696; *Nipperdey* in: FS Molitor, 17, 25.

597 *Nipperdey* in: FS Molitor, 17, 25.

598 Vgl. dazu ausführlich: *Wahl* in: Handbuch der Grundrechte, Band I, § 19, 745 ff.

richts vom 15. Januar 1958[599]. Heute gehören die objektive Dimension der Grundrechte sowie die (mittelbare) Drittwirkung der Grundrechte zu den Grundfesten der deutschen Grundrechtsdogmatik[600]. Die unmittelbare Drittwirkung der Koalitionsfreiheit ist zudem in Art. 9 Abs. 3 S. 2 GG gewährleistet, sodass diese gegen „Abreden“ aller Art, seien dies Vereinbarungen, faktisches Verhalten oder einseitige Handlungen mit dem dort erwähnten Inhalt geschützt ist[601]. Dies gilt unabhängig davon, welcher Rechtsträger an der Abrede konkret beteiligt ist[602] und daher aus deutscher Perspektive auch für Beeinträchtigungen der (nationalen) Koalitionsfreiheit durch Vereinbarungen zwischen EBR und zentraler Unternehmensleitung.

b) Die Drittwirkung von Grundrechten in anderen europäischen Rechtsordnungen

Auch wenn die Entfaltung der objektiven Dimension der Grundrechte als Markenzeichen des deutschen Staatsrechts der Gegenwart bezeichnet wird[603], ist die horizontale Drittwirkung der Grundrechte heute ein integraler Bestandteil der nationalen Grundrechtsordnungen in Europa geworden[604]. Dabei ist auch eine gewisse Wechselwirkung zwischen der europäischen und der einzelstaatlichen Ebene zu erkennen. Während sich die Theorien zur horizontalen Wirkung von Grundrechten zunächst in einzelnen nationalen Rechtssystemen entwickelt haben, wurden sie vom EGMR in seiner Rechtsprechung zur EMRK rezitiert. Dies wiederum hat auf andere europäische Staaten in der Weise zurückgewirkt, dass diese im Anschluss an den EGMR ebenfalls den Einflussbereich der Grundrechte auf die Beziehung zwischen Privatrechtssubjekten erstreckten[605].

---

599 BVerfGE 7, 198 ff.; *Wahl* in: Handbuch der Grundrechte, Band I, § 19 Rn. 2 ff., 746 f.

600 Zu den unterschiedlichen Argumentationssträngen zur dogmatischen Verankerung der Drittwirkung der Grundrechte: *Fabisch*, 70 ff. m.w.N.

601 Vgl. Dreier/*Bauer*, GG, Art. 9 Rn. 82; Maunz/Dürig/*Scholz*, Art. 9 Rn. 4, 171, 332 ff.

602 Maunz/Dürig/*Scholz*, Art. 9 Rn. 333.

603 *Wahl* in: Handbuch der Grundrechte, Band I, § 19 Rn. 1, 746.

604 Vgl. zur Rechtslage in einzelnen Ländern sowie zur Kategorisierung der nationalen Begründungswege in drei Typen der Horizontalwirkung: *Seifert*, EuZW 2011, 696, 697 und die Einzelnachweise bei *Wahl* in: Handbuch der Grundrechte, Band I, § 19 Rn. 28 ff., 764 ff.; Heselhaus/Nowak/*Nowak*, § 6 Rn. 49.

605 *Seifert*, EuZW 2011, 696.

c) Zur Drittwirkung auf europäischer Ebene

Für die vorliegende Problemstellung ist nun insbesondere die Frage relevant, inwiefern auf europäischer Ebene, speziell im Hinblick auf die Grundrechtecharta, von einer Drittwirkung der Grundrechte auszugehen ist.

Dabei ist grundsätzlich die bisherige Entwicklung sowohl im Bereich der EMRK als auch im Bereich der Grundrechtecharta zu berücksichtigen[606]. Der EGMR hat zwar keine allgemeine Theorie der Horizontalwirkung der Grundrechte entwickelt, jedoch eine umfangreiche Kasuistik zur Horizontalwirkung hervorgebracht, die gerade auch das Arbeitsrecht betrifft[607]. Die Frage nach der Drittwirkung von Grundrechten im kollektiven Arbeitsrecht, wie sie hier aufgeworfen wird, stand dabei jedoch nicht im Mittelpunkt. Art. 28 der Charta der Grundrechte der EU wiederum gibt – anders als Art. 9 Abs. 3 S. 2 GG – nicht direkt die unmittelbare Drittwirkung der Tarifautonomie vor. Auch Art. 51 der Charta der Grundrechte erwähnt Private nicht als Grundrechtsverpflichtete[608]. Offen ist nach wie vor, wie diese Normen auszulegen sind. Der Grundrechtekonvent hat das Problem damals nicht diskutiert[609]. Zwar regte das Präsidium eine Aufnahme der auf Gemeinschaftsebene handelnden Sozialpartner an, doch fand auch dies keinen Konsens[610].

Eine Ansicht folgert aus der Tatsache, dass Private als Grundrechtsverpflichtete in Art. 51 der Charta nicht erwähnt werden, dass diese nicht an die Grundrechte gebunden seien[611]. Die Gegenauffassung lehnt dies ab; vielmehr sei es gerade das Ziel der offenen Regelung gewesen, die Ausarbeitung der Judikatur zu über-

---

606 Zum grundsätzlichen Verhältnis zwischen EMRK und Grundrechtecharta: *Nowak*, 140 f.

607 *Seifert*, EuZW 2011, 696, 699 mit Einzelnachweisen zur Rechtsprechung des EGMR in Fn. 25; zur mittelbaren Drittwirkung der EMRK: *Schweizer* in: Handbuch der Grundrechte, Band VI/1, § 138 Rn. 65.

608 Vgl. ausführlich zum Problem der horizontalen Wirkung der europäischen Grundrechte: *Kober*, 180 ff.

609 Meyer/*Borowsky*, Art. 51 Rn. 31.

610 Meyer/*Borowsky*, Art. 51 Rn. 31.

611 *Niedobitek* in: Handbuch der Grundrechte, Band VI/1, § 159 Rn. 103; gegen eine unmittelbare Drittwirkung: *Kober*, 180 ff.

lassen[612]. Als Argument kann dafür angeführt werden, dass der EuGH bereits eine umfassende Judikatur zur unmittelbaren Bindung Privater an die Grundfreiheiten hervorgebracht hat[613]. Dass die Grundfreiheiten jedenfalls einen grundrechtsähnlichen Charakter haben[614], spricht dafür, dass der EuGH bei den Charta-Grundrechten jeweils im Einzelfall ähnlich vorgehen könnte. Für eine mittelbare Drittwirkung der Grundrechte spricht auch der sechste Erwägungsgrund der Präambel der Charta der Grundrechte der EU. Demnach ist die Ausübung der eigenen Rechte mit Verantwortung und mit Pflichten gegenüber den Mitmenschen und gegenüber der menschlichen Gemeinschaft verbunden. Auch und gerade im kollektiven Arbeitsrecht spricht daher – im Falle einer staatsähnlichen Machtstellung der Akteure – vieles für eine Grundrechtsverpflichtung der Sozialpartner auf europäischer Ebene.

Letztlich steckt die Rechtsprechung des EuGH in diesem Bereich jedoch noch in den Kinderschuhen. Auch fehlt es nach wie vor an einer schlüssigen gemeineuropäischen Dogmatik im Bereich der Grundrechte. Zumindest die deutsche Literatur scheint sich mehrheitlich für eine mittelbare Drittwirkung der Grundrechte oder jedenfalls einzelner Grundrechte auszusprechen[615]. Erst die schrittweise

---

612 Meyer/*Borowsky*, Art. 51 Rn. 31; *Ostermann*, 96; Heselhaus/Nowak/*Nowak*, § 6 Rn. 58; Tettinger/Stern/*Ladenburger*, Art. 51 Rn. 11.

613 Für das Arbeitsrecht vgl. insbesondere: EuGH Rs. C-438/05 (*Viking*), Slg. 2007,I-10779 Rn. 61.; EuGH Rs. C-341/05 (*Laval*), Slg. 2007, I-11767; EuGH Rs. C-271/08 (*Direktvergabe von Dienstleistungsverträgen über betriebliche Altersversorgung*), ABlEU 2010, Nr. C 246, 2 Rn. 41 ff.; ausführlich dazu etwa *Fabisch*, Die unmittelbare Drittwirkung der Grundrechte im Arbeitsrecht, 2010; *Kocher* in: Gedächtnisschrift für Ulrich Zachert, 37, 42 ff.; Fuchs/Marhold/*Fuchs*, 381 ff.

614 *Seifert*, EuZW 2011, 696, 700; Ehlers/*Ehlers*, § 7 Rn. 18 und § 14 Rn. 13 m.w.N.; Heselhaus/Nowak/*Nowak*, § 6 Rn. 50 und § 4 Rn. 37 ff.; zur Übertragbarkeit der Rechtsprechung des EuGH zur unmittelbaren Drittwirkung der Grundfreiheiten auf die Grundrechte: Heselhaus/Nowak/*Nowak*, § 6 Rn. 55; zum Verhältnis von europäischen Grundrechten und Grundfreiheiten im Arbeitsrecht: *Frenz*, RdA 2011, 199 ff.

615 Meyer/*Borowsky*, Art. 51 Rn. 31; Meyer/*Hölscheidt*, Vor Titel III Rn. 337; Meyer/*Hölscheidt*, Art. 24 Rn. 17; Heselhaus/Nowak/*Nowak*, § 6 Rn. 49; *Niedobitek* in: Handbuch der Grundrechte, Band VI/1, § 159 Rn. 103; *Tettinger*, NJW 2001, 1010, 1011; *Ehlers*, § 14 Rn. 49, 467 f.; *Kober*, 182 f.; *Ostermann*, 91 ff., 93 und 96; für eine eingeschränkte mittelbare Horizontalwirkung der Grundrechte: *Seifert*, EuZW 2011, 696, 701; für eine lediglich eingeschränkte mittelbare Drittwirkung auch Tettinger/Stern/*Ladenburger*, Art. 51 Rn. 14; für eine unmittelbare Drittwirkung im Einzelfall: *Quasdorf*, 164 ff., der allerdings nicht sauber zwischen Grundfreiheiten und Grundrechten trennt.

Ausarbeitung dieser Themenfelder durch Literatur und Rechtsprechung wird hier Klarheit bringen. Dass die Frage der Bindung der europäischen Sozialpartner an die europäischen Grundrechte im Konvent zumindest einmal diskutiert wurde[616], beweist, dass diese unter den möglichen privaten Grundrechtsverpflichteten eine besondere Stellung einnehmen. Es überrascht daher wenig, dass gerade hinsichtlich Art. 28 der Charta eine Grundrechtsverpflichtung Privater angenommen wurde[617]. So kann die Tarifautonomie der Gewerkschaften nur dann wirkungsvoll sichergestellt werden, wenn sie mit einer (zumindest mittelbaren) Pflicht des Arbeitgebers korrespondiert, diese zu respektieren. Dies schließt ein, dass der Arbeitgeber den Kernbereich der Tarifautonomie der Gewerkschaften nicht etwa durch Vereinbarungen mit dem EBR unterlaufen darf. Aus diesem Grund strahlt das Grundrecht der Tarifautonomie der Gewerkschaften auch auf das Verhältnis zwischen Arbeitgeber und EBR aus. An welcher Stelle der EuGH dieses Problem dogmatisch aufhängen wird, bleibt allerdings abzuwarten.

2. Tarifautonomie in Deutschland

Der Begriff der „Tarifautonomie" ist (grund-) gesetzlich nicht vorgegeben, sondern wurde erst durch seine Verwendung durch das Bundesverfassungsgericht populär[618]. Die Tarifautonomie ist als wesentliches Element der Koalitionsfreiheit in Art. 9 Abs. 3 GG verankert. Der grundrechtliche Schutz der Koalitionsfreiheit beinhaltet Bestand und Betätigung der Koalition[619]. Zum Schutzbereich der Betätigung der Koalition gehört dabei die Tarifautonomie, das heißt die Freiheit, eine eigenverantwortliche Ordnung der Arbeits- und Wirtschaftsbedingungen durch den Abschluss von Tarifverträgen schaffen zu können[620]. Aus die-

---

616 Meyer/*Borowsky*, Art. 51 Rn. 31.

617 *Tettinger*, NJW 2001, 1010, 1011; *Seifert*, EuZW 2011, 696, 701; Heselhaus/Nowak/*Nowak*, § 6 Rn. 59: „potentiell drittwirkungsfähige Grundrechte".

618 BVerfG 06.05.1964 – 1 BVR 79/62, AP TVG § 2 Nr. 15; Bispinck/Schulten/*Blanke*, 114, 115.

619 Zu Art. 9 Abs. 3 GG als „Doppelgrundrecht", welches neben der individuellen auch die kollektive Koalitionsfreiheit schützt: *Stütze*, 338 m.w.N.

620 BVerfG 06.05.1964 – 1 BVR 79/62, AP TVG § 2 Nr. 15 unter Rn. 31; BAG 12.09.1984 – 1 AZR 342/83, BAGE 46, 322-358; *Stütze*, 339.

sem Grund muss der Tarifautonomie ein Freiraum zu autonomer Rechtsgestaltung verbleiben[621]. Betriebsvereinbarungen dürfen daher nicht in den verfassungsrechtlich geschützten Kompetenzbereich der Koalitionen einbrechen[622]. Zu diesen Kompetenzen gehören nach der Rechtsprechung des BAG zum Beispiel die Regelung der Höhe des Arbeitsentgelts, der Dauer der Regelarbeitszeit und der Urlaubsdauer[623].

Wie bereits erwähnt, sind substantielle EBR-Vereinbarungen keine Betriebsvereinbarungen im Sinne des § 77 BetrVG[624]. Sie stellen eine Form betrieblicher Vereinbarungen sui generis dar. Dennoch gilt auch für diese die verfassungsrechtliche Grenze der Wahrung der Tarifautonomie. Denn der allgemeine Grundsatz, dass tarifliche Regelungen der betrieblichen Mitbestimmung vorgehen, muss auch hier gewahrt bleiben.

Die Verfassung gibt jedoch bezüglich der Koalitionsfreiheit und der Tarifautonomie nur den äußersten Rahmen vor. Nur die Voraussetzungen und Strukturprinzipien kollektiver Privatautonomie sind verfassungsrechtlich festgeschrieben[625]. Die konkrete Ausgestaltung ist dabei dem Gesetzgeber und den Tarifparteien überlassen. Dementsprechend hat die Tarifautonomie einen Gestaltwandel durchlaufen[626]. Was die Ebene der Regulierung der Arbeitsbedingungen betrifft, so gibt es eine klare Tendenz von der überbetrieblich-flächentariflichen Ebene zur betrieblichen Ebene. Als Antwort auf die Dezentralisierung und Flexibilisierung der Tarifpraxis haben sich unter anderem neue tarifliche Betätigungsfelder aufgetan. Dies zeigt sich etwa an tariflichen Auseinandersetzungen im Zusam-

---

621 ErfKomm/*Dieterich*, GG Art. 9 Rn. 51; BVerfG st. Rspr. seit 18.11.1954 - 1 BvR 629/52, AP GG Art. 9 Nr. 1.

622 Sog. „legislatives Ordnungskonzept“: BAG 05.03.1974 – 1 ABR 28/73, AP BetrVG 1972 § 87 Kurzarbeit Nr. 1.

623 BAG ibid. Rn. 23.

624 Vgl. oben zur Stellung des EBR im Rahmen des BetrVG unter Teil 2 D. II. 6. a) aa).

625 ErfKomm/*Dieterich*, GG Art. 9 Rn. 55.

626 Einen Überblick über den Wandel und aktuelle Probleme gibt *Blanke*: Bispinck/Schulten/*Blanke*, 114-123; zum Folgenden insbesondere 116 f.

menhang mit Standortverlagerungen von Betrieben[627]. Firmentarifverträge sind in der Praxis wichtiger geworden und selbst neue Typen von Tarifverträgen wie der „tarifliche Sozialplan“ haben sich etabliert[628]. Durch diese Entwicklung wurde der „erprobten und bewährten Arbeitsteilung zwischen Gewerkschaften und Betriebsräten […] zunehmend die Grundlage entzogen“[629]. Abgrenzungs- und Koordinationsprobleme waren die Folge, welche sich aus der engen Verzahnung der Tarifautonomie mit der Mitbestimmung ergaben. Besonders in Situationen, in denen das gleiche Themengebiet durch Firmentarifvertrag und Betriebsvereinbarung geregelt werden sollte (Stichwort Standortverlagerungen), stellte sich die Frage nach der funktionsgerechten Koordination tariflicher und betrieblicher Regelungsinstrumente[630].

Die in diesem Bereich von der Rechtsprechung entwickelten Grundsätze bringt *Dieterich* folgendermaßen auf den Punkt[631]:

- Tariflich regelbare Fragen sind grundsätzlich auch legitime Streikziele.
- Im Verhältnis zur betrieblichen Mitbestimmung hat die Tarifautonomie grundsätzlich Vorrang.
- Die Betriebspartner haben zwar subsidiäre Regelungskompetenz gewonnen, aber das letzte Wort behalten die Tarifparteien. Diesen Vorrang können sie auch mit Rechtsmitteln durchsetzen.

---

627 ErfKomm/*Dieterich*, GG Art. 9 Rn. 75 u. 116; zur Zulässigkeit des Streiks um Tarifsozialpläne: BAG 24.04.2007, NZA 2007, 987; *Bayreuther*, NZA 2007, 1017 ff.

628 Bispinck/Schulten/*Dieterich*, 179, 182 f.; zu freiwilligen Tarifsozialplänen: *Bayreuther*, NZA 2010, 378, insbes. 380 ff.

629 *Bispinck*, WSI Mitteilungen 4/2009, 178.

630 *Dieterich*, RdA 2002, 1, 4; Bispinck/Schulten/*Dieterich*, 179, 183; *Fischinger*, NZA 2007, 310 ff.; *Thüsing*, NZA 2008, 201 ff.; *Henssler* in: FS Richardi, 553 ff.; BAG 24.04.2007 AP TVG § 1 Sozialplan Nr. 2 Rn. 37.

631 Bispinck/Schulten/*Dieterich*, 179, 183.

Das BAG hat damit entschieden, dass eine mögliche „Zangenwirkung“ in dem Sinne, dass der Arbeitgeber von Betriebsrat und Gewerkschaft bezüglich der gleichen Maßnahme „in die Zange genommen“[632] werden kann, „jedenfalls nicht zu Lasten der Tarifvertragsparteien“[633] aufgelöst werden kann. Grund dafür sei die Koalitionsbetätigungsgarantie.

Damit wurde das Problem der Koordination betrieblicher und tariflicher Regelungen jedoch nicht abschließend geklärt. In der Praxis werden teilweise sog. „dreigliedrige Standortsicherungsvereinbarungen“ geschlossen, deren Rechtswirksamkeit jedoch noch nicht abschließend geklärt ist[634]. Das BAG hat in einer Entscheidung einen dreigliedrigen „Standortsicherungsvertrag“ für unwirksam erachtet, da das Gebot der Rechtsquellenklarheit für Kollektivverträge missachtet wurde[635]. Darüber hinaus kommt eine Vernetzung der Akteure während der Verhandlungen in Betracht sowie eine Koordination durch die jeweiligen Kollektivverträge[636]. So kann etwa eine Anrechnung tarifvertraglicher Leistungen auf Sozialplanleistungen vereinbart werden.

Die verfassungsrechtliche Gewährleistung der Tarifautonomie hat auch dazu geführt, dass das BAG den Koalitionsparteien einen Unterlassungsanspruch zugesprochen hat, wenn ein Tarifvertrag durch die Betriebsparteien unterlaufen werden soll[637]. Auf diesem Wege werden Funktionsfähigkeit und Vorrang der Tarifautonomie prozessual abgesichert.

3. Koordination der Instrumente auf transnationaler Ebene

Das oben dargestellte Problem der Koordination tariflicher und betrieblicher Regelungsinstrumente stellt sich ebenfalls auf transnationaler Ebene zwischen

632 BAG 24.04.2007 AP TVG § 1 Sozialplan Nr. 2 Rn. 37.

633 BAG ibid. Rn. 91.

634 Vgl. *Thüsing*, NZA 2008, 201 ff.

635 BAG 15.04.2008, NZA 2008, 1074, 1076 Rn. 17 ff.

636 *Deinert*, jurisPR-ArbR 1/2008 Anm. 3.

637 BAG 20.04.1999, AP GG Art. 9 Nr. 89; ErfKomm/*Dieterich*, GG Art. 9 Rn. 90.

substantiellen EBR-Vereinbarungen und gewerkschaftlichen Unternehmensvereinbarungen. Letztere werden im transnationalen Kontext teilweise von Gewerkschaftsverbänden unterzeichnet. Gerade bei Vereinbarungen mit europaweitem Anwendungsbereich (sog. European Framework Agreements)[638], treten in der Praxis sowohl EBR als auch europäische Gewerkschaftsverbände als Unterzeichner auf[639]. Dadurch entsteht ein gewisses Spannungsfeld in Bezug auf die jeweiligen Akteure[640]. Es stellt sich demnach die Frage, ob auch hier die Vereinbarungen der Gewerkschaften oder ihrer Verbände Vorrang vor den EBR-Vereinbarungen genießen.

Die nationalen Lösungsmechanismen können jedoch nicht eins zu eins übertragen werden. Gewerkschaftliche Vereinbarungen sind im transnationalen Bereich nicht zwingend „tariflich". Gewerkschaftsverbände besitzen oft nicht einmal ein Verhandlungsmandat, welches ihnen von den nationalen Gewerkschaften übertragen wurde[641]. Die Beantwortung der Frage nach einer funktionsgerechten Koordination der Regelungsinstrumente der Europäischen Betriebsräte und der europäischen Gewerkschaftsverbände scheint bisher nicht die gleiche Dringlichkeit zu haben wie im nationalen Kontext. Dies könnte daran liegen, dass in der Praxis getroffene Rahmenvereinbarungen zur Vermeidung von Kompetenzkonflikten teilweise schlicht von dem EBR und dem zuständigen Gewerkschaftsverband gemeinsam unterzeichnet werden[642].

---

638 Zum Begriff vgl. oben unter Teil 1 A. V.; Ausführlich zu IFAs und EFAs: *Telljohann et. al.*, European and International Framework Agreements: Practical Experiences and Strategic Approaches, insbes. 21 f.

639 *Telljohann et. al.*, 27 f.

640 *Telljohann et. al.*, 53: "[…] leading role of EWCs in negotiating an IFA is hotly debated". Zum strategischen Dilemma der Gewerkschaftsverbände bzgl. ihres Verhaltens ggü. den EBR: *Telljohann et. al.*, 57 f.

641 Der europäische Metallgewerkschaftsbund hat dieses Problem erkannt und daher 2006 interne Richtlinien erlassen, welche sich mit der internen Mandatsvergabe durch die nationalen Gewerkschaften befassen, die sog. Internal EMF procedures for negotiations at multinational company level, vgl. dazu ausführlich oben unter Teil 1 C. III. 3. c); *Telljohann et. al.*, 59 ff.

642 *Europäische Kommission*, Mapping of transnational texts negotiated at corporate level, 8 ff.

Der Abschluss von Vereinbarungen mit Doppelunterzeichnung bzw. von Mischverträgen wird indirekt etwa durch das Verfahren des EMB zur Steuerung von Verhandlungen mit europäischen Konzernen[643] gefördert. Denn etwa bei Umstrukturierungen im Unternehmen oder Konzern ist der EBR durch seine Informations- und Konsultationsrechte bereits in die Vorgänge eingebunden. Zudem bevorzugt das Management insbesondere in Unternehmen mit dominant deutschem System der Arbeitsbeziehungen den EBR als Verhandlungspartner, da hier auf das im nationalen Kontext gewachsene Vertrauen und eingespielte Zusammenwirken mit den Akteuren in der EBR-Spitze aufgebaut werden kann[644]. Gleichzeitig ist es jedoch das Ziel des EMB, eine gewerkschaftliche Verhandlungsposition aufzubauen, die den Kontrollanspruch nationaler Gewerkschaften gegenüber der europäischen Gewerkschaftsebene und den EBR absichern soll[645] (indem das EMB-Sekretariat vor Unterzeichnung bestimmte Verfahren zur Abstimmung mit den nationalen Gewerkschaften beachten muss) und die sich in einer eigenständigen Unterzeichnung einer Vereinbarung durch den EMB niederschlägt[646].

Die Doppelunterzeichnung von transnationalen Vereinbarungen ist jedoch aus verschiedenen Gründen problematisch. Zum einen ist sie Ausdruck der Konzernorientierung der europäischen Gewerkschaftsverbände, die das Feld der unternehmens- oder konzernbezogenen transnationalen Vereinbarungen nicht den EBR überlassen wollen. Dies ist zwar einerseits sinnvoll, da die Gewerkschaften den EBR durchaus Unterstützung bei der Entwicklung einer Verhandlungsposition leisten können. Dies zeigt sich auch daran, dass die ersten EBR-Vereinbarungen gerade in den Unternehmen unterzeichnet wurden, in denen die EBR durch die Gewerkschaften unterstützt wurden. Andererseits führt dies auch

643 EMB-interne Vorgehensweise bei Verhandlungen mit multinationalen Unternehmen, 2006, vgl. oben unter Teil 1 C. III. 3. c); ausführlich dazu: *Müller/Platzer/Rüb*, Transnationale Unternehmensvereinbarungen, 75 ff.

644 So etwa für den Fall Daimler: *Müller/Platzer/Rüb*, Transnationale Unternehmensvereinbarungen, 105.

645 *Müller/Platzer/Rüb,* Transnationale Unternehmensvereinbarungen, 75.

646 Zur Streitfrage, wer im Namen des EMB zur Unterzeichnung der Vereinbarung berechtigt sein sollte, vgl. *Müller/Platzer/Rüb,* Transnationale Unternehmensvereinbarungen, 87.

dazu, dass die Gewerkschaftsverbände ihre Aufmerksamkeit (und damit ihre Ressourcen und Macht) den Konzernen widmen, sodass kleinere und mittlere Unternehmen außen vor sind[647] und auch die sektorale Ebene als Verhandlungsebene an Bedeutung verlieren könnte.

Darüber hinaus ist die Doppelunterzeichnung auch juristisch problematisch: Sie könnte gegen das vom BAG aufgestellte Gebot der Rechtsquellenklarheit verstoßen, welches nach der Rechtsprechung allgemein für „kollektive arbeitsrechtliche Normenverträge“[648] gilt. Dem kann entgegen gehalten werden, dass diese Form transnationaler Vereinbarungen keine normative Wirkung entfaltet und daher nicht unter diesen Begriff subsumiert werden kann.

Allerdings lassen sich die hinter dem Gebot der Rechtsquellenklarheit stehenden Gründe auch auf transnationale Vereinbarungen übertragen. So müssen „Normurheberschaft und Normsetzungswille der jeweiligen Normgeber im Interesse der Rechtssicherheit und der Rechtsklarheit deutlich und überprüfbar hervortreten“[649]. Auch wenn transnationale Vereinbarungen keine unmittelbare normative Wirkung entfalten, so verpflichten sich nationale Gewerkschaften und Betriebsräte vielfach zur Durchführung der Vereinbarung durch deren Umsetzung in nationales Recht. Dies geschieht oftmals durch eine 1:1-Umsetzung. Auf diesem Wege entfaltet die transnationale Vereinbarung jedenfalls mittelbar normative Wirkung. Zudem entzieht sie den nationalen Akteuren Handlungsspielraum. Voraussetzung für den Abschluss einer wirksamen Vereinbarung ist daher zumindest, dass dem Vertrag eindeutig entnommen werden kann, wer Urheber der Vereinbarung und wer zu deren Umsetzung (Normsetzung) bereit und verpflichtet ist.

Alles in allem ist absehbar, dass hier ein Austarieren der Zuständigkeiten zwischen europäischen Gewerkschaftsverbänden und EBR erfolgen muss, sofern diese Regelungsinstrumente in der Praxis eine verstärkte Rolle spielen sollen.

---

647 Dazu ausführlich unten in Teil 3 D.

648 BAG 15.04.2008, NZA 2008, 1074, 1076 Rn. 17.

649 BAG ibid. Rn. 21.

Dabei spielt auch die europäische Gewährleistung der Tarifautonomie eine Rolle verbunden mit der Frage, ob es einen eigenständigen, europäischen Regelungsgehalt der Tarifautonomie gibt:

4. Europäische Gewährleistung und eigenständiger Regelungsgehalt der Tarifautonomie

Angesichts der Begrenzung der Regelungskompetenz der EG in Art. 137 EGV (heute der EU in Art. 153 Abs. 5 AEUV), fand die Frage nach einer europäischen Gewährleistung der Tarifautonomie lange Zeit keine große Beachtung. Streik und Tarifrecht wurden als nationale Themengebiete begriffen, auf die das Europarecht keinen wesentlichen Einfluss nahm.

Im Laufe der Zeit hat der Einfluss des Europarechts auf die nationalen Systeme des Tarifrechts jedoch stark zugenommen. Zum einen gibt es immer mehr Regelungen, die sich auf das nationale Tarifrecht auswirken können[650]. Zum anderen hat der EuGH durch seine Urteile in den Rechtssachen Viking[651], Laval[652] und zur Direktvergabe von Dienstleistungsverträgen über betriebliche Altersversorgung[653] neuen Wind in die Diskussion um den Stellenwert der Tarifautonomie in der Europäischen Union gebracht[654]. Darüber hinaus ist das Recht auf Kollektivverhandlungen und Kollektivmaßnahmen nun in Art. 28 der EU-Charta verbindlich festgelegt. All diese Einflüsse müssen beleuchtet werden, um zu begreifen, ob und wenn ja welche Konturen die Tarifautonomie auf europäischer Ebene bekommen hat und welche Auswirkungen dies auf die Entwicklung der Rolle des Europäischen Betriebsrats haben kann.

650 Britz/Volkmann/*Britz*, 34.

651 EuGH, 11.12.2007, Rs. C-438/05 (*Viking*), NZA 2008, 124 ff.

652 EuGH, 18.12.2007, Rs. C-341/05 (*Laval*), NZA 2008, 159 ff.

653 EuGH, 15.07.2010, Rs. C-271/08 (*Direktvergabe von Dienstleistungsverträgen über betriebliche Altersversorgung*), ABlEU 2010, Nr. C 246, 2.

654 Bispinck/Schulten/*Dieterich*, 179, 191; *Kocher* in: Gedächtnisschrift für Ulrich Zachert, 37, 45 ff.

a) Die begrenzte Regelungskompetenz der EU

Wie bereits erwähnt, enthält Art. 153 Abs. 5 AEUV eine Begrenzung der Regelungskompetenz der Union für die Bereiche Arbeitsentgelt, Koalitionsrecht, Streikrecht und Aussperrungsrecht. Durch diese Regelung wird zum Ausdruck gebracht, dass diese Themen als „besonders sensible mitgliedstaatliche Bereiche“ angesehen werden, die angesichts der unterschiedlichen mitgliedstaatlichen Vorstellungen und Traditionen einer Harmonisierung nicht zugänglich sind[655]. Aus diesem Grund haben die nationalen Koalitionen darauf vertraut, dass ihre nach dem jeweiligen nationalen Recht individuell ausgestalteten Regelungsinstrumente unangetastet bleiben[656].

So verständlich dieser Wunsch nach Wahrung der nationalen Verhandlungsformen der Tarifautonomie ist, so sehr steht dies gleichzeitig neueren Entwicklungen entgegen. Zwar kann bisher nicht von einer allgemeinen Europäisierung der Kollektivverhandlungen gesprochen werden. Dennoch gibt es einzelne Konfliktbereiche, wie etwa das Thema „grenzüberschreitender Arbeitskampf“, welche einen angemessenen Ausgleich zwischen der Wahrung nationaler Kollektivverhandlungssysteme und ihrer Öffnung für transnationale Entwicklungen erfordern[657].

b) Das Recht auf Kollektivverhandlungen und die Rechtsprechung des EuGH

In den oben bereits erwähnten Urteilen Viking und Laval ging es um grenzüberschreitende Arbeitskämpfe. In der Rechtssache Viking wehrte sich die internationale Transportarbeiter-Föderation (ITF) gegen die Ausflaggung eines ihrer finnischen Fährschiffe nach Estland bzw. gegen die damit verbundene Verschlechterung der Arbeitsbedingungen der Arbeitnehmer[658]. In der Rechtssache Laval ging es um die Arbeitsbedingungen von lettischen Arbeitnehmern, die nach

655 *Kocher*, juridikum 4/2010, 465, 466 f.

656 Bispinck/Schulten/*Dieterich*, 179, 190.

657 Zum Ganzen: *Kocher*, juridikum 4/2010, 465, 468 f.

658 Ausführlich dazu: *Maeßen*, 67 f.

Schweden auf eine Baustelle entsandt waren[659]. In beiden Fällen kam es zu Arbeitskampfmaßnahmen einschließlich Boykottmaßnahmen. Letztlich ging es in beiden Fällen um eine Kollision der unternehmerischen Freiheit mit der Koalitionsbetätigungsfreiheit.

Die Details der Entscheidungen sind nicht Gegenstand dieser Arbeit. Wichtig ist im vorliegenden Kontext Folgendes: Der EuGH hat in seinen Entscheidungen einerseits erstmalig das Recht auf Durchführung kollektiver Maßnahmen als Grundsatz des Gemeinschaftsrechts anerkannt[660]. Andererseits hat er jedoch der Gesamtheit der Grundfreiheiten Vorrang eingeräumt. Darüber hinaus hat er die Bewertung von Kampfmaßnahmen der gerichtlichen Angemessenheitskontrolle unterworfen[661]. Die Maßstäbe für die gerichtliche Verhältnismäßigkeitskontrolle gibt der EuGH den nationalen Gerichten dabei weitgehend vor[662]. Dies ist insbesondere deswegen kritisch, da eine zu weitgehende nachträgliche gerichtliche Angemessenheitskontrolle eine bewegliche Kampfführung unmöglich macht[663].

Für den vorliegenden Zusammenhang ist jedoch ein anderer Aspekt entscheidend: Während der EuGH zwar zunächst die kollektive Koalitionsfreiheit als Grundsatz des Gemeinschaftsrechts anerkennt, erwähnt er diese auf der Ebene der Rechtfertigungsprüfung mit keinem Wort[664]. Auf der Ebene der Rechtfertigung der Beschränkung der Niederlassungsfreiheit spricht der EuGH lediglich vom „Schutz der Arbeitnehmer“ als zwingendem Grund des Allgemeininteresses, welcher die Beschränkung rechtfertigen könnte. Dadurch, dass sich der EuGH auf dieser Ebene nicht mit der kollektiven Koalitionsfreiheit als Grundsatz des Gemeinschaftsrechts auseinandersetzt, kommt es nicht zu einer umfas-

659 Ausführlich dazu: *Maeßen*, 70 f.

660 EuGH, 11.12.2007, Rs. C-438/05 (*Viking*), NZA 2008, 124, 127 Rn. 43 f.; EuGH, 18.12.2007, Rs. C-341/05 (*Laval*), NZA 2008, 159, 165 Rn. 90 ff.

661 EuGH, 11.12.2007, Rs. C-438/05 (*Viking*), NZA 2008, 124, 130 Rn. 84 ff.

662 *Kocher* in: Gedächtnisschrift für Ulrich Zachert, 37, 45.

663 Bispinck/Schulten/*Dieterich*, 179, 191.

664 Zur Rechtfertigung der Beschränkungen: EuGH, 11.12.2007, Rs. C-438/05 (*Viking*), NZA 2008, 124, 129 Rn. 75 ff.; *Kocher* in: Gedächtnisschrift für Ulrich Zachert, 37, 43 f. und 46 f.; *Maeßen*, 90.

senden Interessenabwägung mit dem Ziel einer praktischen Konkordanz, welche nicht nur nach deutschem Verständnis[665] im Falle von kollidierenden Grundrechten notwendig wäre. Damit mag der EuGH der Tatsache Rechnung getragen haben, dass die Charta der Grundrechte zum Zeitpunkt der Entscheidung noch nicht rechtsverbindlich war. Angesichts der Tatsache, dass das Recht auf Kollektivverhandlungen und -maßnahmen in Art. 28 der Grundrechtecharta nun verbindlich vorgegeben ist und die Charta gem. Art. 6 Abs. 1, 2. Hs. EUV rechtlich den gleichen Rang wie die Verträge einnimmt, erscheint es fragwürdig, ob dieser de facto Vorrang der Grundfreiheiten vor der Ausübung der Unionsgrundrechte aufrecht erhalten werden kann[666]. Zwar ist noch nicht abschließend geklärt, ob und wenn ja welchen eigenständigen Regelungsgehalt die Tarifautonomie auf europäischer Ebene besitzt. In der Literatur wird die Meinung vertreten, dass durch den Verweis auf die einzelstaatlichen Regelungen und Gepflogenheiten als Einschränkung in Art. 28 der Mehrwert dieser Norm relativiert werde[667]. Unabhängig davon muss die Rechtsprechung des EuGH jedoch künftig der Gleichwertigkeit von Grundfreiheiten und Grundrechten Rechnung tragen. Inhalt und Umfang der verschiedenen Rechte müssen bestimmt und anschließend gegeneinander abgewogen werden[668].

Aus diesen Gründen ist die Rechtsprechung des EuGH als „krass“[669] bezeichnet worden und stößt auf „heftige und vielstimmige“[670] Kritik. Entscheidend ist hier, dass diese Urteile hinsichtlich der europäischen Gewährleistung der Tarifautonomie sowie bezüglich der Frage nach einem eigenständigen europäischen Regelungsgehalt hochproblematisch sind[671], auch wenn sie die Tarifautonomie nur

665 Fuchs/Marhold/*Fuchs*, 384 erläutert, dass die Methode des „ausgleichenden Abwägens“ auch in anderen Verfassungstraditionen geläufig ist.

666 Fuchs/Marhold/*Fuchs*, 378 u. 383; *Heuschmid*, jurisPR-ArbR 29/2008 Anm. 2 unter D.

667 *Pache*, EuR 2001, 475, 481; Meyer/*Riedel*, Art. 28 Rn. 27.

668 So Fuchs/Marhold/*Fuchs*, 386; *Bücker*, NZA 2008, 212, 215.

669 Bispinck/Schulten/*Dieterich*, 179, 190.

670 Bispinck/Schulten/*Dieterich*, 179, 191; siehe auch Fuchs/Marhold/*Fuchs*, 378 ff. m.w.N.; *Kocher* in: Gedächtnisschrift für Ulrich Zachert, 37, 46; *Bücker*, NZA 2008, 212, 214 ff.

671 *Kocher* in: Gedächtnisschrift für Ulrich Zachert, 37, 45 ff.

mittelbar betreffen[672]. Es scheint, als ob der EuGH in dem Ringen um einen angemessenen rechtlichen Ausgleich zwischen der Wahrung der nationalen Traditionen und der Öffnung für die notwendige europäische Entwicklung der Tarifautonomie bisher keine Rolle einnimmt, welche der Modernisierung der europäischen Arbeitsbeziehungen zuträglich wäre[673].

Die Tarifautonomie im engeren Sinn war Gegenstand einer weiteren Entscheidung des EuGH vom 15.07.2010[674], welche im Rahmen eines von der Kommission initiierten Vertragsverletzungsverfahrens erging. Dort ging es um einen Tarifvertrag zur Entgeltumwandlung im kommunalen öffentlichen Dienst zum Aufbau einer privaten Altersvorsorge. Der Tarifvertrag sah dabei vor, dass die betriebliche Altersvorsorge mittels Entgeltumwandlung nur bei bestimmten Versorgungsträgern aufgebaut werden konnte, welche namentlich genannt wurden. Der EuGH folgte diesbezüglich der Auffassung der Kommission und entschied, dass diese Vorgehensweise einen Verstoß gegen die europäischen Vergaberechts-Richtlinien darstelle. Auch hier wurde bezüglich der Regelungen des Tarifvertrags eine umfassende Verhältnismäßigkeitsprüfung vorgenommen[675]. Welchen konkreten Bedeutungsgehalt die Tarifautonomie auf europäischer Ebene erfährt, ist jedoch weiterhin offen. Der EuGH scheint zu einer relativ engmaschigen gerichtlichen Inhaltskontrolle von Tarifverträgen zu neigen. Inwiefern

672 *Kocher*, juridikum 4/2010, 465, 470.

673 Als Antwort auf die geführten Diskussionen erarbeitete die EU Kommission einen Vorschlag für eine Verordnung des Rates über die Ausübung des Rechts auf Durchführung kollektiver Maßnahmen im Kontext der Niederlassungs- und der Dienstleistungsfreiheit (sog. Monti II-Verordnung, KOM[2012], 130 endgültig); Dieser wurde am 12.09.2012 zurück gezogen. Zur Position des EGB vgl. dessen Resolution „Sozialen Fortschritt im Binnenmarkt erzielen: Vorschläge für den Schutz der sozialen Grundrechte und die Entsendung von Arbeitnehmern" vom 07./08.12.2011, http://www.etuc.org/IMG/pdf/DE_Posting_of_workers.pdf. Zur Position der Arbeitgeber vgl. die Kurzstellungnahme der BDA in euro-info Nr. 01/2012, 4: http://www.bda-online.de/www/arbeitgeber.nsf/res/Euro-Info_1_12.pdf/$file/Euro-Info_1_12.pdf; Deutscher Bundestag, Ausschuss für Arbeit und Soziales, 22.05.2012, Drucksache 17 [11] 908; *Franzen* EuZA 2013, Bd.6, 1 f.

674 EuGH, 15.07.2010, Rs. C-271/08 (*Direktvergabe von Dienstleistungsverträgen über betriebliche Altersversorgung*), ABlEU 2010, Nr. C 246, 2.

675 *Kocher*, juridikum 4/2010, 465, 471; weniger kritisch *Frenz*, RdA 2011, 199, 203, der durch das Urteil das Grundrecht auf Kollektivverhandlungen sowie die Niederlassungs- und Dienstleistungsfreiheit „miteinander versöhnt" sieht.

den Tarifpartnern dann noch Beurteilungs- oder Ermessensspielräume gewährt werden, bleibt abzuwarten[676].

5. Zwischenergebnis

Im Bereich der Kollektivautonomie, ihrer Verwurzelung in den nationalen Systemen sowie ihrer Weiterentwicklung durch transnationale Entwicklungen sowie Entscheidungen des EuGH ist vieles offen. Da dieses Thema nicht im Zentrum dieser Arbeit steht, konnten die aktuell diskutierten Themen lediglich aufgezeigt und angerissen werden. Entscheidend für den vorliegenden Zusammenhang ist, dass die Weiterentwicklung der Kollektivautonomie für die künftige Rolle der Europäischen Betriebsräte mit in den Blick genommen werden muss. Denn der EBR darf bei transnationalen Vereinbarungen nicht in den autonomen Vereinbarungsbereich der Gewerkschaften vordringen. Je stärker jedoch der Tarifautonomie im transnationalen Kontext durch den EuGH die Spielräume beschnitten werden, desto eher könnte sich ein Betätigungsfeld für die EBR eröffnen. Gleichzeitig gereicht eine Schwächung der europäischen Gewerkschaften jedoch auch dem EBR zum Nachteil, da sich starke EBR in der Praxis bisher gerade dort entwickelt haben, wo sie von starken Gewerkschaften begleitet und unterstützt wurden.

IV. Kein Vertrag zulasten Dritter

Unabhängig von allen arbeitsrechtlichen Besonderheiten ist der Vertrag zwischen zentraler Unternehmensleitung und Europäischem Betriebsrat ein schuldrechtlicher Vertrag, auf den die Grundsätze des allgemeinen Zivilrechts Anwendung finden. Aus diesem Grund gilt auch hier, dass es den Parteien verwehrt ist, einen Vertrag zulasten Dritter zu schließen[677]. Als „Dritte" kommen in dieser

---

676 *Kocher*, juridikum 4/2010, 465, 472; vgl. die Vorlagebeschlüsse des BAG an den EuGH: BAG 20.05.2010 – 6 AZR 148/09 (A), NZA 2010, 961; BAG 20.05.2010 – 6 AZR 319/09 (A), NZA 2010, 768.

677 So auch *Horcher*, 275 u. 287 f.; zu den Grundlagen vgl. Palandt/*Grüneberg*, BGB, Einf. vor § 328 Rn. 10.

Konstellation Arbeitnehmer, nationale Arbeitnehmervertretungen[678], Gewerkschaften[679] oder andere Arbeitgeber in Betracht. Bezüglich dieser Parteien können nur begünstigende Vereinbarungen getroffen werden oder solche, die nicht in deren Rechtsposition eingreifen[680]. Auch hier ergeben sich jedoch Probleme hinsichtlich der Frage, in welchen Situationen (noch) von einer begünstigenden Vereinbarung ausgegangen werden kann[681]. Angesichts der Tatsache, dass schuldrechtliche Vereinbarungen gerade dadurch charakterisiert werden, dass sie nur für und gegen die Vertragsschließenden wirken, ist die Frage, was als drittbegünstigend angesehen werden kann, eng auszulegen.

Nicht als „Dritte" anzusehen sind jedoch Tochtergesellschaften des herrschenden Unternehmens, auf welche dieses unmittelbar Einfluss nehmen kann[682]. Denn durch die beherrschende Stellung kann das herrschende Unternehmen für die Tochtergesellschaften – jedenfalls faktisch – mitentscheiden. Diese sind nicht als unabhängige Dritte anzusehen.

V. Zwischenergebnis

Zusammenfassend lässt sich sagen, dass die Grenzen der Vereinbarungsfreiheit des EBR nicht klar konturiert sind. Dennoch lassen sich gewisse Eckpunkte festhalten, innerhalb derer sich der Kompetenzrahmen des EBR bewegt. Erstens sind die Vorgaben der EBR-Richtlinie zu achten. Dies gilt insbesondere für den Grundsatz, dass sich die Kompetenz des EBR lediglich auf länderübergreifende Angelegenheiten beschränkt. Zweitens kann der EBR dort nicht tätig werden, wo eine ausschließliche Kompetenz einer nationalen Arbeitnehmervertretung existiert. Dementsprechend finden transnationale Unternehmensvereinbarungen ihre Grenze in den einzelstaatlichen Rechtsvorschriften und Gepflogenheiten zur Mitwirkung der Arbeitnehmer. Aus deutscher Perspektive drohen dabei insbe-

678 Siehe dazu ausführlich oben unter Teil 2 D. II.

679 Siehe dazu ausführlich oben unter Teil 2 D. III.

680 *Horcher*, 287.

681 Vgl. dazu ausführlich oben unter Teil 2 D. II. 4.; *Horcher*, 288.

682 Anderer Ansicht ist *Bachner*, 239 f.

sondere Kompetenzkonflikte mit dem KBR. Drittens ist die Tarifautonomie der Gewerkschaften zu achten. Durch transnationale Unternehmensvereinbarungen zwischen EBR und zentraler Unternehmensleitung darf nicht in den Kernbereich der geschützten Tarifautonomie der Gewerkschaften eingegriffen werden. Hierbei steckt die Koordination der gewerkschaftlichen transnationalen Vereinbarungen und der substantiellen EBR-Vereinbarungen auf europäischer Ebene noch in den Kinderschuhen. Abschließend ist festzuhalten, dass substantielle EBR-Vereinbarungen mit der zentralen Unternehmensleitung keine Verträge zulasten Dritter darstellen dürfen.

E. Rechtsqualität der Vereinbarungen

Zu untersuchen ist weiterhin, welche Rechtsqualität den substantiellen EBR-Vereinbarungen zukommt. Dabei ist zunächst kurz festzuhalten, wie substantielle EBR-Vereinbarungen nach deutschem Recht, insbesondere im Rahmen des BetrVG einzuordnen sind. Anschließend wird untersucht, ob und wenn ja welche Rückschlüsse aus der EBR-Richtlinie und dem EBRG gezogen werden können. Auch bietet sich ein Vergleich mit der Diskussion um die Rechtsqualität der EBR-Gründungsvereinbarungen an: Auch dort wird diskutiert, ob und wie weit den Vereinbarungen normative Effekte zuzuschreiben sind[683]. Abschließend wird auf das Sonderproblem der Legitimation des Konzernarbeitgebers zur Verpflichtung der Konzerngesellschaften eingegangen.

I. Einordnung transnationaler Unternehmensvereinbarungen in das nationale Recht

Bevor auf die entscheidenden Aspekte der Rechtsqualität substantieller EBR-Vereinbarungen eingegangen werden kann, soll noch einmal kurz dargelegt werden, warum man sich dieser Rechtsfrage überhaupt gesondert zuwenden muss. Der Grund dafür liegt darin, dass diese transnationalen Vereinbarungen oftmals nicht in die nationalen Kategorien der bekannten Vereinbarungen im

683 *Weiss*, NZA 2003, 177, 180.

Bereich der industriellen Beziehungen passen. Dies lässt sich exemplarisch am deutschen Beispiel aufzeigen.

Die normative Wirkung der Betriebsvereinbarung ist im deutschen Recht in § 77 Abs. 4 BetrVG geregelt. Betriebsvereinbarungen sind nach Abs. 1 dieser Norm Vereinbarungen zwischen Betriebsrat und Arbeitgeber. Ebenso verleiht das deutsche Recht den Vereinbarungen zwischen Gesamt- bzw. Konzernbetriebsrat und Arbeitgeber normative Wirkung, da diese gemäß der §§ 50 bzw. 58 BetrVG[684] dem BR gesetzlich gleichgestellt sind. Der EBR teilt mit diesen Organen der Arbeitnehmervertretung zwar den Namensbestandteil „Betriebsrat“. Substantielle EBR-Vereinbarungen sind jedoch rechtlich von Betriebsvereinbarungen im Sinne des BetrVG zu unterscheiden. Hinsichtlich des Europäischen Betriebsrats mangelt es an einer Gleichstellungsnorm, welche mit den §§ 50 bzw. 58 BetrVG vergleichbar wäre. Dies ist auch konsequent. Denn BR, GBR und KBR stellen unterschiedliche Repräsentationsstufen des gleichen Organs der Arbeitnehmerrepräsentation im Betrieb dar[685]. Der EBR hingegen ist dazu ein rechtliches Aliud und keine vierte Repräsentationsstufe innerhalb dieses Systems, auch wenn er der Ergänzung der nationalen Formen der Arbeitnehmerrepräsentation im Unternehmen dient[686]. Dies wird schon allein dadurch deutlich, dass er lediglich über gesetzlich festgeschriebene Informations- und Konsultationsrechte verfügt, während dem deutschen Betriebsrat Mitwirkungsrechte zustehen. Darüber hinaus kann der EBR seine Rechte nicht in einem Einigungsstellenverfahren durchsetzen. Auch steht ihm kein Unterlassungsanspruch gegen den Arbeitgeber zu, wenn dieser eine Maßnahme unter Verletzung der Rechte des EBR umsetzt[687]. Vielmehr sieht das EBRG diesbezüglich als Sanktionsmöglichkeit lediglich ein Bußgeld vor. Diese strukturellen Unterschiede zwischen

---

684 BAG 22.01.2002 AP BetrVG 1972 § 77 Betriebsvereinbarung Nr. 4; ErfKomm/*Kania*, BetrVG § 77 Rn. 5 und 18; MünchArbR/*Joost*, § 227 Rn. 58.

685 MünchArbR/*Joost*, § 225 Rn. 1.

686 Siehe oben ausführlich unter Teil 2 D. II. 6. a) aa).

687 Zuletzt LAG Köln 08.09.2011, 13 Ta 267/11, BB 2012, 197; ArbG Köln 25.05.2012, 5 BV 208/11, AiB 2012, 688, Berufung eingelegt beim LAG Köln unter dem Az. 12 TaBV 49/12; für einen Unterlassungsanspruch des EBR bis zum Abschluss des Informations- und Konsultationsverfahrens: *Hayen*, jurisPR-ArbR 40/2012 Anm. 3.

Betriebsrat und EBR verdeutlichen die rechtliche Unterschiedlichkeit beider Gremien. Daher kann eine substantielle EBR-Vereinbarung nicht als Betriebsvereinbarung gewertet werden. Daraus folgt, dass sich keine normative Wirkung im Sinne des § 77 Abs. 4 BetrVG entfaltet.

Darüber hinaus sei noch darauf hingewiesen, dass die Qualifizierung einer transnationalen Vereinbarung nach nationalem kollektivem Arbeitsrecht – selbst wenn sie im Einzelfall gelingen kann – weitere Fragen aufwirft. So gibt es etwa Fälle, in denen transnationale Gewerkschaftsvereinbarungen nach französischem Recht als Tarifvertrag mit normativer Wirkung zu qualifizieren sind[688]. Fraglich ist jedoch, welche rechtliche Konsequenz diese Einordnung hat. Wäre dieser Tarifvertrag dann nur hinsichtlich der französischen Arbeitnehmer oder aller europäischen Arbeitnehmer mit normativer Wirkung ausgestattet? Die Bindung des Arbeitgebers hinsichtlich aller Arbeitnehmer unabhängig von deren Arbeitsort wird dadurch begrenzt, dass im Beispielsfall französische Gewerkschaften kein Mandat zur Vertretung der Arbeitnehmer haben, welche in einem anderen Mitgliedstaat ansässig sind[689]. Dieses Dilemma gibt es zwar in dieser Form beim Europäischen Betriebsrat nicht: Dieses Gremium zeichnet sich gerade dadurch aus, dass seine Mitglieder ein transnationales Mandat besitzen. Dieses wiederum ist jedoch begrenzt auf Information und Konsultation, sodass sich auch hinsichtlich des EBR die Frage gestellt, ob dieser ein hinreichendes Mandat zur Verhandlung transnationaler Vereinbarungen mit normativer Wirkung besitzt[690]. Schließlich kommt eine normative Wirkung einer transnationalen Vereinbarung als Betriebsvereinbarung insbesondere auch dann nicht in Betracht, wenn eine Materie geregelt wurde, welche nach nationalem Recht in den Kernbereich der Tarifautonomie fällt[691].

---

688 Dies gilt beispielsweise für eine transnationale Vereinbarung bei GDF Suez in 2010, vgl. *Marassi*, 86; *Van Hoek/Hendrickx*, Final Report, 33.

689 *Van Hoek/Hendrickx*, Final Report, 33.

690 Vgl. *Van Hoek/Hendrickx*, Final Report, 38 f.

691 Vgl. *Van Hoek/Hendrickx*, Final Report, 35: 'A TCA which does not respect that division [Anmerkung: that division of powers between unions and works councils] would be void under German law. It is unlikely that a 'foreign' TCA which likewise violates the division of powers, would nevertheless be accepted for application in the German subsidiaries.'

II. Rückschlüsse aus der EBR-Richtlinie und dem EBRG

1. Normative Wirkung der Gründungsvereinbarungen

Im Bereich der EBR-Richtlinie gibt es eine Diskussion darüber, ob den sogenannten Art. 6-Vereinbarungen, also den Vereinbarungen zwischen BVG und zentraler Leitung über die Gründung eines EBR, normative Wirkung beizumessen ist. Gleiches gilt für Vereinbarungen zwischen einem EBR und der zentralen Leitung hinsichtlich der Überarbeitung der Gründungsvereinbarung.

Hier hat sich insbesondere *Schiek* dafür ausgesprochen, dass sich aus der Konzeption und Ratio der Richtlinie eine normative Wirkung der Vereinbarungen ableiten lasse[692]. Die Mitgliedstaaten seien gehalten, die Verbindlichkeit der Art. 6-Vereinbarung herzustellen, wobei sich die konkrete Ausgestaltung der Verbindlichkeit nach der jeweiligen Verbindlichkeit der Kollektivverträge des nationalen Rechts richte[693]. Daraus ergebe sich die normative Wirkung dieser Vereinbarungen im deutschen Recht[694]. Ein schuldrechtlicher Vertrag zugunsten Dritter[695] käme zwar zur Errichtung einer grenzüberschreitenden Arbeitnehmervertretung ebenfalls in Frage, dieser Ansatz sei jedoch „denknotwendig mit Nachteilen verbunden“[696] und daher abzulehnen.

Für eine gewisse normative Wirkung in dem Sinne, dass die Vereinbarung zwar nicht für alle Arbeitnehmer, aber doch zumindest für einen größeren Adressatenkreis verbindlich ist, spricht, dass die Gründungsvereinbarung die Rechte und Pflichten des Europäischen Betriebsrats festsetzt, welcher selbst jedoch nicht Vertragspartei ist. Jedenfalls hinsichtlich der rechtlichen Bindung des EBR und seiner Mitglieder impliziert daher die Richtlinie eine normative Wirkung, da sie

692 *Schiek*, RdA 2001, 218, 228 ff.

693 *Schiek*, RdA 2001, 218, 232.

694 Noch weitergehend *Rademacher*, 120 f., der aus der Richtlinie für alle Mitgliedstaaten eine Pflicht zur Ausstattung der Vereinbarungen mit normativer Wirkung ableitet.

695 *Hanau* in: FS Vieregge, 319, 334; GK/*Oetker*, BetrVG, vor § 106 Rn. 133; *Horcher*, 248, 250; *I. Schmidt*, RdA 2001, Sonderbeilage zu Heft 5, 12, 18.

696 *Schiek*, RdA 2001, 218, 232.

von der Verbindlichkeit der Vereinbarung für das Handeln des zu gründenden EBR ausgeht[697]. Ein schuldrechtlich wirkender Vertrag zugunsten Dritter kann aus diesem Grund nicht angenommen werden, da die Gründungsvereinbarung einen Organisationsakt darstellt, welcher eine dauerhafte Arbeitnehmerrepräsentation schafft, die selbst nicht Vertragspartei ist[698]. Dieser normative Effekt der Gründungsvereinbarungen ist in der Richtlinie verankert (vgl. Art. 5 Abs. 3, Art. 6 Abs. 2 c), f) und g) und Abs. 3 der Richtlinie 2009/38/EG), genauer gesagt in der Tatsache, dass die Vertragsparteien Regelungen mit Wirkung für und gegen den zu gründenden EBR treffen können. Dies spiegelt auch das EBRG in den §§ 17 ff. wider[699].

Gleichzeitig ist hier jedoch von einer beschränkten normativen Wirkung zugunsten bzw. zulasten des EBR auszugehen. Eine normative Wirkung in dem Sinne, dass die Vereinbarungen unmittelbar und zwingend für alle Arbeitsverhältnisse des Unternehmens gelten würden (vergleichbar dem deutschen § 77 Abs. 4 BetrVG) lässt sich der Richtlinie hingegen nicht entnehmen[700]. Gegen eine solchermaßen weitreichende normative Wirkung spricht auch, dass die normative Wirkung von Kollektivverträgen keine gemeinsame Basis in den industriellen Beziehungen in Europa findet. Bei einer Übertragung der normativen Wirkung, wie sie in Deutschland von der Betriebsvereinbarung bekannt ist, auf ein europäisches Regelungsinstrument ist daher Vorsicht geboten. Vielmehr wird betont, dass für eine derart weitgehende, gesetzesähnliche Wirkung eine gesetzliche Ermächtigungsgrundlage zu fordern sei[701]. Ob Art. 6-Vereinbarungen im Rah-

697 *Weiss*, AuR 1995, 438, 443; EWC Germany/*Heimann*, in: International Encyclopaedia for Labour Law and Industrial Relations, Rn. 64.

698 MüchArbR/*Joost*, § 274 Rn. 98; a.A. GK/*Oetker*, BetrVG, vor § 106 Rn. 133.

699 MüchArbR/*Joost*, § 274 Rn. 98; Däubler/*Schiek*, TVG, Rn. 835 ff.; *Rademacher*, 120 f.; DKK/*Däubler*, EBRG, § 17 Rn. 9 ff.; *Schiek*, RdA 2001, 218, 232; *Blanke*, EBRG, Teil B. § 17 Rn. 14.

700 So jedoch Däubler/*Schiek*, TVG, Rn. 835 ff.; *Rademacher*, 120 f.; für eine generelle normative Wirkung im Rahmen des deutschen Umsetzungsgesetzes: DKK/*Däubler*, EBRG, § 17 Rn. 9 ff.; *Schiek*, RdA 2001, 218, 232; *Blanke*, EBRG, Teil B. § 17 Rn. 14.

701 *Mahnhold*, 343 f.; *Horcher*, 248, 250; GK/*Oetker*, BetrVG, vor § 106 Rn. 133; letztlich auch DKK/*Däubler*, EBRG, § 17 Rn. 9, der festhält, dass es dem *Gesetzgeber* frei stehe, neben Tarifvertrag und Betriebsvereinbarung auch andere Kollektivverträge mit normativer Kraft zu schaffen; vgl. BAG GS, Beschluss vom 29.11.1967 – GS 1/67, AP GG Art. 9 Nr. 13, Rn. 60ff.

men des deutschen EBRG Wirkungen für und gegen alle Arbeitnehmer entfalten scheint angesichts der Tatsache, dass eine mit § 77 Abs. 4 BetrVG vergleichbare, ausdrückliche Regelung fehlt, zweifelhaft. § 17 EBRG kann zwar als Legitimation für einen Organisationsakt mit normativer Wirkung (hinsichtlich des zu gründenden EBR) herangezogen werden[702]. Für eine normative Wirkung bezüglich aller Arbeitsverhältnisse im Unternehmen gibt es jedoch keinerlei gesetzlichen Anknüpfungspunkt. Zur Auslegung der Richtlinie wird letztlich der EuGH das letzte Wort haben[703].

2. Eingeschränkte Übertragbarkeit der Diskussion auf substantielle Vereinbarungen

Fraglich ist des Weiteren, inwiefern sich die aufgezeigte Diskussion um die normative Wirkung der Art. 6-Vereinbarungen auf substantielle EBR-Vereinbarungen übertragen lässt.

Augenscheinlich schweigen die Rechtsquellen zur normativen Wirkung beider Vertragstypen. Zudem werden substantielle Vereinbarungen von denselben Vertragspartnern ausgehandelt wie viele Änderungsvereinbarungen, welche die ursprünglichen Gründungsvereinbarungen ablösen. Auch diese Änderungsvereinbarungen werden oftmals – unter Verzicht auf die abermalige Bildung eines BVG – zwischen EBR und zentraler Unternehmensleitung geschlossen.

Gleichwohl sind die oben angeführten Argumente, die im Rahmen einer Gründungsvereinbarung für deren normative Wirkung sprechen, nur sehr begrenzt übertragbar. Zunächst einmal ist zu betonen, dass substantielle EBR-Vereinbarungen – in Abgrenzung zu den EBR-Gründungsvereinbarungen – gerade keinen Organisationsakt zur Begründung einer dauerhaften Arbeitnehmerrepräsentation darstellen. Dieses wichtige Argument, das – wie oben aufgezeigt – für eine normative Wirkung der Gründungsvereinbarungen spricht, fällt mithin in diesem Kontext weg. Zudem ist hervorzuheben, dass die Richtlinie *überhaupt*

702 MüchArbR/*Joost*, § 274 Rn. 98.

703 *Weiss*, NZA 2003, 177, 180.

keine Regelungen bezüglich der substantiellen EBR-Vereinbarungen enthält, da sie nur von Information und Konsultation ausgeht. Es gibt daher noch nicht einmal eine Regelung, die im Lichte einer möglichen normativen Wirkung interpretiert werden könnte. Dies ist auch der zentrale Unterschied zu den im vorigen Abschnitt untersuchten Vereinbarungen, welche in der Richtlinie fest angelegt und zu einem gewissen Grad vorgegeben sind. Bezüglich der substantiellen Vereinbarungen fehlt es daher an der Legitimation zur Normsetzung mit normativer Wirkung. Eine normative Wirkung substantieller EBR-Vereinbarungen allein anhand Konzeption und Ratio der EBR-Richtlinie herleiten zu wollen[704], erscheint in der Tat als „kühne Konstruktion"[705]. Eine normative Wirkung dieser gesetzlich völlig ungeregelten Form von Kollektivvereinbarungen scheitert letztlich am Erfordernis einer gesetzlichen Grundlage[706]. Anders als bei der Vereinbarung zwischen BVG und zentraler Unternehmensleitung lässt sich im Ergebnis daher weder der Richtlinie noch dem EBRG eine normative Wirkung der substantiellen EBR-Vereinbarungen entnehmen[707]. Die Gegenansicht argumentiert, dass das BVG, wenn es selbst Abmachungen mit normativer Wirkung treffen könne, diese Befugnis auch auf den EBR delegieren können müsse[708]. Diese Ansicht verkennt jedoch, dass sich die normative Wirkung der Gründungsvereinbarung – wie oben ausführlich dargelegt – aus deren Einordnung als *Organisationsakt* ergibt. Die Delegation der Befugnis zum Abschluss von Vereinbarungen mit normativer Wirkung kann daher nur für den Fall erfolgen, dass eine EBR-Vereinbarung ebenfalls als Organisationsakt zu qualifizieren ist. Dies gilt für EBR-Vereinbarungen, welche die ursprüngliche Gründungsvereinbarung

704 *Schiek*, RdA 2001, 218, 234; Däubler/*Schiek*, TVG, Rn. 841: Normative Wirkung der Vereinbarung, sofern die Möglichkeit für EBR und zentrale Unternehmensleitung, substantielle Vereinbarungen zu schließen, in der Gründungsvereinbarung angelegt ist.

705 *Weiss*, NZA 2003, 177, 180.

706 Zum Erfordernis einer (ausdrücklichen) gesetzlichen Ermächtigungsgrundlage: *I. Schmidt*, RdA 2001, Sonderbeilage zu Heft 5, 12, 17; *Mahnhold*, 343 f.; indirekt: MüchArbR/*Joost*, § 274 Rn. 98; letztlich auch DKK/*Däubler*, EBRG, § 17 Rn. 9, der festhält, dass es dem *Gesetzgeber* frei stehe, neben Tarifvertrag und Betriebsvereinbarung auch andere Kollektivverträge mit normativer Kraft zu schaffen.

707 So auch *Weiss* in: FS Birk, 957, 970; *Mahnhold*, 344; *Horcher*, 263; zur fehlenden normativen Wirkung von Vereinbarungen im Rahmen des sozialen Dialogs auf europäischer Ebene: *Van Hoek/Hendrickx*, Final Report, 13 und 27 ff.

708 DKK/*Däubler*, EBRG, § 18 Rn. 14; Däubler/*Schiek*, TVG, Rn. 841; *Schiek*, RdA 2001, 218, 234.

überarbeiten oder ablösen. Für substantielle EBR-Vereinbarungen, die gerade dadurch gekennzeichnet sind, dass sie sich mit einem Sachthema jenseits der Organisation des EBR beschäftigen, gilt dies hingegen nicht.

3. Zwischenergebnis

Substantielle EBR-Vereinbarungen wirken mithin nicht normativ. Sieht man hierfür einen Bedarf[709], so ist der europäische (bzw. im Rahmen des EBRG der deutsche) Gesetzgeber gefragt, um zumindest den Grundstein für eine solche normative Wirkung zu legen. Dass dies politisch derzeit weder gewollt noch durchsetzbar ist[710], kann nicht als Legitimation dafür dienen, eine normative Wirkung schlicht anzunehmen. Mithin kann den substantiellen EBR-Vereinbarungen vor dem Hintergrund der EBR-Richtlinie und dem EBRG keine normative Wirkung beigemessen werden. Sie sind grundsätzlich als schuldrechtliche Verträge zwischen den vertragsschließenden Parteien zu qualifizieren.

III. Rechtsqualität jenseits der Normativität

Im nächsten Schritt stellt sich die Frage, ob und wenn ja wie Dritte trotz fehlender normativer Wirkung in den (direkten) Anwendungsbereich der Vereinbarung einbezogen werden können. Dazu stehen grundsätzlich verschiedene Lösungsansätze des allgemeinen Zivilrechts zur Verfügung[711].

1. Vertrag zugunsten Dritter

In Betracht kommt dabei zunächst ein schuldrechtlicher Vertrag zugunsten Dritter[712]. In Abwesenheit eines europäischen, materiellen Rahmenrechts hinsichtlich transnationaler Vereinbarungen ist zunächst zu klären, welchen nationalen

709 *Schiek*, RdA 2001, 218, 221.

710 *Van Hoek/Hendrickx*, Final Report, 40: ‘Only a superimposed European system may be able to change that, but this option seems unfeasible.’

711 *Van Hoek/Hendrickx*, Final Report, 15.

712 *Van Hoek/Hendrickx*, Final Report, 15.

Regeln die Vereinbarung unterliegt[713]. Kommt es zur Anwendung deutschen Rechts, so ist zunächst zwischen einem sogenannten echten bzw. unechten Vertrag zugunsten Dritter zu unterscheiden. Die Unterscheidung erfolgt danach, ob der Dritte aus dem Vertrag einen eigenen Anspruch auf die Leistung hat[714]. Ob dies der Fall ist, ist durch Vertragsauslegung zu ermitteln. Dabei ist zunächst danach zu fragen, ob die Parteien bei Abschluss der Vereinbarung überhaupt den Willen hatten, sich rechtlich zu binden. Darüber hinaus ist die substantielle EBR-Vereinbarung danach auszulegen, ob die Vertragsparteien den Arbeitnehmern einen eigenen Anspruch auf eine bestimmte Leistung vermitteln wollten. Ob ein Vertrag zugunsten Dritter in Betracht kommt, kann daher nicht pauschal ermittelt werden. Vielmehr kommt es auf den konkreten Vertrag an, welcher vom Standpunkt eines objektiven Dritten auszulegen ist[715]. Als Beispiel für eine transnationale Vereinbarung, welche als Vertrag zugunsten Dritter gewertet werden könnte, kann die *Starwood*-Vereinbarung zur transnationalen Mobilität der Arbeitnehmer[716] herangezogen werden[717]. Der Vertrag enthält eine Klausel, welche jedem Arbeitnehmer unter bestimmten Voraussetzungen eine sogenannte „Eingliederungsbeihilfe“ zuspricht.

Dazu heißt es unter Punkt 7) in der deutschen Übersetzung des Vertrages:

> „Eine Eingliederungsbeihilfe zur Deckung der Umzugskosten wird vom Hotel, das den versetzten Mitarbeiter einstellt, dann gezahlt, wenn die Entfernung zwischen dem alten und dem neuen Arbeitsplatz mindestens 100 km beträgt und wenn der Mitarbeiter neben dem Arbeitsplatz auch den Wohnort wechselt. Dies wird im Anstellungsvertrag schriftlich festgelegt.

---

713 Zum anzuwendenden Arbeitskollisionsrecht vgl. oben unter Teil 2 B.; *Van Hoek/Hendrickx*, Final Report, 13 ff., 15.

714 Jauernig/*Stadler*, BGB, § 328 Rn. 2 ff.; jurisPK-BGB/*Schinkels*, § 328 BGB Rn. 1 ff.; zum Vertrag zugunsten Dritter im Arbeitsrecht vgl. MüKoBGB/*Gottwald*, § 328 Rn. 40 ff.

715 Jauernig/*Stadler*, BGB, § 328 Rn. 5; jurisPK-BGB/*Schinkels*, § 328 BGB Rn. 22.

716 ETUI Database: http://www.ewcdb.eu/show_pdf.php?document=9251ori_EN_S.pdf.

717 Vgl. dazu oben unter Teil 1 C. I. und II. 3. e). Dass der *Starwood* EBR belgischem Recht unterliegt, ändert nichts an der Beispielhaftigkeit dieser Regelung.

> Zusätzlich muss ein Anstellungsvertrag für mindestens sechs Monate aufgesetzt werden (Personal aufgrund von Saisonverträgen ist von dieser Richtlinie ausgeschlossen).
>
> Die Hälfte der Beihilfe (die gesamte Beihilfe beträgt maximal ein Nettomonatsgehalt am neuen Arbeitsplatz) wird sofort nach Arbeitsantritt an der neuen Stelle gezahlt. Sollten die entstandenen Kosten die Hälfte des Gehalts übersteigen, müssen Belege über den gesamten geforderten Betrag (einschließlich der ersten Hälfte) vorgelegt werden, der dann ausgezahlt wird.
>
> Wenn die Umzugskosten ein halbes Nettogehalt nicht übersteigen, sind keine Belege erforderlich – sofern dies nicht aus steuerlichen Gründen notwendig ist."

Auffällig ist hier zunächst der hohe Regulierungsgrad der Klausel. Diese regelt die Beihilfe erkennbar selbst und geht nicht von deren Konkretisierung durch weiterführende nationale Regelungen aus. Dies wird auch dadurch deutlich, dass die Regelung durch eine Rückzahlungsklausel ergänzt wird, welche detailliert vorgibt, in welchen Fällen ein Arbeitnehmer die Beihilfe in welcher Höhe zurück zu zahlen hat. Darüber hinaus enthält die Vereinbarung eine explizite Anerkennung des Günstigkeitsprinzips: Es ist ausdrücklich geregelt, dass günstigere individualvertragliche bzw. tarifvertragliche nationale Regelungen der Vereinbarung vorgehen. Auch dadurch bringen die Vertragsparteien zum Ausdruck, dass sie im Falle des Fehlens einer günstigeren Regelung von der Verbindlichkeit der transnationalen Vereinbarung ausgehen. Auch sieht die Vereinbarung nicht vor, dass sie noch in nationales Recht umgesetzt werden müsse. Der Hinweis, dass die Beihilfe im Anstellungsvertrag schriftlich festgelegt wird, scheint dabei deklaratorischer Natur zu sein, da die transnationale Vereinbarung Voraussetzungen und Höhe der Beihilfe bereits detailliert regelt. All dies spricht dafür, dass die Parteien von einer verbindlichen Wirkung dieser Vereinbarung für den einzelnen Arbeitnehmer ausgingen. In diesem Fall könnte die transnationale Vereinbarung als (echter) Vertrag zugunsten Dritter qualifiziert werden mit der Folge, dass ein Arbeitnehmer einen eigenen vertraglichen Anspruch gegen den Arbeitgeber auf Zahlung der Beihilfe geltend machen könnte. Allerdings bleibt zu beachten, dass dies dann einen Vertrag zulasten des jeweiligen Hotels (bzw. der Tochtergesellschaft, zu welcher das Hotel gehört) bedeuten würde. Dieses Rechtsproblem wird mit der schriftlichen Fixierung der Beihilfe im Anstellungsvertrag umgangen, da sich dann das jeweilige Hotel als Arbeitgeber selbst zur Zahlung der Beihilfe verpflichtet.

2. Der Agency-Ansatz

Van Hoek/Hendrickx sehen hinsichtlich der „Transnational Company Agreements“[718] im Agency-Ansatz den spezifischsten Ansatzpunkt für die Lösung dieses Problems[719]. Damit ist gemeint, dass das herrschende Unternehmen bei Vertragsschluss als Vertreter für die Tochterunternehmen auftreten könnte. Gleichzeitig könnte es auf Arbeitnehmerseite eine Mandatierungskette geben. Der Gewerkschaftsverband (bzw. im vorliegenden Kontext der Europäische Betriebsrat) könnte als Vertreter der nationalen Gewerkschaften (bzw. der nationalen Betriebsräte) fungieren, welche wiederum als legitime Vertreter der einzelnen Arbeitnehmer angesehen werden.

Was für den Fall, dass es um gewerkschaftliche, transnationale Vereinbarungen geht, ein einfaches Modell sein könnte, erweist sich im Rahmen des EBR als schwieriger. Zum einen sind der Mandatierung des EBR durch die deutschen nationalen Betriebsräte Grenzen gesetzt[720]. Eine normative Wirkung der substantiellen EBR-Vereinbarung kann auf diese Weise nicht erreicht werden. Es könnte jedoch eine schuldrechtliche Verpflichtung des Arbeitgebers und der nationalen Betriebsräte zur Umsetzung der Vereinbarung erzielt werden. Ob dann eine Situation gegeben ist, in welcher die einzelnen Arbeitnehmer direkt Ansprüche aus der transnationalen Vereinbarung geltend machen können, erscheint fraglich. Schließlich basiert dieses Modell auf der Vorstellung der Umsetzungs-

718 Zum Begriff der TCAs und seiner Unterscheidung von substantiellen EBR-Vereinbarungen vgl. oben unter Teil 1 A. IV.

719 *Van Hoek/Hendrickx*, Final Report, 15 f.

720 Vgl. dazu ausführlich oben unter Teil 2 D. II. 6. a).

bedürftigkeit der substantiellen EBR-Vereinbarung. Darüber hinaus dürfte es hier aus rein praktischen Erwägungen Grenzen geben: Eine Einzelmandatierung des EBR durch jeden einzelnen nationalen Betriebsrat (die notwendig wäre, wenn der EBR in deren Zuständigkeitsbereich tätig wäre) noch vor Abschluss der Vereinbarung erscheint wenig praktikabel. Auch auf rechtliche Probleme auf Arbeitgeberseite, nämlich bei der Frage der Bindung der Tochterunternehmen bzw. der Art und Weise der Umsetzung einer transnationalen Vereinbarung, wird noch genauer einzugehen sein.

3. Bezugnahme in Individualarbeitsverträgen

Im Zusammenhang mit TCAs wird als weiterer Lösungsweg aufgezeigt, dass unter Umständen eine Bezugnahme in Individualarbeitsverträgen in Betracht kommt[721]. Hintergrund scheint die Möglichkeit der individualvertraglichen Bezugnahme auf Tarifverträge etwa in Deutschland oder Großbritannien[722] zu sein.

Fraglich ist daher, ob auch den substantiellen EBR-Vereinbarungen Rechtswirksamkeit dadurch verliehen werden könnte, dass in allen Individualarbeitsverträgen auf diese Bezug genommen wird. Interessant wäre dies etwa bei der Einführung von Compliance-Regelungswerken durch eine substantielle EBR-Vereinbarung. Dabei ist jedoch beispielsweise in Deutschland zu beachten, dass eine dynamische Bezugnahme im Arbeitsvertrag bei arbeitgeberseitigen Regelungswerken der uneingeschränkten AGB-Kontrolle unterliegt[723].

Im Unterschied dazu sind substantielle EBR-Vereinbarungen zwar nicht einseitig durch den Arbeitgeber bestimmt. Gleichzeitig besitzt der EBR jedoch keine mit dem deutschen Betriebsrat vergleichbare Legitimation zur Vertretung der Arbeitnehmerinteressen bei Vereinbarungen. So greift etwa die Bereichsausnahme des § 310 Abs. 4 BGB nur hinsichtlich Tarifverträgen, Betriebs- oder Dienstvereinbarungen. Als solche sind substantielle EBR-Vereinbarungen je-

721 *Van Hoek/Hendrickx*, Final Report, 16.

722 *Deakin/Morris*, Chapter 2.10, 61 f.

723 Dazu ausführlich: *Gaul/Ludwig*, BB 2010, 55 ff.

doch nicht zu qualifizieren. Sie sind daher – ebenso wie Vereinbarungen zwischen dem Arbeitgeber und dem Sprecherausschuss[724] – selbst der AGB-Kontrolle zugänglich. Bei individualvertraglichen Verweisen auf substantielle EBR-Vereinbarungen ist zudem insbesondere das Transparenzerfordernis einzuhalten. Auch das Verbot überraschender Klauseln gem. § 305 c Abs. 1 BGB kann im Einzelfall zur Unwirksamkeit der Verweisungsklausel führen. So wäre stets zu prüfen, ob die dynamische Verweisung auf das transnationale Regelungswerk als eine unzulässige Überraschungsklausel – etwa vergleichbar mit der Verweisung auf einen branchen- oder ortsfremden Tarifvertrag – zu werten ist[725].

IV. Bindung der einzelnen Konzerngesellschaften durch die zentrale Unternehmensleitung

In Konzernstrukturen hängt die Rechtsqualität einer transnationalen EBR-Vereinbarung zusätzlich davon ab, ob die zentrale Unternehmensleitung (d.h. die Muttergesellschaft) die einzelnen Tochtergesellschaften überhaupt (rechtlich oder tatsächlich) wirksam an die Vereinbarung binden kann.

Die Frage hängt eng damit zusammen, wer letztlich der geeignete Verhandlungspartner für den EBR auf Arbeitgeberseite ist. Grundsätzlich ist dies die zentrale Unternehmensleitung. Im Rahmen der Unterrichtung und Anhörung geben die Richtlinie[726] bzw. das EBRG[727] vor, dass es letztlich jedoch darauf ankommt, die angemessene bzw. geeignete Leitungsebene zu identifizieren. Je nach der stärker vertikalen oder horizontalen Gliederung eines Konzerns kann eine zentrale oder dezentrale Leitungsebene für den Meinungsaustausch und Dialog besser geeignet sein[728].

724 ErfKomm/*Preis*, BGB, §§ 305-310, Rn. 9.

725 Vgl. zu den Grundlagen: ErfKomm/*Preis*, BGB, §§ 305-310, Rn. 29 u. 30.

726 Vgl. Art. 2 Abs. 1 lit. g RL 2009/38/EG: „eines Dialogs [...] zwischen den Arbeitnehmervertretern und der zentralen Leitung oder einer anderen, angemesseneren Leitungsebene".

727 Vgl. § 1 Abs. 4 EBRG: „[...] Informationen durch die zentrale Leitung oder eine andere geeignete Leitungsebene [...]".

728 *Blanke*, EBRG, Teil B. § 1 Rn. 24.

Hinsichtlich der Rechtswirkung der transnationalen Vereinbarungen pflanzt sich die Frage nach dem richtigen Verhandlungspartner fort. Voraussetzung für eine rechtliche Wirkung einer Vereinbarung ist, dass der tatsächlich Handelnde den Arbeitgeber überhaupt wirksam vertreten konnte. Hierbei ist zu beleuchten, ob eine zentrale Unternehmensleitung die Konzerngesellschaften überhaupt in allen Fällen rechtlich wirksam binden kann. Denn Arbeitgeber des einzelnen Arbeitnehmers ist – jedenfalls individualrechtlich – das einzelne Unternehmen und nicht der Konzern[729].

1. Parallelproblem im Rahmen des BetrVG

Ein vergleichbares Problem wird hinsichtlich des Konzerns als Vertrags- und Verhandlungspartner des KBR diskutiert. Das Problem ergibt sich daraus, dass ein Unterordnungskonzern aus einer Mehrzahl rechtlich selbstständiger Unternehmen besteht. § 58 BetrVG regelt die Zuständigkeiten des KBR. Es ist jedoch nicht festgelegt, wer dem KBR bei der Ausübung seiner Mitbestimmungsrechte auf Arbeitgeberseite gegenübersteht. Denn ein Unterordnungskonzern stellt eine faktische Einheit dar, keine rechtliche: Die einzelnen Untergesellschaften sind rechtlich selbstständig, §§ 17 Abs. 1, 18 Abs. 1 S. 1 AktG[730]. Daraus folgt, dass Handlungen des herrschenden Unternehmens nicht automatisch auf den privatautonomen Willen der Konzerntöchter rückführbar sind[731]. Diese sind als selbstständige Rechtssubjekte grundsätzlich als Arbeitgeber der bei ihnen beschäftigten Arbeitnehmer anzusehen. Gleichzeitig ist jedoch nicht von der Hand zu weisen, dass dem KBR in § 58 BetrVG ein eigener Zuständigkeitsbereich eröffnet wurde. Daher ist im Prinzip unstrittig, dass Konzernbetriebsvereinbarungen normative Wirkung entfalten[732]. Denn § 77 Abs. 4 BetrVG gibt die unmittelbare und zwingende Wirkung von Betriebsvereinbarungen vor. Wird der KBR daher

729 Vgl. Ales-Report, 22; zum Parallelproblem bei Codes of Conduct und IFAs: *Schömann/Sobczak/Voss/Wilke,* 49.

730 GK/*Kreutz/Franzen*, BetrVG, § 54 Rn. 16; Richardi/*Annuß*, § 58 Rn. 33.

731 MünchArbR/*Joost*, § 227 Rn. 60.

732 BAG 12.08.1982 AP BetrVG 1972 § 77 Nr. 4; BAG 22.01.2002 AP BetrVG 1972 § 77 Betriebsvereinbarung Nr. 4; MünchArbR/*Joost*, § 227 Rn. 58.

im Rahmen der ihm gesetzlich zugewiesenen Zuständigkeiten tätig, so haben auch diese Konzernbetriebsvereinbarungen grundsätzlich normative Wirkung.

Wie ist dieses Spannungsverhältnis zwischen Konzerngesellschaftsrecht und Betriebsverfassungsrecht aufzulösen? Der Gesetzgeber des BetrVG 1972 hat es versäumt, gleichzeitig mit der Einführung der Möglichkeit, in einem Unterordnungskonzern einen KBR mit eigenem Zuständigkeitsbereich zu schaffen, auch festzusetzen, wer diesem als Arbeitgeber gegenübersteht[733]. Das Problem der arbeitgeberseitigen Zuständigkeitsbestimmung wird kontrovers diskutiert und ist nicht abschließend geklärt[734]. Im Wesentlichen stehen sich hierbei zwei Ansichten gegenüber, welche sich danach unterscheiden, ob den Wertungen des Konzerngesellschaftsrechts oder des Betriebsverfassungsrechts Vorrang eingeräumt werden soll.

a) Vorrang des Konzerngesellschaftsrechts

Nach einer Ansicht ist in der vorliegenden Konstellation den Wertungen des Konzerngesellschaftsrechts Vorrang einzuräumen[735]. Eine betriebsverfassungsrechtliche Teilrechtsfähigkeit des Konzerns wird mit der Begründung abgelehnt, dass sich dafür keine ausreichenden Anhaltspunkte im Gesetz fänden[736]. Die Gegenansicht beruhe letztlich nur auf dem erstrebten Ziel einer konzerneinheitlichen Regelung. Aus dem Fehlen jedweder Regelung zur Klärung dieses Konflikts zwischen Gesellschafts- und Betriebsverfassungsrecht wird gefolgert, dass dem Gesetzgeber der Regelungswille fehlte, die Grundsätze des Konzerngesellschaftsrechts durch die Regelungen zum KBR im BetrVG zu verdrängen[737]. Daraus wird die Konsequenz gezogen, dass eine Konzernbetriebsvereinbarung nur für die Konzernunternehmen (sowie deren Arbeitnehmer) normative Wirkung entfalte, welche die Vereinbarung selbst unterzeichnet haben bzw. welche dem

733 GK/*Kreutz/Franzen*, BetrVG, § 58 Rn. 9.

734 Übersichten über den Streitstand: GK/*Kreutz/Franzen*, BetrVG, § 58 Rn. 9 ff.; Richardi/*Annuß*, § 58 Rn. 36 ff.; *Bachner*, NZA 1995, 256 ff.; *Laudi*, 1. Teil, 15 ff.

735 MünchArbR/*Joost*, § 227 Rn. 57 ff.; Richardi/*Annuß*, § 58 Rn. 40 ff.

736 MünchArbR/*Joost*, § 227 Rn. 61.

737 Richardi/*Annuß*, § 58 Rn. 36 und 42 m.w.N.

herrschenden Unternehmen eine Abschlussvollmacht erteilt haben[738]. Darüber hinaus besitze das herrschende Unternehmen (lediglich) die Möglichkeit, die Umsetzung der Konzernbetriebsvereinbarung durch die Ausübung seiner gesellschaftsrechtlichen Leitungsmacht im Konzern zu betreiben. So stehe im Falle eines durch Beherrschungsvertrag oder Eingliederung begründeten Vertragskonzerns dem herrschenden Unternehmen das in § 308 Abs. 1 AktG verankerte Weisungsrecht zu, welches sich in diesen Fällen oftmals direkt aus dem Beherrschungsvertrag ergebe[739].

b) Vorrang des Betriebsverfassungsrechts

Die Gegenansicht pocht hingegen auf einen Vorrang des Betriebsverfassungsrechts und leitet aus diesem eine partielle, rein betriebsverfassungsrechtlich ausgerichtete Arbeitgeberstellung des Konzerns ab[740]. Für diese Ansicht spreche § 58 BetrVG, welcher dem KBR einen eigenständigen Zuständigkeitsbereich zuweist. In diesem Rahmen werde der Konzern als Einheit verstanden[741]. Der Gesetzgeber habe deutlich zum Ausdruck gebracht, dass er mit dem KBR einen Gegenpol zur Konzernleitung schaffen wollte[742]. Folglich haben Konzernbetriebsvereinbarungen nach dieser Ansicht unmittelbare und zwingende Wirkung für alle Konzernunternehmen und deren Arbeitnehmer. Dies gilt jedoch nach Ansicht einiger Autoren[743] und des BAG[744] nur für den Bereich der originären Zuständigkeit des KBR. Bei der Delegation der Mitwirkungsrechte des GBR auf den KBR durch Auftrag gemäß § 58 Abs. 2 BetrVG gelte die Einschränkung,

---

738 MünchArbR/*Joost*, § 227 Rn. 65.

739 GK/*Kreutz/Franzen*, BetrVG, § 54 Rn. 29.

740 GK/*Kreutz/Franzen*, BetrVG, § 58 Rn. 11; *Laudi*, 33 ff., 37; *Bachner*, NZA 1995, 256, 258 ff.; Fitting, § 58 Rn. 6 und 34 ff.; ErfKomm/*Koch*, BetrVG, § 58 Rn. 6; DKK/*Trittin*, § 58 Rn. 14, 111 ff. und 120 ff.; HSW/*Glock*, § 58 Rn. 3 und 22.

741 GK/*Kreutz/Franzen*, BetrVG, § 58 Rn. 14.

742 *Laudi*, 33; *Bachner*, NZA 1995, 256, 258 f.; DKK/*Trittin*, § 58 Rn. 114; a.A. Richardi/*Annuß*, § 58 Rn. 42; vgl. oben unter a).

743 ErfKomm/*Koch*, BetrVG, § 58 Rn. 5; Fitting, § 58 Rn. 6 und 27; MünchArbR/*Joost*, § 227 Rn. 65; HSW/*Glock*, § 58 Rn. 22; a.A. GK/*Kreutz/Franzen*, BetrVG, § 58 Rn. 46; *Laudi*, 40 ff., 43; unklar DKK/*Trittin*, § 58 Rn. 118: Konzernspitze bei Beauftragung durch mehrere/alle GBR bzw. BR, einzelnes Unternehmen bei Beauftragung durch einen BR, *ders.* unter Rn. 124: Verhandlung nicht mit der Konzernspitze, sondern mit dem jeweiligen Konzernunternehmen.

744 BAG, 12.11.1997 – 7 ABR 78/96, AP BetrVG 1972 § 58 Nr. 2.

dass sich daraus keine Verlagerung der Zuständigkeit auf Arbeitgeberseite ergebe. Mithin bleibe in diesen Fällen das einzelne Unternehmen, dessen GBR delegiert hat, Verhandlungspartner.

c) Stellungnahme

Unstrittig ist zunächst, dass durch die sich im Ergebnis widersprechenden Regelungen des Konzerngesellschafts- und Betriebsverfassungsrechts eine auslegungsbedürftige Unklarheit entstanden ist. Die Auslegung der Haltung des Gesetzgebers des BetrVG 1972 dahingehend, dass er die gesellschaftsrechtlichen Regelungen nicht verdrängen wollte[745], ist jedoch nicht plausibel. Denn *Annuß* sieht es selbst als unstreitig an, dass der Gesetzgeber ohne weiteres davon ausging, dass Konzernbetriebsvereinbarungen in allen Unternehmen des Konzerns unmittelbare Wirkung entfalten. Dann kann dem Gesetzgeber aber nicht im selben Atemzug unterstellt werden, ihm fehle der Regelungswille zur Verdrängung des Konzerngesellschaftsrechts.

Darüber hinaus wird die Durchbrechung des Konzerngesellschaftsrechts auch dadurch relativiert, dass im Unterordnungskonzern zwar die Tochtergesellschaften rechtlich selbstständig sind, eine faktische Machtverschiebung hin zum Konzern jedoch gerade kennzeichnend ist[746]. Daher spricht man von „herrschenden" und „beherrschten" Unternehmen. Diese faktische Machtverschiebung greift das Betriebsverfassungsrecht auf, indem es der tatsächlichen Entscheidungszentrale, nämlich dem Konzern, auf Arbeitnehmerseite den KBR gegenüber stellt. Eine formale Versteifung auf die rechtliche Selbstständigkeit der Tochtergesellschaften lässt diese faktische Entscheidungsmacht der Konzernleitung außer Acht.

Würde eine Konzernbetriebsvereinbarung (des KBR mit der Leitung des herrschenden Unternehmens) nur für die Arbeitnehmer des herrschenden Unternehmens normativ wirken, wäre auch der originäre Zuständigkeitsbereich des KBR gemäß § 58 BetrVG ausgehöhlt. Denn dieser ist gerade dadurch gekennzeichnet, dass eine Sache den Konzern bzw. mehrere Konzernunternehmen betrifft, und

745 Richardi/*Annuß*, § 58 Rn. 42, vgl. oben unter a).

746 So auch *Laudi*, 37 und 48 f.; DKK/*Trittin*, § 58 Rn. 120.

nicht etwa nur die Konzernzentrale. Denn für die Arbeitnehmer des herrschenden Unternehmens könnte auch der (G)BR des Konzerns tätig werden.

Alles in allem braucht dieser Streit mit all seinen Facetten hier jedoch nicht entschieden zu werden. Denn der entscheidende Punkt im vorliegenden Kontext ist die Frage nach der Übertragbarkeit der Diskussion bzw. ihrer Argumente auf die Situation des EBR, worauf im Folgenden eingegangen werden soll.

2. Übertragbarkeit auf den EBR

a) Parallelen

Es lassen sich viele Parallelen ziehen zwischen einerseits der Rechtsfrage, ob und wie die Konzernleitung die Tochtergesellschaften rechtlich wirksam an Vereinbarungen mit dem KBR binden kann, und andererseits ob und wie dies hinsichtlich des EBR möglich ist. In beiden Fällen ist angesichts der Tatsache, dass eine ausdrückliche gesetzliche Regelung fehlt, zu klären, wer der geeignete Verhandlungspartner auf Arbeitgeberseite ist. Dabei sind die oben aufgezeigten Vorgaben des Konzerngesellschaftsrechts zu berücksichtigen.

b) Grenzen der Übertragbarkeit

Der oben aufgezeigte Rechtsstreit lässt sich jedoch nicht eins zu eins auf die Situation bei transnationalen Vereinbarungen der Konzernleitung mit dem EBR übertragen.

Zum einen kann sich der KBR hinsichtlich des Abschlusses von Vereinbarungen auf die Ausübung seiner Mitbestimmungsrechte stützen, welche im BetrVG gesetzlich ausdrücklich verankert sind. Erst dadurch kommt es hinsichtlich des KBR zu einem vom Gesetzgeber nicht gelösten Spannungsverhältnis zwischen Gesellschaftsrecht und Betriebsverfassungsrecht. Denn das BetrVG sieht zumindest unmissverständlich vor, dass der KBR über einen eigenen Zuständigkeitsbereich verfügt, in dessen Rahmen er Vereinbarungen schließen kann. Der EBR kann sich hingegen nicht auf gesetzlich ausgestaltete Mitbestimmungsrechte berufen. Ihm sind – im Rahmen der Richtlinien ebenso wie im EBRG – lediglich Informations- und Konsultationsrechte zugebilligt. Für die Ausübung seiner gesetzlich zugewiesenen Mitwirkungsrechte ist es daher überhaupt nicht notwendig, dass er transnationale Vereinbarungen abschließt.

Die Grenzen der möglichen Übertragbarkeit des Rechtsstreits zeigen sich auch daran, dass Konzernbetriebsvereinbarungen von Gesetzes wegen eine normative Wirkung zukommt[747]. Bei Konzernbetriebsvereinbarungen stellt sich das Problem, wie diese so umgesetzt werden können, dass sie für alle Arbeitsverhältnisse im Konzern unmittelbare und zwingende Wirkung entfalten, daher nicht. Das Problem bleibt dort begrenzt auf die Frage nach der richtigen Verhandlungs- bzw. Vereinbarungsebene. Wie bereits geklärt, entfalten transnationale Vereinbarungen des EBR hingegen keine normative Wirkung[748]. Aus diesem Grund ist das Problem der Umsetzung dieser Vereinbarungen vielschichtiger.

Selbst wenn man im Rahmen von Konzernbetriebsvereinbarungen eine partielle, rein betriebsverfassungsrechtliche Arbeitgeberstellung des Konzerns annimmt, ergibt sich diese aus dem BetrVG. Eine ähnliche gesetzliche Verankerung seiner Vereinbarungstätigkeit genießt der EBR hingegen nicht. Hier stellt sich das Problem des kollidierenden Konzerngesellschaftsrechts daher umso dringender. Während im Rahmen des KBR argumentiert werden kann, dass der Gesetzgeber des BetrVG die partielle Arbeitgeberstellung des Konzerns durch die Einführung des KBR mit eigenständigem Zuständigkeitsbereich selbst herbeigeführt hat, entfällt diese Argumentationsmöglichkeit für den EBR.

Während dieses Ergebnis hinsichtlich des KBR strittig ist, sprechen hinsichtlich des EBR folglich die besseren Argumente für einen Vorrang des Konzerngesellschaftsrechts. Denn es ist gerade das Fehlen jedweder gesetzlichen Regelung zu transnationalen Vereinbarungen des EBR, aus dem gefolgert werden kann, dass dem Gesetzgeber der Regelungswille fehlte, die Grundsätze des Konzerngesellschaftsrechts im Rahmen von transnationalen EBR-Vereinbarungen zu verdrängen.

---

747 BAG 12.08.1982 AP BetrVG 1972 § 77 Nr. 4; BAG 22.01.2002 AP BetrVG 1972 § 77 Betriebsvereinbarung Nr. 4; MünchArbR/*Joost*, § 227 Rn. 58.

748 Vgl. oben unter Teil 2 E. II. und III.

c) Rechtsfolgen hinsichtlich substantieller EBR-Vereinbarungen

Mithin ergibt sich für substantielle EBR-Vereinbarungen hinsichtlich der Frage nach der Bindung der einzelnen Konzerngesellschaften dieselbe Rechtssituation, wie sie Vertreter des Vorrangs des Konzerngesellschaftsrechts auch beim KBR annehmen. Die zentrale Leitung des herrschenden Unternehmens kann die Tochtergesellschaften nicht ohne weiteres rechtlich wirksam an den Inhalt der transnationalen Vereinbarungen binden. Voraussetzung dafür wäre, dass die Tochtergesellschaften ihr zuvor eine Abschlussvollmacht erteilt haben. Wo dies nicht geschehen ist, ist die zentrale Leitung des herrschenden Unternehmens gegenüber dem EBR jedoch schuldrechtlich verpflichtet, zur Umsetzung der Vereinbarung ihre Konzernleitungsmacht einzusetzen[749].

F. Klagerecht (ius standi / legal standing)

Sollte es hinsichtlich einer substantiellen EBR-Vereinbarung zu Rechtsstreitigkeiten kommen, so stellen sich unter Umständen auch Probleme hinsichtlich des Klagerechts des Europäischen Betriebsrats. Darunter soll in diesem Kontext allgemein die Frage nach der Befugnis verstanden werden, ein bestimmtes Recht vor den Gerichten geltend zu machen. Die Klagebefugnis von Europäischen Betriebsräten und Gewerkschaften wird in vielen Mitgliedstaaten der EU unterschiedlich gehandhabt[750]. Hinsichtlich des Europäischen Betriebsrats entstehen insbesondere dort Probleme, wo dieses Gremium kein reines Arbeitnehmervertretungsgremium ist, sondern Vertreter der Arbeitgeberseite mit umfasst[751], wie dies etwa bei EBR nach französischem Recht der Fall ist. Dort erscheint besonders problematisch, ob und auf welche Art und Weise der EBR Arbeitnehmerinteressen gerichtlich geltend machen kann. Angesichts der Unterschiedlichkeit der nationalen Regelungen wird daher versucht, ein eigenes Klagerecht des EBR

---

749 So andeutungsweise auch *Horcher*, 283; vgl. im Rahmen des KBR: GK/*Kreutz/Franzen*, BetrVG, § 58 Rn. 14; Richardi/*Annuß*, § 58 Rn. 40 ff., 43.

750 *Van Hoek/Hendrickx*, Executive Summary, 7; *Van Hoek/Hendrickx*, Final Report, 92 f. und 94 f.; vgl. zur Partei- und Prozessfähigkeit des EBR bzw. seiner Mitglieder in verschiedenen europäischen Mitgliedstaaten: *Büggel*, AiB 2002, 760, 762 f.

751 *Van Hoek/Hendrickx*, Final Report, 91 f.; Dorssement/Blanke/*Lamers*, 357, 382; *Büggel*, AiB 2002, 760, 763.

bereits aus Art. 10 Abs. 1 der RL 2009/38/EG abzuleiten[752]. Doch selbst wenn man aus dieser Vorgabe ein eigenes Klagerecht des EBR ableiten könnte, stellt sich jedoch die Frage, inwiefern dieses auch für Klagen aus substantiellen EBR-Vereinbarungen gelten würde, welche nicht von der Richtlinie erfasst sind[753]. Auch ist zu beachten, dass sich die hier ergebenden Probleme – anders als etwa bei der Frage nach dem anzuwendenden Recht – nicht durch Parteivereinbarung lösen lassen[754].

Für EBR nach deutschem Recht stellt sich dieses Problem jedoch nicht in gleicher Weise. Parteifähigkeit (bzw. im Beschlussverfahren Beteiligtenfähigkeit), Prozessführungsbefugnis und Antragsbefugnis werden in den Verfahren vor deutschen Arbeitsgerichten in der Regel nicht weiter problematisiert[755]. Nach § 50 Abs. 1 ZPO ist parteifähig, wer rechtsfähig ist. Hinsichtlich der Angelegenheiten nach dem EBRG, für die nach § 2a Abs. 1 Nr. 3b ArbGG der Rechtsweg zu den Arbeitsgerichten eröffnet ist, gibt § 10 Abs. 1, 2. Hs. ArbGG vor, dass die beteiligten Personen und Stellen parteifähig sind. Hier lässt sich allenfalls fragen, ob es sich bei Streitigkeiten um die Anwendung und Auslegung von transnationalen, substantiellen EBR-Vereinbarungen noch um Angelegenheiten „nach dem EBRG" handelt. Schließlich verleiht dieses dem EBR nur Rechte auf Information und Konsultation. Lehnt man dies ab, so ist der EBR jedoch jedenfalls nach § 50 Abs. 1 ZPO aufgrund seiner (Teil-) Rechtsfähigkeit auch parteifähig. Auch hinsichtlich der Prozessfähigkeit und Prozessführungsbefugnis ergeben sich keine unüberwindbaren Schwierigkeiten. Im Rahmen von Beschlussverfahren gem. § 81 ArbGG setzt die Antragsbefugnis voraus, dass ein eigenes Recht geltend gemacht wird. Auch dies wurde im Zusammenhang mit EBR nur am Rande problematisch, beispielsweise in einem Verfahren um die Bestellung der inländischen Arbeitnehmervertreter in den EBR[756].

---

752 *Van Hoek/Hendrickx*, Final Report, 93 f.

753 Dies räumen auch *Van Hoek/Hendrickx* ein: Final Report, 95.

754 Vgl. die Ausführungen von Prof. Van Hoek in: Transnational Company Agreements, Report of the Expert Group, 31.01.2012, S. 44.

755 Vgl. allgemein zur Prüfung der Partei-, Beteiligten-, und Prozessfähigkeit durch das Gericht: Schwab/Weth/*Weth*, ArbGG, § 10 Rn. 44 ff.; Germelmann/*Matthes*, ArbGG, § 10 Rn. 45 ff.

756 LAG Düsseldorf 31.10.2007 - 11 TaBV 80/07 – juris.

Teil 3: Zukunftsfragen zur weiteren Entwicklung transnationaler Unternehmensvereinbarungen des EBR

Viele der bisher behandelten Themen werfen die Frage auf, wie sich die Praxis hier weiter entwickeln könnte und welche Hauptprobleme dabei auf die Akteure zukommen. Diese Fragen wurden dann jeweils im Rahmen der Bearbeitung des status quo mit aufgenommen. An dieser Stelle geht es daher nur mehr darum, zentrale Zukunftsfragen aufzugreifen, welche für die weitere Entwicklung der EBR hin zu transnationalen Verhandlungsakteuren entscheidend sind und welche nicht bereits im Rahmen der Ausführungen zur bisherigen Praxis und rechtlichen Einordnung ausreichend Beachtung gefunden haben.

A. Einbettung der transnationalen Unternehmensvereinbarungen in ein System des europäischen kollektiven Arbeitsrechts de lege ferenda

I. Einleitung

Transnationale europäische Kollektivvereinbarungen – seien sie mit dem EBR oder mit europäischen Gewerkschaftsverbänden geschlossen – dienen dem Ziel, gemeinsame grundsätzliche Regelungen für alle beteiligten Länder eines Unternehmens oder Konzerns aufzustellen. Mit diesem Ziel ist es kaum vereinbar, dass man de lege lata zu dem Ergebnis gelangt, dass die Frage nach Rechtsnatur und Wirkung der Vereinbarung nach dem jeweiligen nationalen Recht beurteilt werden muss[757]. So gibt es beispielsweise keine europäische Regelung, welche transnationalen Vereinbarungen im kollektiven Arbeitsrecht normative Wirkung verleiht[758]. Denn es fehlt ein kohärentes System der Arbeitsrechtsbeziehungen auf europäischer Ebene. Daher erscheint es manchen aus juristischer Sicht folge-

757 Vgl. oben unter Teil 2 E.; Ales-Report, 23.

758 Vgl. oben unter Teil 2 E. II. 2.; *Van Hoek/Hendrickx*, Final Report, 13.

richtig, über ein europäisches Konzept zur Regelung europäischer Kollektivverträge nachzudenken[759]. Gleichzeitig gibt es jedoch eine Vielzahl von Studien, die völlig zu Recht auf die Vielfalt der kollektiven Beziehungen in den jeweiligen Mitgliedstaaten hinweisen[760]. Dies hat die Europäische Kommission dazu bewogen, dieses Thema 2005 in ihre soziale Agenda aufzunehmen[761]. Die Gegensätzlichkeit zwischen dem Wunsch nach einer Transnationalisierung eines Teils des kollektiven Arbeitsrechts bei gleichzeitiger Akzeptanz der Unterschiedlichkeit der nationalen Systeme der industriellen Beziehungen, versuchte die Kommission dadurch zu lösen, dass sie einen *optionalen* europäischen Rahmen für transnationale Kollektivverhandlungen auf Unternehmens- oder Branchenebene anstrebte[762]. Auf dieser Grundlage basiert ein Gutachten, welches eine Gruppe Professoren um Professor Edoardo Ales von der Universität Cassino 2006 veröffentlichte und welches die Grundlage für die derzeit geführten Diskussionen bildet[763]. So hat die Europäische Kommission eine Expertengruppe zusammen gerufen, die sich seit 2006 in Seminaren und Konferenzen zu diesem Thema ausgetauscht hat[764].

II. Der Ales-Report

Der Ales-Report gliedert sich in zwei Teile. Während sich der erste mit transnationalen Instrumenten auf europäischer Ebene de lege lata beschäftigt, geht der zweite Teil der Frage nach, wie ein transnationaler Rechtsrahmen de lege ferenda gestaltet sein könnte. Zu diesem Zweck beschäftigt sich das Gutachten mit

---

759 Vgl. oben unter Teil 2 A. IV.

760 Statt vieler beispielsweise *Rodriguez et. al* 16 ff.; hinsichtlich betrieblicher Vereinbarungen vgl. *Horcher*, 25-75.

761 Communication from the Commission on the Social Agenda, 9.2.2005, COM(2005) 33 final.

762 Communication from the Commission on the Social Agenda, 9.2.2005, COM(2005) 33 final; zur EBR-Richtlinie als Prototyp einer (doppelten) Subsidiarität wegen des Vorrangs der Verhandlungslösungen vgl. *I.Schmidt,* RdA 2001, Sonderbeilage zu Heft 5, 12, 13 f.

763 *Ales/Engblom/Jaspers/Laulom/Sciarra/Sobczak/Valdés Dal-Ré,* Transnational collective bargaining: past, present and future, study undertaken on behalf of the European Commission, 2006.

764 Abschlussbericht: *Rodriguez et al.,* Study on the characteristics and legal effects of agreements between companies and workers‘ representatives, 2011, http://ec.europa.eu/social/BlobServlet?docId=7631&langId=en.

transnationalen Verhandlungen bzw. transnationaler Koordination im weiteren Sinne und schließt beispielsweise den sektoralen sozialen Dialog mit ein.

Dabei gelangt das Gutachten im ersten Teil zu dem Zwischenergebnis, dass die Relevanz transnationaler Verhandlungen auf sektoraler Ebene aus Sicht der Institutionen der Europäischen Union sowie der europäischen Sozialpartner zunehme[765].

Hinsichtlich der transnationalen Instrumente auf Unternehmensebene beginnt der Report sogleich mit der Feststellung, dass diese mindestens ebenso wichtig erschienen wie die sektoraler Ebene. Dabei wird hervorgehoben, dass der EBR hierbei eine treibende Kraft darstelle[766]. Die EBR-Richtlinie habe eine transnationale Verhandlungsstruktur geschaffen, auch wenn diese auf Unterrichtung und Anhörung der Arbeitnehmer begrenzt sei.[767] Es habe sich gezeigt, dass Verhandlungen zwischen EBR und zentraler Unternehmensleitung Vertrauen zwischen den Verhandlungsakteuren schaffen könne, was gerade angesichts des Fehlens eines konkreten Rechtsrahmens ein wichtiger erster Schritt sei[768]. Dabei wird insbesondere aufgezeigt, dass sich auf transnationaler Ebene bisher auf Arbeitnehmerseite drei verschiedene Verhandlungspartner etabliert haben: Europäische Betriebsräte[769], europäische Gewerkschaftsverbände[770] sowie Zusammenschlüsse nationaler Gewerkschaften[771].

Nach einer Klärung der bisherigen rechtlichen und tatsächlichen Situation geht das Gutachten im zweiten Teil zunächst darauf ein, warum ein Rechtsrahmen für transnationale Vereinbarungen erstrebenswert sei und wie dieses Ziel erreicht

765 Ales-Report, 15.

766 Ales-Report, 16.

767 Ales-Report, 17.

768 Ales-Report, 21.

769 Ales-Report, 22 ff.

770 Ales-Report, 24 f.

771 Ales-Report, 26 f.

werden könnte[772]. Dabei wird ein eigener Entwurf für einen optionalen Rechtsrahmen bezüglich transnationaler Kollektivverhandlungen entwickelt: Vorgeschlagen wird der Erlass einer Richtlinie zu diesem Thema[773]. Als einzig mögliche Rechtsgrundlage wird Art. 115 EUV (damals Art. 94 EGV) herangezogen. Um die Elemente der unternehmensinternen Arbeitnehmerbeteiligung und der Tarifverhandlungen nicht zu vermengen, sind in dem Vorschlag die europäischen Gewerkschaftsverbände und Arbeitgebervereinigungen als Hauptakteure vorgesehen[774]. Den EBR wird hingegen lediglich die Möglichkeit eingeräumt, das Tätigwerden der Hauptakteure zu beantragen. Dies wird unter anderem damit begründet, dass Verhandlungen auf sektoraler Ebene geführt werden sollen. Auch für den Fall, dass auf Unternehmensebene ein gemeinsames Verhandlungsgremium gebildet werden soll, kommt dem EBR darin nur eine beratende Rolle zu.[775] Dabei ist nicht vorgesehen, dass die transnationalen Vereinbarungen an sich Rechtsbindung erlangen sollen. Stattdessen werden Mechanismen für deren Umsetzung vorgeschlagen.

III. Stellungnahme

Ein großer Vorteil der Herangehensweise des Ales-Reports liegt zunächst darin, dass er im faktischen Teil einen guten Überblick dahingehend bietet, welche verschiedenen Entwicklungen auf europäischer Ebene ineinander greifen: transnationale Vereinbarungen der Europäischen Betriebsräte, globale Vereinbarungen und die sogenannten International Framework Agreements[776]. Auch die mögliche Vielfalt der Akteure von Europäischen Betriebsräten über europäische bzw. internationale Gewerkschaftsverbände und nationale Gewerkschaften bis hin zu gemischten Vereinbarungen wird deutlich.

772 Ales-Report, 33 ff.

773 Ales-Report, 36 ff.

774 Ales-Report, 37.

775 Ales-Report, 39.

776 Vgl. die Definition des Begriffs oben unter Teil 1 A. IV.

Durch die große Bandbreite der abgehandelten Themen geht jedoch die Tiefe verloren. Hinsichtlich des EBR und seiner Rolle bei transnationalen Vereinbarungen stellt der Report beispielsweise die richtigen Fragen, wie etwa der nach einem möglichen Konflikt zwischen verschiedenen Verhandlungsebenen[777]. Anschließend wird das Problem jedoch in zwei Sätzen abgehandelt. Dies kann allenfalls damit begründet werden, dass es in dem Gutachten mehr darum ging, diese Probleme aufzuwerfen als sie sogleich vertieft anzugehen.

Der anschließende Vorschlag für einen optionalen Rechtsrahmen marginalisiert die Rolle der EBR. Dies war ein wesentliches Anliegen der Autoren, die bewusst darauf abzielten, rechtsverbindliche, transnationale EBR-Vereinbarungen zu vermeiden und stattdessen die Gewerkschaften als Hauptverhandlungsakteure zu etablieren[778]. Allerdings entspricht dies nicht mehr den Realitäten angesichts der Tatsache, welch große Rolle manchen EBR im Rahmen von transnationalen Vereinbarungen heute zukommt[779]. Gerade hinsichtlich neu entstehender Verhandlungsstrukturen im Rahmen der industriellen Beziehungen ist jedoch wichtig, dass sich diese zunächst faktisch entwickeln müssen[780]. Ein auf theoretischer Basis entworfenes System der industriellen Beziehungen auf europäischer Ebene liefe sonst Gefahr, von den Akteuren nicht angenommen und gelebt zu werden. Aus diesem Grund wird richtigerweise betont, dass es in einem ersten Schritt um die Schaffung der *faktischen* Voraussetzungen dafür gehen muss, dass europäische Kollektivvertragsstrukturen wachsen können[781]. Erst wenn sich diese in der Praxis verfestigt haben, kann es in einem zweiten Schritt darum gehen, eine *Verrechtlichung* in Form einer Rechtsverbindlichkeit der Vereinbarungen anzustreben. Entscheidend ist, dass dieser zweite Schritt nicht vor dem ersten erfolgen kann. Aus diesem Grund sind beispielsweise Initiativen der Europäischen Kommission zu begrüßen, welche darauf abzielen, transnationale Kooperationsprojekte im Bereich der Information, Konsultation und Beteiligung der Unter-

777 Ales-Report, 19.

778 Däubler/*Schiek*, TVG, Rn. 804.

779 Vgl. oben unter Teil 1 C.

780 Vgl. dazu die historische Sichtweise bei Däubler/*Schiek*, TVG, Rn. 808 f.

781 *Weiss* in: FS Birk, 957, 974.

nehmensvertreter finanziell zu unterstützen. So gab es beispielsweise am 04.03.2012 eine neue Ausschreibung der Europäischen Kommission, welche darauf abzielt, Maßnahmen, die auf die Entwicklung der Arbeitnehmerbeteiligung in den Unternehmen abstellen, mit 7.500.000 € zu finanzieren[782]. Darunter fallen alle Verfahren, durch welche Arbeitnehmervertreter innerhalb eines Unternehmens auf die Beschlussfassung Einfluss nehmen können[783].

IV. Rechtsgrundlage für eine Regelung auf europäischer Ebene

Wie bereits dargelegt, ist zu diesem frühen Zeitpunkt einer Verrechtlichung der transnationalen Entwicklungen im europäischen kollektiven Arbeitsrecht mit Skepsis zu begegnen. Ein Grund liegt unter anderem darin, dass ein solches Unterfangen angesichts der Vielfältigkeit der nationalen Systeme der industriellen Beziehungen politisch wenig Erfolg versprechend ist. Um dies genauer darzulegen, soll im Folgenden stellvertretend für eine Reihe von Rechtsproblemen auf die Frage nach der möglichen Rechtsgrundlage für eine europäische Regelung eingegangen werden.

Wie bereits erwähnt, stützt der Ales-Report seinen Richtlinienvorschlag auf Art. 115 EUV (damals Art. 94 EGV):
„A possible only legal basis on which the directive could be grounded is represented by art. 94 TEC. We think that a directive offering an optional scheme for transnational collective bargaining could provide additional opportunities for bringing closer social standards and harmonising collective procedures. We must recall that in the past such a legal basis served the purpose to favour secondary legislation aimed at avoiding distortions in competition. Albeit in a very different economic context, we feel that harmonisation still is an objective to be

782 Vgl. http://ec.europa.eu/social/main.jsp?catId=630&langId=de&callId=338&furtherCalls=yes.

783 Europäische Kommission, Aufforderung zur Einreichung von Vorschlägen, Haushaltslinie 04 03 03 03, 2012, VP/2012/003; http://ec.europa.eu/social/BlobServlet?docId=7445&langId=de.

pursued in taking measures which affect both the economic and social sphere.“ [784]

Damit wirkt sich eine Richtlinie in diesem Kontext nach Ansicht der Autoren des Ales-Reports unmittelbar auf die Errichtung oder das Funktionieren des Binnenmarktes aus. Ob dies ein gangbarer Weg ist, kann bereits deswegen bezweifelt werden, da die Rechtsgrundlage Einstimmigkeit erfordert. Auch darüber hinaus bestehen Bedenken hinsichtlich dieser Rechtsgrundlage[785].

Die EBR-Richtlinie ist hingegen auf Art. 153 AEUV (bisher Art. 137 EGV) gestützt. Dieser spricht in Absatz 1 lit. e ausdrücklich von der Unterrichtung und Anhörung der Arbeitnehmer. Eine Regelung der substantiellen EBR-Vereinbarungen könnte sich auf Absatz 1 lit. f dieses Artikels stützen: Vertretung und kollektive Wahrnehmung der Arbeitnehmer- und Arbeitgeberinteressen, einschließlich der Mitbestimmung. Allerdings sieht Absatz 2 Unterabsatz 2 für diesen Punkt vor, dass der Rat einstimmig gemäß einem besonderen Gesetzgebungsverfahren nach Anhörung des Europäischen Parlaments beschließt. Einstimmigkeit ist jedoch eine fast unüberwindbare Hürde in diesem Politikfeld. Abgesehen davon sind die Einschränkungen des Absatzes 2 zu beachten[786].

Eventuell könnte in den Artikeln 154 bzw. 155 AEUV (vormals Art. 138 und 139 EGV) eine Rechtsgrundlage für eine europäische Regelung zu sehen sein[787]. Dies erscheint insbesondere dann sinnvoll, wenn man in den europäischen Gewerkschaftsverbänden den einzigen zweckmäßigen Akteur für transnationale Vereinbarungen erblickt. Dann könnte daran gedacht werden, die Rechtsqualität solcher Vereinbarungen über eine Sozialpartnervereinbarungen festzusetzen. Bezieht man jedoch den EBR mit ein, so stellt sich bereits die Frage, ob dieser überhaupt vom Anwendungsbereich der Normen erfasst ist. Wie bereits oben ausführlich dargelegt, sprechen die besseren Gründe dagegen, den EBR hier mit

784 Ales-Report, 36.

785 *Hendrickx*, ELLJ, Volume 1 (2010), 59, 77 f.; *Weiss* in: FS Birk, 957, 972.

786 *Hendrickx*, ELLJ, Volume 1 (2010), 59, 78.

787 *Hendrickx*, ELLJ, Volume 1 (2010), 59, 78; *Van Hoek/Hendrickx*, Executive Summary, 3.

einzubeziehen[788]. Somit scheidet diese Rechtsgrundlage zur Regulierung der Rechtsqualität substantieller EBR-Vereinbarungen aus.

V. Zusammenfassung

Alles in allem scheint die Zeit noch nicht reif für die Entwicklung eines europäischen Systems des kollektiven Arbeitsrechts. Die nationalen Systeme der industriellen Beziehungen sind sehr unterschiedlich. Diese Unterschiedlichkeit der etablierten und gelebten Systeme der Arbeitsrechtsbeziehungen muss respektiert werden. Darüber hinaus ist nach wie vor fraglich, in welchem Verhältnis substantielle EBR-Vereinbarungen und gewerkschaftliche transnationale Vereinbarungen zueinander stehen sollen. Hier ist es jedoch nicht sinnvoll, eine einheitliche Trennlinie auf dem juristischen Reißbrett zu entwerfen und vorzugeben. Vielmehr gilt es abzuwarten, wie die beteiligten Akteure auf europäischer Ebene ihr Verhältnis zueinander ausgestalten werden. Dabei ist weiterhin interessant zu beobachten, ob und wie es die unterschiedlichen Akteure schaffen, nebeneinander zu agieren ohne sich gegenseitig zu behindern. Auch die Frage, welche Auswirkungen eine größere Entfaltung der europäischen Ebene auf die nationalen Systeme hat, ist dabei nicht zu vernachlässigen.

Substantielle EBR-Vereinbarungen dabei als nationales Instrument zu betrachten und die jeweilige Ausgestaltung den nationalen Gesetzgebern zu überlassen (etwa durch die Einführung von Regelungen zur Rechtsqualität dieser Vereinbarungen in den Umsetzungsgesetzen zur EBR-Richtlinie), erscheint dabei – jedenfalls im Alleingang – nicht sinnvoll. Dieser Weg würde zwar die unterschiedlichen nationalen Systeme respektieren. Im Ergebnis hätte dann jedoch ein und dieselbe transnationale Vereinbarung unterschiedliche Rechtswirkungen. Dies entzöge einer transnationalen Regelung weitgehend ihre Sinnhaftigkeit.

788 Vgl. oben unter Teil 2 C. IV.

B. Das Verhältnis zu nationalen Arbeitnehmervertretungen

Für die zukünftige Rolle der EBR und ihrer Verhandlungsstärke ist ihr Verhältnis zu den nationalen Arbeitnehmervertretungen mit ausschlaggebend. Denn wie oben ausführlich dargelegt, endet die Vereinbarungsfreiheit des EBR dort, wo nationale Arbeitnehmervertretungen zuständig sind[789]. In diesen Fällen kann der EBR nur tätig werden, wenn ihm von den nationalen Arbeitnehmervertretungen das Verhandlungsmandat erteilt wurde. Daher ist in der Praxis entscheidend, ob und inwieweit nationale Akteure bereit sind, Verhandlungsmacht (etwa durch eine Beauftragung des EBR) an die europäische Ebene abzugeben. Dass eine solche Verlagerung von Macht auf die transnationale Ebene keinesfalls selbstverständlich ist, zeigt ein Parallelbeispiel bei den Gewerkschaften: So scheiterten transnationale Verhandlungen zwischen Alstom und dem EMB über die geplante Auslagerung der IT-Systeme im Mai 2012 nicht etwa an Bedenken des Arbeitgebers, sondern an den italienischen Gewerkschaften, welche die Verhandlungsführerschaft nicht an die transnationale Ebene abgeben wollten[790]. Insbesondere Arbeitnehmervertreter aus den Mittelmeerländern sind zurückhaltend, dem EBR ein Verhandlungsmandat zu erteilen, da sie eine Schwächung der nationalen Gewerkschaften fürchten[791]. Dementsprechend verwundert es nicht, dass sich EBR-zentrierte (im Gegensatz zu gewerkschaftszentrierten) Verhandlungen insbesondere in den Unternehmen finden, in welchen die EBR-Spitze deutsch geprägt ist[792]. Grund dafür ist, dass die Verhandlungskultur aus denjenigen Ländern, welche den EBR dominieren oder auch nur die stärkste Kraft darstellen, auf die europäische Verhandlungsebene durchschlägt[793]. Die EBR-Vertreter der kleineren Fraktionen akzeptieren dann in der Praxis oftmals

---

789 Vgl. oben unter Teil 2 D. II.

790 Vgl. EBR-News 2/2012 Punkt 6: http://www.ebr-news.de/022012.htm#6.

791 Vgl. EBR-News 2/2012 Punkt 6: http://www.ebr-news.de/022012.htm#6.

792 *Müller/Platzer/Rüb*, Transnationale Unternehmensvereinbarungen, 200. Die Autoren verweisen auf ihre empirische Analyse der EBR bei ABB, Daimler, Ford, John Deere, Mahle und Bayer, auf welche diese Aussage zutrifft.

793 *Müller/Platzer/Rüb*, Transnationale Unternehmensvereinbarungen, 198.

die vorgeschlagene Vorgehensweise bezüglich transnationaler Verhandlungen, auch wenn diese mit der Verhandlungskultur ihrer Herkunftsländer kollidiert[794]. Dies ist jedoch keine Selbstverständlichkeit, sodass die Verweigerungshaltung einzelner nationaler Arbeitnehmervertreter zum Scheitern transnationaler Verhandlungen durch den EBR führen kann. So sehen sich beispielsweise von der deutschen innerbetrieblichen Verhandlungskultur geprägte EBR und Unternehmen oftmals mit einem Kompetenzstreit zwischen KBR und EBR konfrontiert[795].

Die oben angesprochene Ausstrahlungskraft der Verhandlungskultur der stärksten Fraktion im EBR erklärt auch, warum empirische Studien belegen, dass in Unternehmen mit französisch dominierten EBR gewerkschaftszentrierte transnationale Verhandlungen überwiegen[796]. Damit ist bereits der nächste entscheidende Faktor für die künftige Entwicklung der EBR angesprochen, nämlich das Verhältnis zu den Gewerkschaften.

C. Das Verhältnis der EBR zu den nationalen Gewerkschaften und deren europäischen Verbänden

Wie bereits oben dargestellt[797], ist das Verhältnis der EBR zu den Gewerkschaften ambivalent und in der Praxis zusätzlich davon geprägt, welche Form der industriellen Beziehungen in dem Stammland der größten Fraktion der Arbeitnehmervertreter im EBR vorherrscht (sog. Stammlandeffekt[798]). Seitens der nationalen Gewerkschaften wird dabei insbesondere befürchtet, dass die Heraus-

---

794 *Müller/Platzer/Rüb*, Transnationale Unternehmensvereinbarungen, 198 mit Fn. 158.

795 Zu den rechtlichen Aspekten des Kompetenzstreits vgl. oben unter Teil 2 D. II. 2.

796 *Müller/Platzer/Rüb*, Transnationale Unternehmensvereinbarungen, 199. Die Autoren verweisen auf ihre empirische Analyse der EBR bei Arcelor-Mittal und Areva, auf welche diese Aussage zutrifft.

797 Vgl. zur Praxis: Teil 1 C. III. 3.; zur Tarifautonomie als Grenze der Vereinbarungsfreiheit des EBR: Teil 2 D. III.

798 *Müller/Platzer/Rüb*, Transnationale Unternehmensvereinbarungen, 213 f.

bildung konzern- oder unternehmensbezogener transnationaler EBR-Vereinbarungen dazu führen könnte, dass Verbesserungen, die auf diese Weise erbracht werden, zu einer tendenziellen Abkopplung vom nationalen Tarifvertragssystem führen könnten[799].

Ein Erstarken der unternehmensinternen Form transnationaler Verhandlungen könnte auch Auswirkungen auf ein potentielles europäisches Kollektivvertragssystem gewerkschaftlicher Prägung[800] haben. So wurde angenommen, dass substantielle EBR-Vereinbarungen mögliche Vorläufer für einen europäischen Konzerntarifvertrag sein könnten[801]. Aus diesem Grund ist auch das Verhältnis der europäischen Gewerkschaftsverbände zum EBR ambivalent[802]. Einerseits gibt es eine Reihe von Kooperationen zwischen europäischen Gewerkschaftsverbänden und EBR. Dies zeigt sich etwa in der relativ großen Zahl internationaler Vereinbarungen, welche sowohl vom zuständigen EBR als auch von dem entsprechenden europäischen Gewerkschaftsverband unterzeichnet wurden[803]. Andererseits fallen einige in substantiellen EBR-Vereinbarungen häufig geregelte Themengebiete wie Sicherheit und Gesundheitsschutz am Arbeitsplatz, Nichtdiskriminierung oder berufliche Aus- und Weiterbildung aus gewerkschaftlicher Sicht in den Kompetenzbereich des sektoralen sozialen Dialogs[804]. Insbesondere wenn EBR transnationale Verhandlungen führen und substantielle Vereinbarungen abschließen, ohne dass die gewerkschaftliche Seite daran beteiligt ist, wird eine Kollision mit nationalen Tarifverträgen oder sonstigen gewerkschaftlichen Interessen befürchtet[805]. Daher wird die Tatsache, dass bei Areva (2006) und Schneider Electric (2007) zwei EFAs[806] allein vom EMB und

---

799 *Lecher/Platzer/Rüb/Weiner*, Verhandelte Europäisierung, 204; *Krause*, RdA 2009, 129, 143.

800 Die Bezeichnung als „europäische Tarifverträge" wird hierbei bewusst vermieden, vgl. *Kowanz*, 50; *Deinert*, 27 ff.

801 *Weiss* in: FS Birk, 957, 970.

802 Vgl. zum Verhandlungsverfahren des EMB oben unter Teil 1 V. III. 3.; zur rechtlichen Einordnung vgl. oben unter Teil 2 D. III. 3.

803 Vgl. oben die Übersicht zu substantiellen EBR-Vereinbarungen in Teil 1 C. I.

804 *Jagodzinski*, Industrielle Beziehungen 4/2007, 316, 327.

805 *Müller/Platzer/Rüb*, Transnationale Unternehmensvereinbarungen, 8.

806 Zur Begriffsbestimmung vgl. oben Teil 1 A. V.

nicht von den zuständigen EBR unterzeichnet wurden, als Zeichen dafür gewertet, dass die europäischen Gewerkschaftsverbände substantiellen EBR-Vereinbarungen zunehmend kritisch gegenüber stehen[807].

Dass sich EBR nur dort zu starken Verhandlungspartnern entwickeln können, wo sie mit den Gewerkschaften an einem Strang ziehen, hat bereits die Vergangenheit gelehrt. Die Beispiele aus der Automobilindustrie[808] verdeutlichen, dass EBR gerade dort stark sind, wo es auch starke Gewerkschaften gibt. Aus diesem Grund dürfte das Verhältnis der EBR und der Gewerkschaften zueinander für die weitere Entwicklung substantieller europäischer Unternehmensvereinbarungen – gleich welcher Prägung – zukunftsweisend sein. Dabei sollte es ein Hauptanliegen der Akteure sein, die Kompetenzstreitigkeiten zu überwinden und zu einer gemeinsamen europäischen Strategie hinsichtlich transnationaler Unternehmensvereinbarungen zu finden. Hierbei wird es vermutlich nicht auf ein einheitliches Modell europäischer industrieller Beziehungen hinaus laufen, welches auf alle Branchen und Konzerne übertragen werden könnte. Vielmehr scheint die Entwicklung von Branche zu Branche und von Unternehmen zu Unternehmen unterschiedlich zu sein, je nachdem welche Verhandlungskulturen das Unternehmen prägen[809]. Für Deutschland wird dabei erwartet, dass es (weiterhin) ein gutes Zusammenwirken der EBR und der Gewerkschaften geben wird, da die EBR auf die Gewerkschaften angewiesen sind, um – insbesondere bei konfliktträchtigen Themen wie Restrukturierungen – Druck auf die Arbeitgeberseite aufzubauen und Protest auf der Arbeitnehmerseite zu organisieren[810].

---

807 *Welz*, ELLJ, Volume 1 (2010), 99, 103.

808 Vgl. oben unter Teil 1 C. II. 2. d).; *Müller/Platzer/Rüb*, Transnationale Unternehmensvereinbarungen, 89 ff. und 102 ff..; *Hauser-Ditz/Hertwig/Pries/Rampeltshammer*, 83 ff.; *Da Costa/Rehfeldt*, Transfer 2007, Vol. 13, 313, 316 mit der Einschätzung, dass transnationale Vereinbarungen nicht leicht auf andere Sektoren übertragbar sind, in denen die Gewerkschaften eine schwächere Rolle spielen.

809 Vgl. dazu ausführlich die Studie von *Müller/Platzer/Rüb*, Transnationale Unternehmensvereinbarungen, 2011.

810 *Müller/Platzer/Rüb*, Transnationale Unternehmensvereinbarungen, 205.

D. Auswirkungen auf den mittelständischen Bereich

Die Europäische Kommission hat unter dem Schlagwort „Think Small First" eine Initiative ins Leben gerufen, bei der es ihr darum geht, die Belange kleiner und mittlerer Unternehmen stärker in den Fokus zu rücken[811]. Parallel dazu ist danach zu fragen, welche Rolle kleine und mittlere Unternehmen in der Arbeit der europäischen Gewerkschaftsverbände spielen und welche Auswirkungen die aufgezeigte Entwicklung hin zu transnationalen Vereinbarungen in großen Unternehmen auf diese Arbeit haben kann. Dabei sind insbesondere die knappen Ressourcen der europäischen Gewerkschaftsverbände mit zu berücksichtigen. Es besteht eine strukturelle Ressourcenknappheit, welche sich unter anderem darin zeigt, dass zwischen 20 Prozent und 60 Prozent des Gesamtbudgets der europäischen Gewerkschaftsverbände aus EU-Mitteln stammt[812]. Das Problem, auf welches hier kurz hingewiesen werden soll, liegt im Kern in Folgendem: Wenn die europäischen Gewerkschaftsverbände im Tandem mit den EBR europäische Kollektivverhandlungen führen, so kann dies zu einer Fokussierung der gewerkschaftlichen Macht und Ressourcen auf große Konzerne führen. Kleine und mittlere Unternehmen sind dann außen vor und werden als Folge der knappen Ressourcen nicht als Handlungsfeld der europäischen Gewerkschaftsverbände wahrgenommen. Sie erfahren keine Internationalisierung ihrer Verhandlungsstrukturen, weder innerbetrieblich noch angetrieben durch eine europäische Gewerkschaft. Angesichts der Tatsache, dass die kleineren und mittleren Unternehmen etwa zwei Drittel der Arbeitskräfte im privaten Sektor beschäftigen, bedeutet dies auch, dass diese Arbeitnehmer von den neuen Entwicklungen im Bereich der europäischen industriellen Beziehungen nicht profitieren können.

---

811 Pressemitteilung vom 23.02.2011, http://europa.eu/rapid/press-release_IP-11-218_de.htm?locale=en.

812 *Platzer*, IPG 2/2011, 106, 113.

Zusammenfassung der wichtigsten Ergebnisse und Schlussbemerkung

Mit der vorliegenden Untersuchung wurde ermittelt, welche neuen Formen von Vereinbarungen zwischen Europäischen Betriebsräten und der europäischen Unternehmensleitung sich in der Praxis herausgebildet haben und wie diese rechtlich eingeordnet werden müssen.

Dem lag die Erkenntnis zugrunde, dass die Praxis substantieller EBR-Vereinbarungen das Recht überholt hat mit der Folge, dass es ein Bedürfnis nach einer rechtlichen Einordnung der tatsächlichen Entwicklung gibt.

Hinsichtlich der tatsächlichen wie rechtlichen Aspekte sowie der Frage nach einem möglichen institutionellen Rahmen lassen sich dabei folgende Ergebnisse zusammenfassen:

(1) Im internationalen kollektiven Arbeitsrecht gibt es Bestrebungen, Mindeststandards hinsichtlich der Arbeitsbedingungen auf völkerrechtlicher Ebene festzulegen. Dabei ist eine Verschiebung von öffentlicher zu privater Regulierung zu verzeichnen. Diese Entwicklung markiert den Beginn einer Evolution internationaler Vereinbarungsstrukturen in multinationalen Unternehmen, wobei auf internationaler Ebene oftmals internationale Gewerkschaftsverbände die Hauptakteure auf der Arbeitnehmerseite sind. Insgesamt entsteht eine neue Verhandlungskultur, welche neue Formen des sozialen Dialogs fördert.

(2) Diese Entwicklung hat auch auf die Rolle der EBR ausgestrahlt. Auf der Grundlage der EBR-Richtlinie haben sich eine Reihe von Europäischen Betriebsräten zu Verhandlungsakteuren entwickelt, welche transnationale Unternehmensvereinbarungen schließen. Heute gibt es etwa 1.000 Europäische Betriebsräte. Von diesen waren Ende 2012 bereits mehr als zehn Prozent am Abschluss von TCAs beteiligt. Gleichermaßen stetig wächst die Zahl substantieller EBR-Vereinbarungen (wenn auch auf niedrigem Niveau). Inhaltlich geht es dabei nicht um die Regulierung der

Arbeit des EBR, sondern um Themen, welche potentiell alle Arbeitnehmer im Unternehmen betreffen. Viele Vereinbarungen beschäftigen sich dabei mit CSR oder Restrukturierungen. Daneben werden aber auch immer häufiger Vereinbarungen zu spezifischen Einzelaspekten wie etwa Arbeitnehmerdatenschutz, Gewinnbeteiligung im Unternehmen oder Sicherheit und Gesundheit am Arbeitsplatz geschlossen. Dabei nimmt der Konkretisierungsgrad der Regelungen in den Vereinbarungen zu. Dabei nimmt der EBR in der Praxis verschiedene Rollen ein. Während er teilweise vor- oder nachgelagert in Vereinbarungen der Gewerkschaften eingebunden wird, kommt ihm in anderen Fällen eine aktive Verhandlungsrolle zu. Verhandelt und unterzeichnet er selbst transnationale Vereinbarungen, so handelt es sich dabei um substantielle EBR-Vereinbarungen. Diese Vereinbarungen sind dabei nicht nur ein Instrument „jenseits des Nationalstaates“[813], sondern auch jenseits jeglicher konkreter Regulierung.

(3) Der Abschluss transnationaler Unternehmensvereinbarungen durch die EBR wurde auch durch eine Reihe von Rechtsentwicklungen gefördert. So genießt beispielsweise die Charta der Grundrechte der EU seit Inkrafttreten des Vertrags von Lissabon Rechtsverbindlichkeit. Für die künftige Rolle der EBR kann es dabei von großer Bedeutung sein, wie der EuGH die Artt. 27 und 28 der Charta auslegen wird bzw. ob und in welcher Weise er die Charta bei der Auslegung des Sekundärrechts zur Weiterentwicklung des europäischen kollektiven Arbeitsrechts einsetzen wird.

(4) Die EBR-Richtlinie kann nicht als Rechtsgrundlage für substantielle EBR-Vereinbarungen herangezogen werden, denn sie sieht nur Informations- und Konsultationsrechte für die Europäischen Betriebsräte vor. Sie schließt substantielle EBR-Vereinbarungen jedoch auch nicht aus.

813 *Müller/Platzer/Rüb*, Transnationale Unternehmensvereinbarungen, 6.

(5) Im Grundsatz genießen zentrale Unternehmensleitung und EBR die Freiheit, nach ihren Vorstellungen substantielle Vereinbarungen mit europaweitem Anwendungsbereich zu schließen. Die weite Vereinbarungsfreiheit des Arbeitgebers resultiert aus der in Art. 16 der Grundrechtecharta verbürgten unternehmerischen Freiheit. Für den EBR lässt sich dieses Ergebnis auf Art. 28 der Charta bzw. auf die allgemeine Handlungsfreiheit stützen. Demnach sind beide darin frei, Vereinbarungen mit materiellem Inhalt zu schließen, soweit und solange dies nicht gesetzlich eingeschränkt ist. Für dieses Ergebnis spricht zudem, dass auch der europäische Gesetzgeber der EBR-Richtlinien 94/45/EG und 2009/38/EG vom Grundsatz der Autonomie der Parteien ausgegangen ist. Ferner basiert auch das deutsche EBRG auf der grundsätzlichen Gestaltungsfreiheit der Akteure. Art. 155 AEUV eignet sich hingegen nicht als Rechtsgrundlage für substantielle Vereinbarungen des Europäischen Betriebsrates.

(6) Als Grenzen der Vereinbarungsfreiheit der Akteure sind insbesondere drei Punkte zu beachten. Erstens die Vorgaben der EBR-Richtlinie: Der EBR ist beschränkt auf länderübergreifende Angelegenheiten. Von dieser Begrenzung kann nicht durch Parteivereinbarung abgewichen werden.

Zweitens die gesetzlichen Zuständigkeitsbereiche nationaler Arbeitnehmervertretungen: Diese dürfen durch substantielle EBR-Vereinbarungen zwar ergänzt, nicht jedoch verdrängt werden. Dabei drohen insbesondere Konflikte mit dem KBR, die sich nicht parallel zur Abgrenzung der Zuständigkeiten zwischen KBR und GBR lösen lassen. Auch die Anwendung eines (europäischen) Günstigkeitsprinzips oder des Subsidiaritätsprinzips scheiden aus. In Betracht kommt eine Beauftragung des EBR durch den KBR, die aber nicht zur Rechtsfolge hat, dass die im Rahmen der Beauftragung des EBR geschlossenen Vereinbarungen normative Wirkung qua abgeleiteter Zuständigkeit entfalten. Haben die nationalen Betriebsräte den EBR jedoch wirksam zum Vertreter gem. der §§ 164 ff. BGB bestellt, so haben die substantiellen EBR-Vereinbarungen eine schuldrechtliche Wirkung in dem Sinne, dass sie die Akteure verpflichten, die notwendigen Umsetzungsmaßnahmen durchzuführen. Eine vorherige Beauftragung des EBR durch die nationalen Arbeitnehmervertretungen ist dabei nicht nur von rechtlicher Bedeutung, sondern auch von praktischem Nutzen. Als weitere Mechanismen zur Beilegung des Kompetenzstreits zwischen nationalen Arbeitnehmervertretungen und dem EBR können dienen: eine Berichts- und Rechenschaftspflicht des EBR gegenüber den nationalen Arbeitnehmervertretungen, eine Vereinbarung über die Abfolge von Verhandlungen, eine Begrenzung der Kompetenzen des EBR oder eine personelle Lösung dergestalt, dass die Ämter des KBR-Vorsitzenden und des EBR-Vorsitzenden in Personalunion ausgeübt werden.

Drittens ist die Tarifautonomie der Gewerkschaften zu beachten: Im Bereich der Kollektivautonomie des Art. 28 der Grundrechtecharta, ihrer Verwurzelung in den nationalen Systemen sowie ihrer möglichen Weiterentwicklung durch Entscheidungen des EuGH, ist noch vieles offen. Entscheidend ist aber, dass diese Entwicklung für die künftige Rolle der Europäischen Betriebsräte mit in den Blick genommen werden muss. Denn substantielle EBR-Vereinbarungen dürfen nicht in den autonomen Vereinbarungsbereich der Gewerkschaften vordringen. Ferner ist darauf zu achten, dass kein Vertrag zulasten Dritter geschlossen werden darf.

(7) Substantielle EBR-Vereinbarungen genießen keine normative Wirkung. Auch wenn der Betriebsrat den EBR beauftragt hat, kann eine substantielle EBR-Vereinbarung keine normative Wirkung qua abgeleiteter Zuständigkeit entfalten. Sie wirkt vielmehr schuldrechtlich zwischen den Parteien der Vereinbarung. Darüber hinaus bedarf sie der Umsetzung durch die nationalen Arbeitnehmervertreter. Individuelle Arbeitnehmer können unter Umständen nach den Grundsätzen des Vertrags zugunsten Dritter eigene Rechte aus der Vereinbarung ableiten.

(8) Anhand einer Besprechung des Ales-Reports wurde die Frage aufgeworfen, inwiefern sich substantielle EBR-Vereinbarungen de lege ferenda regeln ließen. Dabei ist jedoch im Ergebnis festzuhalten, dass es noch nicht an der Zeit ist, ein europäisches System des kollektiven Arbeitsrechts zu entwickeln. Denn erstens sind die nationalen Systeme der industriellen Beziehungen sehr unterschiedlich. Zweitens ist nach wie vor

fraglich, in welchem Verhältnis substantielle EBR-Vereinbarungen und gewerkschaftliche transnationale Vereinbarungen zueinander stehen sollen.

Hier ist es nicht sinnvoll, eine einheitliche Trennlinie auf dem juristischen Reißbrett zu entwerfen. Ein auf theoretischer Basis entworfenes System der industriellen Beziehungen auf europäischer Ebene liefe sonst Gefahr, von den Akteuren nicht angenommen und gelebt zu werden. Aus diesem Grund muss es in einem ersten Schritt um die Schaffung der *faktischen* Voraussetzungen dafür gehen, dass europäische Kollektivvertrags-strukturen wachsen können. Erst wenn sich diese in der Praxis verfestigt haben, kann es in einem zweiten Schritt darum gehen, eine *Verrechtlichung* in Form einer Rechtsverbindlichkeit der Vereinbarungen anzustreben. Entscheidend ist, dass dieser zweite Schritt nicht vor dem ersten erfolgen kann. Daher bleibt zunächst abzuwarten, wie die beteiligten Akteure auf europäischer Ebene ihr Verhältnis zueinander ausgestalten werden.

(9) Während sich die BDA und die europäischen Arbeitgeberverbände strikt gegen verbindliche, transnationale Vereinbarungen positioniert haben, haben sich einige große Arbeitgeber von dieser Verweigerungshaltung gelöst und substantielle EBR-Vereinbarungen in ihren Unternehmen auf den Weg gebracht.

Substantielle EBR-Vereinbarungen können dem Ziel dienen, verbindliche Handlungsvorgaben für das Unternehmen durch eine Beteiligung der Arbeitnehmer zu legitimieren. Auch können dadurch unter Umständen Konflikte reduziert und die Reputation des Unternehmens verbessert werden. In Unternehmen, welche stark vom deutschen Modell der Arbeitsbeziehungen geprägt sind, sieht man im EBR zudem einen verpflichtungsfähigen Akteur, mit welchem Vereinbarungen verlässlich ausgehandelt und umgesetzt werden können. Darüber hinaus könnten durch den Abschluss transnationaler Vereinbarungen theoretisch die Transaktionskosten gesenkt werden. Dem steht jedoch die mangelnde Rechtssicherheit entgegen. Solange es erforderlich ist, dass substantielle EBR-Vereinbarungen zur Erlangung von Rechtssicherheit in nationales

Recht umgesetzt werden müssen, kann nicht von einer tatsächlichen Reduktion der Transaktionskosten ausgegangen werden.

(10) Auf europäischer Ebene existiert in der Praxis ein Spannungsverhältnis zwischen EBR und den Gewerkschaften bzw. den europäischen Gewerkschaftsverbänden. Einerseits gehen die Akteure davon aus, dass beide Formen der Arbeitnehmervertretung gerade dann besonders stark sind, wenn man gemeinsam an einem Strang zieht. Andererseits wird befürchtet, dass aus einem Erstarken des EBR eine Schwächung der Gewerkschaften folgen könnte, und umgekehrt. Das Verhältnis beider Akteure zueinander ist für die weitere Entwicklung transnationaler Strukturen entscheidend. Es zeichnet sich dabei ab, dass sich für die Kompetenzstreitigkeiten keine generelle Lösung finden lässt, sondern dass die Rolle des EBR bzw. der Gewerkschaften im Umfeld großer Konzerne davon abhängig ist, welche Verhandlungskultur das jeweilige Unternehmen prägt.

(11) Angesichts der Neuheit der Materie und der großen Rechtsunsicherheit, muss abschließend betont werden, dass es bei der rechtlichen Einordnung substantieller EBR-Vereinbarungen nicht darum gehen konnte, endgültige Bewertungen vorzunehmen. Vielmehr wurde bei einer Vielzahl offener Rechtsfragen mithilfe der Betrachtung von Parallelproblemen in anderen Rechtsbereichen aufgezeigt, welche Lösungsansätze denkbar wären. Für eine abschließende Beurteilung erscheint die Zeit noch nicht reif, zumal es oftmals auf die weitere Entwicklung der Praxis, rechtliche Einschätzungen durch den EuGH oder andere Gerichte oder das weitere Vorgehen des Gesetzgebers bzw. der handelnden Akteure ankommt. Fest steht jedoch, dass sich substantielle EBR-Vereinbarungen in der Praxis etabliert haben und daher Wissenschaft und Praxis auch zukünftig beschäftigen werden.

Studien zum Arbeitsrecht und zur Arbeitsrechtsvergleichung

Herausgegeben von Manfred Weiss, Bernd Waas und Spiros Simitis

Band 1 Sebastian Fritzsche: Die Vereinbarkeit des Arbeitnehmer-Entsendegesetzes sowie der erfassten Tarifverträge mit höherrangigem Recht. 2001.

Band 2 Arnd Hermann: Outplacement. Eine Untersuchung der individualvertraglichen Gestaltung und kollektivarbeitsrechtlichen Aspekte eines neuen Instruments des Personalabbaus. 2001.

Band 3 Christoph Schmid: Das Personalrecht der Europäischen Zentralbank. Grundlagen und Grenzen der rechtlichen Bindungen der Europäischen Zentralbank unter besonderer Berücksichtigung der Bereiche Arbeitnehmervertretung, Kündigungsschutz und Datenschutz. 2002.

Band 4 Charis Chaldoupis: Auswirkungen neuer Technologien auf die Tarifautonomie. Funktionsfähigkeit und Legitimität qualitativer Tarifpolitik anhand der Rationalisierungsentwicklungen im industriellen Produktionsbereich. 2003.

Band 5 Robert Kretzschmar: Die Rolle der Koalitionsfreiheit für Beschäftigungsverhältnisse jenseits des Arbeitnehmerbegriffs. Zur Abgrenzung abhängiger von selbständiger Beschäftigung und zur Eröffnung kollektiver Handlungsformen für selbständig Beschäftigte durch Art. 9 Abs. 3 GG. 2003.

Band 6 Thilo Mahnhold: Compliance und Arbeitsrecht. Insiderrechtliche Verhaltenskonzepte im nationalen und multinationalen Unternehmen. 2004.

Band 7 Nicole Löblich: Transformation des kollektiven Arbeitsrechts in der Tschechischen Republik. 2004.

Band 8 Lena Huth: Voraussetzungen und Grenzen nachträglicher Sozialplanänderungen. 2004.

Band 9 Nisha Biswas: Vertrauensarbeitszeit und Arbeitszeitfreiheit im arbeitszeitrechtlichen und betriebsverfassungsrechtlichen Kontext. 2004.

Band 10 Dirk Schäfer: Der europäische Rahmen für Arbeitnehmermitwirkung. 2005.

Band 11 Jochen A. Keilich: Die Auswirkungen der Grundrechte / Menschenrechte für das Arbeitsrecht in Deutschland und England. 2004.

Band 12 Boris Kaehler: Rechtsprobleme betrieblicher Personalauswahl. Die Zulässigkeit eignungsdiagnostischer Maßnahmen im arbeitsvertraglichen Anbahnungsverhältnis. 2005.

Band 13 Natascha Ahmad: Rechtsschutz für und durch Gewerkschaften bei tarifwidrigem Arbeitgeberverhalten in Deutschland und Frankreich. 2005.

Band 14 Volker Güntzel: Die Richtlinie über die Arbeitnehmerbeteiligung in der Europäischen Aktiengesellschaft (SE) und ihre Umsetzung in das deutsche Recht. 2006.

Band 15 Peter Gumnior: Die Rechtmäßigkeit des Sympathiestreiks. 2007.

Band 16 Elena Benz: Auf dem Weg zum lebenslangen Lernen? Die Berufsbildungspolitik der Europäischen Union und die tatsächliche und rechtliche Situation der beruflichen Weiterbildung in der Bundesrepublik Deutschland. 2007.

Band 17 Cessy Kühl: Flexibilisierung von Arbeitsbedingungen. Vergleich ausgewählter arbeitsrechtlicher Gestaltungsmittel zwischen dem deutschen und dem tschechischen Individualarbeitsrecht. 2007.

Band 18 Carolin Siegrist: Einschränkung der unternehmerischen Entscheidungsfreiheit durch Arbeitnehmervertreter im deutsch-amerikanischen Vergleich. 2008.

Band 19 Ingebjörg Darsow-Faller: Kündigungsschutz in Deutschland und Spanien. Eine rechtsvergleichende Untersuchung mit besonderer Beachtung der Beendigung des Arbeitsverhältnisses gegen Abfindung. 2008.

Band 20 Enrico Iannone: Die Kodifizierung des Arbeitsvertragsrechts - ein Jahrhundertprojekt ohne Erfolgsaussicht? Eine Untersuchung vorangegangener Bemühungen um ein Arbeitsvertragsgesetz und Analyse möglicher Erfolgsaussichten des Reformprojekts. 2009

Band 21 Max Sleik: Arbeitnehmerbeteiligung in Deutschland und in Schweden. 2011.

Band 22 Christoph Gyo: Diskriminierung aufgrund der Religion im deutschen und französischen Arbeitsrecht. Völker-, europarechtliche und nationale Regelungen.

Band 23 Martina Büter: Die Befristung von Arbeitsverhältnissen in Deutschland und Frankreich. Eine rechtsvergleichende Untersuchung. 2013.

Band 24 Andreas Hofelich: Von der Bereichsausnahme zur Bereichseinschränkung. Grundfragen der dogmatischen Integration des Individualarbeitsrechts in das Recht der Allgemeinen Geschäftsbedingungen. 2013.

Band 25 Elena Heimann: Substantielle Vereinbarungen Europäischer Betriebsräte: Praxis und Recht. 2014.

www.peterlang.com

www.ingramcontent.com/pod-product-compliance
Ingram Content Group UK Ltd.
Pitfield, Milton Keynes, MK11 3LW, UK
UKHW021845290926
8980IPUK00005B/650